인간과 인공지능
그리고 규범

우리시대
질문총서
14

인간과 인공지능 그리고 규범

계승균 저

부산대학교출판문화원

차 례

발간사

우리는 지금까지와는 다른 '격변'의 시대를 살고 있다. '변화'는 시간의 흐름에 따르는 자연스러운 결과지만, 이 시대의 '변화'는 과거와는 전혀 다른 양상을 보이고 있다. 과거의 변화가 기존의 패러다임 내에서 일어나는 크고 작은 변화들이었다면, 지금의 변화는 가히 '패러다임의 전환'이라고 일컬을 만하다. 기존의 패러다임은 인간 중심적 인식의 틀 속에서 과학기술 문명의 발전과 자본주의적 체제의 구축, 명확히 경계 지어진 세계 속에서 전문성을 강조한다는 점에서, 어쩌면 여전히 근대성의 틀을 벗어나지 못했다고 할 수 있다.

지금 이런 패러다임으로 우리 시대를 판단하고 예견하는 데는 한계가 있다. 우리 시대는 지나간 시대로부터의 위기와 예측할 수 없는 미래에 대한 불안감, 그리고 도래할 시대에 대한 희망이 공존한다는 데 그 독특함이 있다. 새로운 패러다임은 기존의 패러다임에서 잉태된 위기로부터의 출구를 모색하는 과정이자 다가올 시대의 새로운 지향과도 관련되어 있다. 그래서 우리 앞의 복잡다기한 상황에 맞서, <우리시대 질문총서>는 '환경 변화와 인류의 미래', '신자유주의의 팽창과 연대', '휴머니즘에 대한 재성찰과 대안적 삶', '첨단기술혁명과 융복합', '글로벌/로컬의 관계 속에서 인간 삶의 변화'라는 주제를 통해 지금 이 시대를 성찰하고자 한다.

인간이 세계를 지배하는 시대, 인간이 환경의 전반적 흐름에 영향을 행사하는 이른바 인류세의 시대는 역설적이게도 인간의 무력함과 한계를 절감하게 한다. 인간이 누린 풍요의 대가가 되어버린 기후 변화와 생태계 변화는 우리 시대 초미의 관심사이지만 이런 변화는 사람들을 삶의 '지속 가능함'을 확신하기 어려운 상황으로 내몰고 있다. 그럼에도 불구하고 이런 불확실한 상황은 그동안 우리의 삶 자체를 성찰하는 한편 진정한 대안들을 새롭게 모색할 것을 촉구하고 있다.

4차 산업혁명으로 인한 자본주의의 급변과 인간과 기술의 포스트휴먼적 융합 시대의 도래는 인간의 존재적 위기와 함께 전통적인 인간상의 유효성에 의문을 제기하고 있다. 기계는 인간에게 어떤 영향을 끼칠 것인가, 인간은 기계의 문제에서 주도적일 수 있는가, 혹은 이런 변화는 인간과 기계의 대립을 넘어 새로운 가능성을 제시해줄 수 있는가. 최근 포스트휴먼의 가능성은 이런 질문들과 연결되어 있다. 포스트휴먼 시대에 인간의 자리를 묻고 기술의 변화가 인간과 사회에 어떤 변화를 줄지 성찰하는 노력들이 필요하다.

한편 우리 시대는 근대 국민국가의 경계를 뛰어넘는 문화적 현상을 수없이 목격하고 있다. 국민과 난민의 경계가 모호해지면서 수많은 이질적인 문화들이 접촉하고 갈등하고 섞이는 혼종의 시대, 바로 이 시대에 우리는 민족문화의 중심성을 넘어서 글로벌과 로컬이 보다 긴밀해지는 문화적 관계 속으로 편입되고 있다. 그 결과 그동안 민족문화의 틀과 프리즘 밖에 존재하던 문화들이 새로운 관심사로 부각되고 있으며, 근대, 자본, 민족의 구조를 넘어서는 대안적 사고들이 곳곳에서 출현하고 있다. 전지구화와 함께 등장한 전지구적 자본과 문화의 압도적 힘 앞에서 무기

력해진 개인, 신자유주의의 팽창으로 인한 경쟁의 격화와 인간 소외는 '관계 맺는 존재로서의 인간'의 가능성에 대해 되묻고 다양한 방식의 '소통과 연대'를 제안하고 있다.

이러한 변화들은 우리의 기존 사고로 담아낼 수 없는 우리 시대의 현상들이다. 이런 현상들 앞에서 우리는 '왜?', '어떻게?'라는 질문을 던지고, 그 답을 찾아가는 비판적 사유의 여정을 시작하고자 한다. 이러한 비판적 사유의 여정은 분과학문으로 나누어져 전문성만을 강조해온 기존의 학문구조의 틀을 벗어나, 각 학문의 내적 융합뿐만 아니라 인문학, 사회과학, 자연과학 같은 학문 간의 융합을 전제로 한다.

<우리시대 질문총서>는 우리 앞에 놓인 이러한 현상들에 대한 성찰을 제공하고 대안을 모색하는 데에 그 취지가 있다. 이 총서는 우리 세계의 변화를 미시적이고 거시적으로 살펴볼 수 있는 학문적 시각을 제공하는 한편, 도래할 세계(the world to come)와 지나간 미래(future past)의 쌍방향적 대화와 성찰을 통해 우리 시대를 비판적으로 반성하고 예견하는 우리 시대의 문제적 활동들을 기획, 소개하고자 한다. <우리시대 질문총서>를 통한 사유와 성찰이 우리시대의 성숙한 집단 지성을 형성하는 마중물이 되었으면 한다.

그리고 <우리시대 질문총서>의 출판을 위해 도움을 주신 많은 분들께 감사드린다.

우리시대 질문총서 제작위원회

저자 서문

이 책은 필자가 2020년도 저술한 한국지식재산연구원에서 발간한 "인공지능과 지식재산권"에 기술된 내용의 전(前) 단계에 해당되는 내용이다. "인공지능과 지식재산권"의 내용은 인공지능이 생성한 생성물의 현행법에 비추어 보아 권리주체가 될 수 있는지 또는 권리객체가 될 수 있는지에 관한 법률적 평가를 한 것이다. 이 책에서 시론적(試論的)인 제안을 하기는 하였지만 구체적이지 않고 문제 제기의 성격에 지나지 않았다. 인공지능이 현재 우리나라의 규범 체계 내에서 국외자로 존재하고 있는데, 과연 과거에는 이러한 현상은 없었을까? 또는 있었다면 어떠한 것들이 있었고, 어떻게 해결하였을까? 하는 의문이 들었다. 그리고 이를 뒷받침하고자 어떠한 이론들이 있었을까? 하는 생각이 들었다.

부족하기 짝이 없는 서생(書生)이지만, 인공지능과 관련된 법률문제를 생각할 수 있는 기회가 주어진 김에 과거와 현재, 미래를 모두 연구해보고 싶다는 자그마한 소망이 생기게 되었고, 그 첫 번째가 앞서 언급한 '인공지능과 지식재산권'이라는 책이고, 두 번째로는 인공지능이 법규범에 도입이 되면 어떠한 형태로 규범의 세계에 도입될 것인지에 대한 논의를 하고 싶었다. 그런데 아직 규범형성이 많이 되어있지 않고, 어떠한 방향으로 나아가야 할지에 대해서 논의하는 장도 많이 마련되지 않았기 때문에 함부로 접근하기가 어려울 것 같았다. 세 번째로는 앞의 현행규범에 따른 인공지능에 대한 평가를 하게 된 기초가 되는 과거의 인간 규범에 대해서 어느 정도 간략하게나마 바라보고, 정리하고 싶은 생각이 들었다. 인공지능의 등장에 따라 현재에서는 어떠한 규범이 형성되고 있는지를 살펴보면 어떨까 하는 마음도 생겼다. 이러한 생각을 뒷받침하면서 미래의 인공지능 규범형성을 고려해 보자는 것이 이 글이 되었다.

이 글의 내용을 간략히 안내하면 다음과 같다.

제1장에서는 종교규범, 도덕규범, 윤리규범, 법규범을 규범의 수용자 입장에서 변화의 가능성을 언급하였다. 종교규범이 세속규범으로 바뀌면서 사라지거나 의미가 변색된 경우에 대해서 예를 들어 설명하였다. 규범 역시 인간 중심으로 변화하였고 변화된 법규범에 대해서 언급하였다.

제2장에서는 인간이 창조한 인간인 법인의 의미와 법인의 사회적 가치 및 활용에 대해서 언급하였다. 즉, 가공적이고 추상적 의미의 인간인 법인이 사회에서 어떠한 역할과 기능을 하는지에 관해서 간략히 설명하고자 한다.

제3장에서는 이러한 법인제도가 지적재산권에서 어떻게 구현되고 있고, 인공지능제도에 시사점을 제공하고 있는 데이터베이스제작자의 법률상 지위에 대해서 설명하고자 한다.

제4장에서는 법인을 형벌에 처하는 양벌규정을 통해서 가공된 형식적 존재인 법인에게 어떻게 국가 형벌을 적용하는지 양벌규정의 의미를 밝히고자 하였다.

제5장에서는 동물의 법적 지위에 대해서 설명하였다. 자연인

과 동일한 생명체인 동물이 왜 권리 주체가 되지 않았지만, 인간 사회에서 동물의 지위 변화와 이에 대한 법규범의 변화가 이루어지고 동물에 대한 인간의 인식이 어떻게 변화하고 있는지에 대해서 살펴봄으로써, 인공지능의 인간 규범에의 진입가능성에 대한 하나의 단서를 제공할 수 있는지에 대해서 살펴보고자 한다.

제6장에서는 누가 권리의 주체인지 불분명한 환경권에 대해서도 논의를 진행하고자 한다. 환경권도 20세기 후반에 들어서서 환경의 중요성과 함께 헌법과 법률에 규정된 것이기 때문이다. 환경이라는 불분명한 개념이 시간이 지남에 따라 구체화되고 이를 뒷받침하는 법률들이 많이 제정되고 있는 점을 우리는 인공지능의 규범형성에 참고할 필요가 있다는 점을 강조하고자 한다.

제7장과 제8장에서는 인공지능과 규범이라는 제목으로 인공지능과 관련된 규범의 생성 가능성에 대해서 살펴보고자 한다. 필자는 인공지능을 유인기계(類人機械) 또는 유인(類人)시스템이라고 부르고 싶다. 인공지능의 행동은 실질적으로 자연인의 행위와 유사한 행위를 하기 때문이다. 법률행위라는 관점에서 바라보더라도 유사한 법률행위를 인공지능은 하고 있고, 할 수 있기 때문이다. 인간과 유사한 또는 인간 이상의 능력을 가지고 있는 인공지능을 과연 권리 객체가 되거나 또는 법규범의 외부에 있어야 하는가 하는 점에 대해서 언급하였다. 그리고 인공지능과 관련된 규범이 어떻게 형성되고 있는지에 대해서 독일을 비롯한 외국의 입법례를 살펴보고자 한다. 그리고 인공지능과 관련된 윤리규범은 어떻게 형성되고 있는지, 그리고 이러한 윤리규범이 법규범 형성에 도움이 될 수 있는지를 살펴보고자 한다.

해제에서는 위에서 논의한 것을 간략히 정리하고 앞으로의 과제나 연구방향, 시사점에 관하여 필자의 생각을 나타내고자 한다. 인공지능과 관련된 규범의 형성이 조금씩 되어가고 있는 현 시점에서 인공지능의 규범수용에의 실마리를 마련할 수 있는 연구가 지속적으로 이루어져야 하고 인간 생활과의 조화로운 점을 추구하여야 한다는 점을 강조하고자 한다.

제 1 장

인간과 규범

1. 신과 인간 사이의 규범

1) 종교적 관점

인간의 등장에 관한 가장 명확하고 역사적으로 유명한 이야기는 성경에 나오는 신에 의한 인간의 창조이다. 구약성서 창세기 제1장 제26절부터 제27절까지 인간 창조에 대한 내용이 등장한다.

> 제26절 : 하나님이 가라사대 우리의 형상을 따라 우리의 모양대로 우리가 사람을 만들고 그로 바다의 고기와 공중의 새와 육축과 온 땅과 땅에 기는 모든 것을 다스리게 하자 하시고
> 제27절 : 하나님이 자기 형상 곧 하나님의 형상대로 사람을 창조하시되 남자와 여자를 창조하시고

이 구절은 종교적인 의미를 가지기도 하고, 서양 역사와 서양의 인식체계에서 기독교 역사의 기초를 세우는 기독교 사상의 기반이기도 하지만, 인간 존재에 대한 근거를 제시하고 있다. 신에 의한 인간 창조의 의미와 내용을 담고 있다. 신의 형상대로 창조된 인간의 의미를 살펴보고자 한다.

신의 형상을 의미하는 'imago dei'(image of God, Bilde Gottes)는 신이 자신의 형상을 닮은 인간을 창조한 것을 표현한 것이다.[1] 신의 형상을 닮은 인간이라는 의미에 관해서 여러 가지 논의가 있겠지만,[2] 법학적인 관점에서 바라보면 다음과 같은 설명[3]이 있다. 즉, 인간은 개별적·주체적·인격적이라는 세 가지 속성이 있다. 인간은 신과 같이 유일한 존재로, 개별적 존재이기도 하지만, 다른 모든 사람과 닮았다는 점에서 평등권 사상에 기초를 제공하며, 뒤에서 언급할 법인격에 있어서 동일한 권리와 의무를 가진다. 그리고 인간은 절대적 주체적 존재이기도 하지만 동시에 다른 사람과 공통의 법에 예속되어 있는 존재이다. 또한 인간은 영혼을 가진 인격적 존재이기도 하지만 육체를 가지고 있는 물질이기도 하다. 이러한 점은 생명윤리 등에서 의미를 가질 수 있다.

이러한 유일하면서도 동일한 존재인 인간은, 구체적으로 구체적으로 법학의 관점에서 헌법 조문에 나타난 표현을 빌리자면, '개별 인간으로서 존엄과 가치'를 가지는 것이다. 법학적인 시각에서, 인권법의 관점에서는 "양도할 수 없고 신성하고 불가침의 권리(the inherent dignity and of the equal and inalienable rights)"를 가진 존재이다. 이러한 생각은 인권선언(Universal Declaration of Human Rights)에서 찾아볼 수 있다. 인권선언 제1조에서

"모든 인간은 태어날 때부터 자유로우며 그 존엄과 권리에 있어 평등하다. 인간은 이성과 양심을 부여받았으며 형제애의 정신으로 서로를 향해 행동하여야 한다(§1 All human beings are born free and equal in dignity and rights. They are endowed with reason and conscience and should act towards one another in a spirit of brotherhood.)."

라고 규정하고 있다. 우리가 흔히 인간은 태어나면서 천부적으로 이성을 가지고 태어나고 자유로운 존재로서 모든 인간에 대해서 평등하다는 인식은 역사적 경험과 투쟁을 통해서 형성된 것이다.

2) 신과 인간 사이의 규범 형성

앞서 언급한 기독교적인 관점에서 신이 인간을 창조하였다는 것을 긍정한다면 인간과 신 사이에는 규범이 형성된다고 말할 수 있다. 즉, 창조자로서의 신이 피창조자인 인간에게 일정한 행위규범 또는 사회규범을 명령하는 형태일 것이다. 다른 말로 표현하면 규범을 내리는 수범자(授範者)와 규범을 수령하여 지켜야 하는 수범자(受範者, Normadressat)의 관계라고 말할 수 있다. 이는 최종적으로는 종교규범 형성의 기초가 되는 것이다. 아마도 종교적 의미이든 사회적 의미이든 성경에 나타난 신의 인간에 대한 최초의 명령은 간단한 것이다. 즉 선악과 열매를 따 먹지 말라는 것이다. 이것은 창세기 제2장 제16절과 제17절에 나타나 있다.

제16절: 여호와 하나님이 그 사람에게 명하여 가라사대 동산 각종 나무의 실과는 네가 임의로 먹되,

제17절: 선악을 알게 하는 나무의 실과는 먹지 말라. 네가 먹는 날에는 정녕 죽으리라 하시니라.

어쩌면 선악과를 따 먹지 말라고 하는 명령은 인류 최초의 신과 인간 사이의 행위규범의 설정이라고 말할 수 있다. 신이 행위규범의 수범자인 인간에게 특정 행위를 금지하는 명령을 내린 것이고, 이 명령을 위반한 경우에는 사망이라고 하는 형벌이 주어질 것이라는 예고한 것이다. 그런데 수범자인 인간이 신의 명령을 어기고 선악을 알게 하는 나무의 열매를 따서 먹은 후에 저주를 받아서 동산으로부터 추방을 당하고 각종 노동과 출산의 고통과 함께 사망하여야 하는 운명을 지니게 된 것이다. 이것을 종교적 의미에서 원죄(original sin)[4]라고 한다. 따라서 기독교적인 관점에서는 인간은 구원이라는 문제를 해결하여야 하는 것이다. 아우구스티누스에 따르면 인간은 원죄로 인해서 인간본성은 부패하였고, 정의를 인식할 수 없기 때문에 신앙이 중요하다고 보는 것이다. 즉 신앙은 인식의 원천이고, 하나님이 내린 법규범인 성경에 계시된 법규를 순종하여야 한다는 것이다. 아우구스티누스는 이것을 영원법(永遠法, lex aeterna)라고 하였다.[5]

3) 종교규범의 형성

앞서 언급한 신에 의한 인간의 창조와 신에 의한 인간에게 내려진 최초의 행위규범을 기초로 한 논의를 지속하면 역사적으로 종교규범이 형성되고 지켜져 온 시절이 있었다. 이러한 점을 간접적으로 추정할 수 있는 조항이 우리 헌법에도 존재한다. 헌법

제20조 제2항에서,

"국교는 인정되지 아니하며, 종교와 정치는 분리된다."

라고 규정하여, 국교를 인정하지 않고, 정교분리를 선언하고 있다. 이러한 원칙의 이면에는 반대로 국교가 있는 경우에는 종교규범이 사회적 규범이 될 수가 있다는 점을 짐작할 수 있다. 그리고 종교와 정치가 분리되지 않은 경우, 또는 과거에 세속법규와 종교규범을 구별할 수 있는 것이 무엇인지 하는 점에 관한 논의는 항상 법철학의 주제가 되어 왔다. 중세시대의 종교나 우리나라의 역사 중에서도 과거 불교나 유교가 개인의 종교생활이 아니라 국가질서와도 관련이 있었다.

그리고 종교가 국교로서 법률의 기초가 되기도 하였다. 이러한 잔재는 우리 법률에도 일부 남아 있다. 도박죄, 위증죄 등이 그 예시라고 할 수 있다.

국가질서 또는 공동체 질서와 관련하여 종교규범의 의미를 앞서 언급한 창세기 등에서 기록한 내용에서 찾을 수 있다. 특히 모세5경이라고 불리는 '창세기', '출애급기', '레위기', '민수기', '신명기'는 종교경전으로서의 의미를 가지고 있기도 하지만, 법학자의 입장에서 바라보자면 법규범과 도덕규범이 혼재된 형태의 규범이라고 볼 수 있다.

그 대표적인 것이 유명한 십계명(Decalogue, Ten Comm-andments)이다. 예를 들어 제4계명인 '안식일을 지키라'고 하는 것은 종교규범에 해당되지만, 제5계명인 '네 부모를 공경하라'고 하는 것과 제7계명 '간음하지 말라'는 현대 사회의 관점에서 바라보면 도덕규범 또는 윤리규범에 해당된다. 그러나 제6계명인 '살인하지 말라', 제8계명 '도둑질하지 말라', 제9계명, '거짓증언하지 말라'와 제10계명인 '이웃의 소유물을 탐내지 말라'라고 하는 것은 현재의 우리나라의 법규범에 해당되는 내용이다. 각각 살인죄, 절도죄, 위증죄에 해당되는 내용이다.

특히, 유대인의 일신교의 사상 또는 종교관념인 유대교는 종교의 이름으로 행해지는 정치라고 할 수 있다. 이러한 종교관념으로 유대민족의 사회를 건설하고, 유지하기 위한 사회적 관리수단이었다고 본다면 종교규범인 유대교는 종교정치(宗教政治)이자 종교법학(宗教法學)이라고 말할 수 있다.[6]

이러한 종교적 규범의 영향은 중세시대까지 미치고 있었다. 초기 중세시대에는 교회법규(lex canoncia)인 Canon법이 중세시대의 모든 사람들에게 미치는 법규로서 역할을 담당하였다.[7] 그러나 시대의 흐름에 따라 경제가 흥행하고, 사회 환경이 달라짐에 따라 로마법이 종교법규인 Canon법[8]에 영향을 미치기 시작하였다. 교회 법정도 신흥 상인을 현실적으로 돕기 위하여 로마법을 활용하였다.[9]

(1)규범에 있어서 인간의 지위

어느 시대에 어느 공간에서 적합한 법이 예정한 인간상이 무엇이라고 하기에는 어려움이 많다. 종교규범이 지배하던 시대에는 인간은 신이 명령한 규범을 지켜야 하는 수동적 수범자로서의 지위를 가졌을 것이다. 종교규범이 곧 법규범이었기에 양자를 구분하여 인간의 지위를 논하기에는 부족한 점이 있고, 그리고 주로 권리보다는 신에 대한 의무를 부담하는 지위를 가졌다고 말할 수 있다.

이러한 점은 종교규범을 바탕으로 하는 국가체제와도 연관성이 있고, 국가체제는 종교 권력과의 연계를 통해서 인간의 지위를 왕이나 종교기관에의 예속을 시키고자 한다. 인간의 종교적 의무를 강조하는 규범은 곧 사회적 의무로도 해석될 수 있었다. 봉건제도는 개인을 공동체에 종속시키고 의무를 이행하는 인간으로 보았다.[10] 이는 신이 내린 명령의 수행자로서의 인간을 상정할 수 있었고, 지금도 이러한 태도는 신앙이라는 이름으로 남아 있다.

신앙의 이름으로 선한 행동을 하는 것도 사회의 유지나 좋은 분위기를 형성하는 것이어서 권장할 만한 것은 분명하다. 하지만, 규범의 체계성이나 인간의 자유라는 관점에서 바라보면 이는 또 다른 구속이나 개인의 자유에 대한 침해가 될 가능성이 높다. 더군다나 현대 사회에서 들어와서 다양한 사회적 현상과 산업구조, 생활양식을 바라보면 바람직하다고 말할 수 없다.

이러한 생각은 르네상스, 종교개혁, 로마법의 계수 등을 통한 인문주의의 확산과 시민사회의 형성[11]을 통해서 서서히 규범의 영역에도 영향을 미치게 되었다. 이러한 종교적 신념을 바탕으로 한 인간관이 아니라 다른 형태의 인간관을 상정하고 있다. 즉, 자유로운 판단을 할 수 있고, 종교적 규범을 생각하는 인간이 아니라 합리적으로 자신의 이익을 위해서 판단할 수 있는 능력을 가진 인간을 상정하고 있다.

르네상스 이후의 법이 예정한 인간형은 대단히 이기적이고, 개인의 사적인 이익을 추구하고, 이러한 사적인 이익을 추구함에 있어서 아주 영리한 인간관을 기초로 하여 사회적 구속으로부터 자유롭고, 법률적 구속에는 이 의미를 잘 이해하여 개인의 이익에 따라 스스로 이것을 참고 받아들이면서 이에 복종하는 인간형이다.[12] 이러한 인간형은 경제적 인간(homo oeconomicus)이라고도 말할 수 있고, 경제형 인간을 전제로 하고 있다.[13] 이러한 합리적 인간관과 관련된 법격언에는 법의 부지는 용서되지 않는다(Ignorance of law does not excuse, Ignorantia juris non excusat, Ignorantia juris neminem excusat, Ignorantia legis non excusat, Unwissenheit schüzt vor Strafe nicht). 또는 권리 위에 잠자는 자는 보호되지 않는다(Vigilanttibus et non dormientibus jurasubveniunt, Ohne recht keine Sicherung des Lebens und Vermögens, The law aid the vigilant, not the negligent)라는 것이 있다.

또한, 인간은 자유의지(free will, freie Wille, menschliche Willensfreiheit)[14]를 가지고 있는지에 관한 문제이다. 교육학, 심리학 등에서 자유의지의 존재가 항상 문제가 되듯이 법학에서도 자유의지가 인간에게 있는지에 따라 범죄와 형벌을 보는 시각이 달라진다. 자유의지의 문제는 법학 분야에서는 책임론과 형벌론과도 관련성을 가진다.[15] 예를 들어 인간의 범죄행위가 환경에 따른 것인지 아니면 인간의 의지에 따라 저지르는 것인지에 관한 것이다. 이에 따라 범죄행위에 대한 책임의 부과여부도 문제가 된다. 예를 들면, 중세기의 학자인 Duns Scotus는 죄를 의지 우선적으로 생각하고, 범죄행위 또는 종교적 의미에서의 죄의 궁극적 원인은 무의식이 아니고, 인간의 자유로운 의지에 따른 행위라고 본다.[16]

그리고 고대 문학에서도 인간의 새로운 인식은 신과의 충돌을 그리고 있고, 자유의지는 인간의 운명과도 연관성을 가진다. 예를 들면 신의 명령에 저항하면 불이익을 받는 등의 내용들을 통해서 인간 성찰을 하는 것이다. 그리고 중세의 신학자인 아우구스티누스도 인간의 자유의지[De libero arbitrio, De libero arbitrio voluntatis(On Free Choice of the Will)]에 관한 글에서 인간의 행위를 규율하는 법이론을 제시하기도 하였다.[18] 인간은 상황을 판단할 수 있는 도덕적 인식 능력이 있고, 이러한 능력은 자신의 행위에 있어서 우선순위를 정할 수 있다. 따라서 선한 행동과 악한 행동 중에서 악한 행동을 피하고 선한 행동을 선택할 수 있다고 보았다.

인간을 결정론에 따라 자유의지가 없다고 보는지 또는 인간에게 자유의지가 있다고 보는지에 따라 논의의 방향이 달라지고, 결론 역시 다른 방향에 도달하게 된다. 자유의지는 신학, 문학, 철학, 법학, 윤리학, 교육학, 심리학 등 다양한 분야와 연관성을 가지고 있으면서 인간의 본질을 탐구하는 영역이라고 생각된다. 자유의지의 문제는 인공지능을 논의할 때에도 언급되는 것이어서 앞으로도 지속적으로 관심을 가지고 살펴볼 필요는 있다. 자유의지가 있고, 합리적으로 판단하며, 자신의 이익을 위하여 계산적인 행동을 하는 경제적 인간관은 우리 법제도에도 그 영향력이 남아 있다. 예를 들면 민사소송의 변론주의(Verhandlungsmaxime)를 들 수 있다. 변론주의는 민사소송에서 소송의 진행을 소송당사자가 주도권을 가지고 진행하는 것을 의미하고, 사실과 이에 부합하는 증거의 제출을 모두 소송당사자가 하여야 한다. 원고와 피고 모두 자신의 이익을 위하여 충분히 계산적이고 자신의 이익을 위하여 행동하는 사람이라는 것을 전제로 하는 것이다. 그리고 서로가 대등한 입장에서 소송을 수행한다는 것 또한 전제로 하고 있다.

또한, 형법학자로서 우리나라 교과서에도 자주 소개되었던 독일의 포이에르 바흐(L. Feuerbach)의 심리강제설(Theorie des psychologischen Zwange) 역시 인간은 합리적으로 자신에게 유리한 판단을 한다는 것을 전제로 한 이론이다. 포이에르 바흐에 의하면 인간은 본래 고통을 피하고 쾌락을 추구하는 존재로서 큰 고통은 피하고 작은 고통은 인내하려고 하려는 성질을 가지고 있다. 따라서 범죄를 저질러 형벌을 받는 큰 고통보다는 작은 고통에 해당되는 범죄에 대한 유혹을 참아서 범죄행위를 하지 않는다는 학설이다. 이를 형법학계에서는 일반적으로 일반적 예방설이라고 부르기도 한다.

헌법을 비롯한 공법의 영역에서는 소위 '사회계약설(die Lehre vom Gesellschaftsvertrag)'이라는 것이 있다. 루소로부터 유래된 이 이론은 국가는 자유롭고 평등한 인간들이 잘 이해된 개인의 이익을 바탕으로 하여 기초되어지고 유지된다는 이론이다.

이러한 인간형, 인간상은 모두 의제적(擬制的)인 것이고, 가공적인 내용이기는 하지만 근대 민사법 등에서 많은 영향을 미치고 있다. 인간은 항상 자기의 이익만을 추구한다고 말할 수 없고, 어쩌면 인공지능에 비하여 가장 큰 특징 중의 하나가 감정적이고 비합리적이라는 것일지도 모른다. 그럼에도 불구하고 인간은 합리적 판단을 할 것이라고 전제하고, 이성적이면서, 자신의 이익을 추구하는 경제적 동물이라는 점을 기반으로 한 법규범은 산업혁명시대를 거치고 현재까지의 법규범 형성에 크나큰 영향을 미친 것은 사실이다. 특히 서양의 법제를 일제 강점기를 통해서 강제적으로 이식된 우리나라의 경우에는 아직 이러한 법이론의 기초 부분에 대해서 많은 연구가 되어 있지 않은 점은 아쉬운 점이다.

(2) 규범의 변화

앞서 언급한 규범의 내용은 주로 종교와 연관성을 가지는 규칙 또는 율법이었다. 그러나 시대의 변화에 따라 신과 연관된 규범은 다음과 같은 형태로 변화가 일어났다고 생각된다. 종교규범으로부터의 탈피, 그리고 윤리규범과 도덕규범으로부터의 이탈과 함께 기술적이고 기능적인 형태의 규범 내용이 점점 더 늘어나고 있다. 여기서 기능적이고 기술적이라는 의미는 국가 또는 사회의 유지 및 지속성을 보장하기 위한 최소한의 행위규범 또는 조직규범, 그리고 조직이 수행하여야 할 사회적 역할 등에 관하여 규정하고 있는 내용이 점점 더 늘어나거나, 이해관계인들의 이해관계조정을 통한 사회적 합의를 주 대상으로 한다는 것이다.

2. 탈종교화

규범의 탈종교화라는 것은 종교적 의미의 규범과 세속적 의미의 규범을 서서히 구분하여 종교적 의미의 규범을 세속적 규범에서 제거해나가는 과정이라고 말할 수 있다. 다른 면에서 이야기하면 국가가 제정한 법규범에서 종교적 색채가 나는 규범을 제거해나가는 것이다.[19]

예를 들어 '살인하지 말라.'라는 행위금지 규범은 종교규범과 도덕규범에도, 그리고 법규범에도 존재한다. 또한, 타인의 물건을 훔치는 것 역시 세 종류의 규범에서 모두 금지하고 있다. 물론 규범의 내용이 동일하더라도 규율하고 있는 관점에서 바라보면 그 효과는 전혀 다르다고 말할 수 있다. 종교적 규범이나 도덕적 규범에서는 사회적 비난이나 동족 사회에서의 제거 등의 사회적인 효과라고 말할 수 있지만, 법적인 효과에서는 규범위반에 대한 국가의 강제력을 동원할 수 있다는 점이 특징이다. 물론, 국가의 강제력이 합법성이 어느 정도 담보될 수 있지만 정당성까지 담보되는가 하는 점에 대해서는 여전히 역사적인 질문을 던지고 있다.

1) 동성애

우리 사회에서 뿐만 아니라 대부분의 사회에서 종교규범과 법규범 사이에서 갈등이 조장되거나 또는 다양한 정치관과 사회관에서 바라볼 수 있는 것이 동성애(Homosexuality)[20]의 문제이다. 대부분의 국가에서는 동성애에 대해서 처벌하고 있지 않고 있다. 동성애를 처벌하지 않는다는 의미는 종교규범과 법규범을 분리하고 있다는 의미이기도 하다. 동성애를 처벌하는 것은 종교규범의 잔재라고 말할 수 있다. 즉 동성애는 교회법의 영역에서 다루는 것이지 세속 규범에서는 거의 처벌하고 있지 않다.
기독교의 규범인 동성애를 비난하거나 금지하는 내용은 기독교의 경전인 성경에서 찾아볼 수 있다. 즉, 종교규범의 일부라고 말할 수 있다. 그 내용을 살펴보면 다음과 같다.

1. 레위기 18장 22절 "너는 여자와 교합함같이 남자와 교합하지 말라 이는 가증한 일이니라."
2. 레위기 20장 13절 "누구든지 여인과 교합하듯 남자와 교합하면 둘 다 가증한 일을 행함인즉 반드시 죽일찌니 그 피가 자기에게로 돌

아가리라."

3. 신명기 23장 17-18절 "이스라엘 여자 중에 창기가 있지 못할 것이요 이스라엘 남자 중에 미동이 있지 못할찌니 창기의 번 돈과 개 같은 자의 소득은 아무 서원하는 일로든지 네 하나님 여호와의 전에 가져오지 말라. 이 둘은 다 네 하나님 여호와께 가증한 것임이니라."
4. 열왕기상 15장 12절 "남색(男色)하는 자를 그 땅에서 쫓아내고 그 열조의 지은 모든 우상을 없이 하고."
5. 열왕기상 22장 45-46절 "여호사밧의 남은 사적과 그 베푼 권세와 그 어떻게 전쟁한 것은 다 유다 왕 역대지략에 기록되지 아니하였느냐 저가 그 부친 아사의 시대에 남아 있던 남색(男色)하는 자를 그 땅에서 쫓아내었더라."
6. 열왕기하 23장 7절 "또 여호와의 성전 가운데 남창(미동)의 집을 헐었으니 그 곳은 여인이 아세라를 위하여 휘장을 짜는 처소였더라."
7. 욥기 36장 13-14절 "마음이 경건하지 아니한 자들은 분노를 쌓으며 하나님이 속박할지라도 도움을 구하지 아니하나니 그들의 몸은 젊어서 죽으며 그들의 생명은 남창(男娼)과 함께 있도다"
8. 로마서 1장 26-27절 "이로 인하여 하나님께서 저희를 부끄러운 욕심에 내어버려두셨으니 곧 저희 여인들도 순리대로 쓸 것을 역리로 쓰며 이와 같이 남자들도 순리대로 여인 쓰기를 버리고 서로 향하여 음욕이 불 일 듯 하매 남자가 남자로 더불어 부끄러운 일을 행하여 저희의 그릇됨에 상당한 보응을 그 자신에 받았느니라."
9. 고린도전서 6장 9-10절 "불의한 자가 하나님의 나라를 유업으로 받지 못할 줄을 알지 못하느냐 미혹을 받지 말라 음란하는 자나 우상 숭배하는 자나 간음하는 자나 탐색하는 자나 남색하는 자나 도적이나 탐람하는 자나 술 취하는 자나 후욕하는 자나 토색하는 자들은 하나님의 나라를 유업으로 받지 못하리라."

10. 디모데전서 1장 10절 "음행하는 자와 남색하는 자와 인신 매매를 하는 자와 거짓말하는 자와 거짓맹세하는 자와 기타 바른 교훈을 거스르는 자를 위함이니"
11. 유다서 1장 7절 "소돔과 고모라와 그 이웃 도시들도 저희와 같은 모양으로 간음을 행하며 다른 색(色)을 따라가다가 영원한 불의 형벌을 받음으로 거울이 되었느니라."

동성애를 처벌하지 않는 점은 우리나라의 일반적인 입법의 내용에서도 동일하다고 말할 수 있다. 일반 형법에서는 동성애를 처벌하는 조항이 없다. 동성애에 관해서는 우리나라에서는 소위 비범죄화하고 있다고 말할 수 있다. 동성애는 개인의 사적인 성적 취향의 영역에 있는 것으로 보고 국가가 사회질서 유지 또는 최소한도의 도덕관념의 유지를 위하여 국가권력을 통해서 간섭하지 않겠다는 의미이다.

그런데 우리나라의 군형법에는 계간(鷄姦)을 처벌하는 조항을 두고 있다. 여기서 계간의 의미는 "사내끼리 성교하듯이 하는 짓"을 의미한다.

이 조항은 군대의 구성원 대부분이 남성인 점을 감안하여 법규범에 도입된 것이라고 말할 수 있다. 1962년 1월 20일에 법률 제1003호로 제정되고 같은 날부터 시행된 군형법 제92조에서 추행이라는 표제로 "계간 기타 추행을 한 자는 1년 이하의 징역에 처한다."라고 규정하고 있었다. 계간이라는 용어는 어원상 항문성교만을 의미하고, 남성 간의 성관계를 비하하는 의미를 갖고 있었다. 계간이라는 용어는 법조문에 사용하기에는 다소 부적절한 표현이라고 생각된다. 동성애 특히 항문성교를 국가가 공식적으로, 즉 국가의 법규범으로 처벌하는 규정이라고 말할 수 있다. 이 조항과 관련해서 위헌시비[21]가 헌법재판소에서 여러 차례 있었다. 그러나 모두 군형법의 위 조항은 합헌이라고 판단하였다. 법학을 공부하지 않은 독자들은 이해에 비록 어려움이 있다고 생각이 들기는 하지만, 그 내용을 간략히 소개하면 다음과 같다.

우선, 형법에서 가장 중요한 죄형법정주의의 내용 중에서 명확성의 원칙에 반하지 않는다고 판단하였다.

> "구 군형법 제92조의5는 예시적 입법형식을 취하는데 예시조항인 '계간'이 남성 사이의 항문성교를 의미하는 점, 동성 간에 폐쇄적으로 단체생활을 하는 군의 특성상 동성 사이의 비정상적인 성적 교섭행위가 발생할 가능성이 높은 점, 심판대상조항의 주된 보호법익이 사회적 법익인 '군이라는 공동사회의 건전한 생활과 군기'인 점을 고려할 때, 심판대상조항의 '그 밖의 추행'은 동성 군인 사이의 성적 행위에만 적용되는 것으로 해석된다. 한편 1962년 개정된 구 군형법은 모든 단계의 강제력 행사로 인한 추행을 단일조항인 제92조의 '기타 추행'으로 규제하여 처벌범위의 광범위성으로 인한 문제가 있었으나, 2009년 개정된 구 군형법은 폭행·협박에 의한 강제추행죄(제92조의2)와 심신상실·항거불능을 이용한 준강제추행죄(제92조의3)를 별도의 조항으로 분리하여 규정함으로써 심판대상조항의 '그 밖의 추행'은 강제추행 및 준강제추행을 제외한 범위에서의 추행으로 제한되게 되었다. 따라서 심판대상조항이 말하는 '그 밖의 추행'이란 강제추행 및 준강제추행에 이르지 아니한 추행으로, 객관적으로 일반인에게 혐오감을 일으키게 하고 선량한 성적 도덕관념에 반하며 계간에 이르지 아니한 동성 군인 사이의 성적 만족행위를 의미하는

것으로 해석되며, 그 해당 여부는 법원의 통상적인 법률해석·적용의 문제에 불과하다. 따라서 심판대상조항은 죄형법정주의의 명확성원칙에 위배되지 아니한다."

또한, 입법형식과 관련하여 과잉금지위반에 해당되는지에 대해서도 우리 헌법재판소는 이 원칙을 어기지 않았다고 판단하고 있다.

"헌법재판소는 헌재 2002. 6. 27. 2001헌바70 결정 및 헌재 2011. 3. 31. 2008헌가21 결정에서, "구 군형법 제92조의 '기타 추행'은 군이라는 공동사회의 건전한 생활과 군기의 확립을 입법목적으로 하는데, 동성 군인 사이의 성적 만족행위를 금지하고 형사처벌하는 것은 이러한 입법목적을 달성하기 위한 적절한 수단이며, 우리나라의 안보상황과 징병제도 하에서 단순한 행정상의 제재만으로는 동성 군인간의 추행행위를 효과적으로 규제하기 어려우므로, 위 조항은 과잉금지원칙에 위배되지 아니한다."라고 판단하였다. 위 조항은 이후 심판대상조항으로 개정되면서 2년 이하의 징역으로 법정형이 상향되었으나, 여전히 다른 법률에 규정된 추행 관련 범죄와 비교하여 그 법정형이 지나치게 무겁다고 단정하기 어렵고, 구체적 사정에 따라 선고유예 또는 집행유예가 가능하다는 점을 고려하면, 이 사건에서 위 선례의 판단을 변경할 만한 특별한 사정변경이 있다고 보기 어렵다. 따라서 심판대상조항은 과잉금지원칙을 위반하여 군인의 성적자기결정권, 사생활의 비밀과 자유, 신체의 자유를 침해하지 아니한다."

그런데 이러한 법률적 저항 속에서도 최근에 의미있는 판결이 대법원을 통해서 군형법 제92조의5에 대해서 새로운 해석이 등장하였다. 그동안 대법원[22]은 남북한의 긴장상황과 대립관계를 고려하고 사회의 인식을 기초로 하여 남성 군인 사이에 이루어지는 계간 등을 포함한 성행위 그 자체만으로 객관적으로 일반인에게 혐오감을 일으키게 하고 선량한 성적 도덕관념에 반하는 행위라는 이유로 군형법 제92조의5를 적용하여 처벌하여 왔다. 남성 사이에서 이루어진 행위가 지극히 사적인 곳에서 서로가 좋아서 합의를 통하여 행해졌다고 하더라도 제정 군형법 제92조와 구 군형법 제92조의5 규정이 적용된다는 취지로 판단하여 왔다. 그런데 최근에 대법원은 사회법규범에 대한 인식의 변화를 바탕으로 새로운 견해를 내고 있다. 문제가 되고 있는 군형법 조항이 헌법에 부합한다는 것을 전제로 하고 있지만, 동성애에 대한 사회적 인식이 변하고 있음을 시사하고 있다.

2013. 4. 5. 군형법 개정 당시 용어를 순화하였을 뿐이고 여전히 남성 간에 합의로 이루어진 성행위를 처벌하려는 입법의도에는 아무런 변화가 없다고 볼 수도 있다. 그러나 '동성 간의 성행위를 비하하는 용어를 변경하려는 것'이라는 개정이유에는 동성 간 성행위 자체만으로 이를 비하하거나 금기시하여 무조건적인 처벌의 대상으로 삼지 않으려는 의도가 포함되어 있다고 볼 수 있으므로, 이러한 취지를 도외시한 채 종래의 해석을 유지해야 하는 것은 아니다.

'추행'의 사전적 의미는 '① 더럽고 지저분한 행동, ② 강간이나 그와 비슷한 짓'이라고 되어 있다. 형법 등 성폭력 범죄 처벌규정에서 '추행'을 구성요건으로 정하고 있는 경우가 있는데, 대법원은 추행을 '객관적으로 일반인에게 성적 수치심이나 혐오감을 일으키게 하고 선량한 성적 도덕관념에 반하는 행위로서 피해자의 성적 자유를 침해하는 것'이라고 하면서 이를 판단할 때 피해자의 의사를 고려요소의 하나로 삼고 있다(대법원 2015. 9. 10. 선고 2015도6980 판결 등 참조).

어떤 행위가 추행에 해당하는지에 대한 일반적인 관념이나 동성 간의 성행위에 대한 규범적 평가는 시대와 사회의 변화에 따라 바뀌어 왔고, 동성 간의 성행위가 객관적으로 일반인에게 성적 수치심이나 혐오감을 일으키게 하고 선량한 성적 도덕관념에 반하는 행위라는 평가는 이 시대 보편타당한 규범으로 받아들이기 어렵게 되었다. 대법원 2013. 11. 14. 선고 2011두11266 판결은 "동성애를 이성애와 같은 정상적인 성적 지향의 하나로 보아야 한다는 주장이 있고, 사회적인 분위기 역시 동성애를 비롯한 성적 소수자에 대한 이해와 관심이 높아져 가고 있다."라는 이유 등을 들어 동성애 성행위 장면이 나오는 영화를 청소년 관람불가 등급으로 분류한 처분을 취소한 원심 판단을 받아들였다. 대법원 2014. 7. 24. 선고 2012므806 판결에서는 "민법 규정에 따라 적법하게 입양신고를 마친 사람이 단지 동성애자로서 동성과 동거하면서 자신의 성과 다른 성 역할을 하는 사람이라는 이유만으로는 입양이 선량한 풍속에 반하여 무효라고 할 수 없다."라고 판단하기도 하였다. 이처럼 현행 규정의 문언 변경과 함께 동성 간의 성행위에 대한 법규범적 평가가 달라진 점을 고려하면, 동성 간의 성행위가 그 자체만으로 '추행'이 된다고 본 종래의 해석은 더 이상 유지하기 어려워졌다.

그리고 군형법에 규정되어 있는 조항의 입법 경위, 입법 의도 및 사회인식의 변화 등을 모두 고려하면 피고인의 행위는 우리 사회에서 더 이상 처벌받을 수 있는 행위는 아니라고 판단하고 있다.

그런데 군대 내 여성의 증가로 여성 군인에 대한 성폭력 문제가 심각해지고 상명하복이 철저한 계급사회에서 하급자인 남성 군인에 대한 성폭력 범죄도 빈번히 발생하여 군대 내 성폭력 문제가 사회적으로 관심을 받게 되자 군형법은 2009. 11. 2. 법률 제9820호로 개정되었다. 이때 군형법은 '제15장 강간과 추행의 죄'를 신설하여 군인 등에 대한 강간, 강제추행 등 성폭력 범죄를 가중 처벌하는 규정을 도입하였고, 제정 군형법 제92조에 정해진 법정형의 징역형 상한을 1년에서 2년으로 상향하면서 이를 '제15장 강간과 추행의 죄'의 하나(제92조의5)로 옮겨 규정의 체계적 위치가 달라졌다. 2013. 4. 5. 다시 개정된 현행 규정에서는 다른 성폭력 범죄 처벌규정과 마찬가지로 '군인 등에 대하여'라는 문구를 추가하여 행위의 주체와 객체를 구별하는 표현을 사용하고 있다.

현행 규정의 체계와 문언, 개정 경위와 함께, 동성 간 성행위에 대한 법규범적 평가의 변화에 따라 동성 군인 간 합의에 따른 성행위를 아무런 제한 없이 군기를 침해하는 행위라고 보기 어려운 점 등을 종합하면, 현행 규정의 보호법익에는 '군이라는 공동사회의 건전한 생활과 군기'라는 전통적인 보호법익과 함께 '군인의 성적 자기결정권'도 포함된다고 보아야 한다.

이 사건과 같이 군인이 자신의 사적 공간인 독신자숙소에서 자유로운 의사로 합의에 따른 성행위를 한 사안으로서 군인의 성적 자기결정권이라는 법익에 대한 침해는 물론, 군이라는 공동사회의 건전한 생활과 군기라는 법익에 대한 침해를 인정하기 어려운 경우까지 처벌대상으로 삼는 해석은 허용될 수 없다.

2) 위증죄

우리나라 법규범에서 종교규범과 교차하고 있는 것 중의 하나가 위증죄(perjury, Meineid)이다. 위증은 법원에서 허위의 진술을 하는 것을 의미하는데 원래는 종교적인 규범과도 연관성을 가지고 있는 것이었다. 우선, 우리나라 형법에 규정되어 있는 위증죄에 대해서 간략히 언급을 하고 난 다음에 종교규범에서 어떻게 위증의 문제를 다루고 있는지를 살펴보고자 한다.

우리나라의 형법 제152조에는 위증죄에 대해서 규정하고 있다.

> 제152조(위증, 모해위증) ① 법률에 의하여 선서한 증인이 허위의 진술을 한 때에는 5년 이하의 징역 또는 1천만 원 이하의 벌금에 처한다.
> ② 형사사건 또는 징계사건에 관하여 피고인, 피의자 또는 징계혐의자를 모해할 목적으로 전항의 죄를 범한 때에는 10년 이하의 징역에 처한다.

제1항의 내용을 위증에 관한 내용이고, 제2항은 모해위증에 관한 내용이다. 위증은 “법률에 의하여 선서(宣誓)한 증인이 허위의 진술을 하는 죄”를 말하고, 모해위증은 “형사사건 또는 징계사건에 관하여 피고인, 피의자 또는 징계혐의자를 모해할 목적으로 허위의 진술을 하는 죄”를 의미한다. 제1항에서 규정하고 있는 ‘법률에 의하여 선서한 증인’의 의미는 '법정에서 선서를 한 증인'을 의미하는 것으로 해석하고 있다. 이는 형사소송법 제157조에는 모든 증인은 증언을 시작하기 전에 형사소송법에서 규정하고 있는 내용을 선서를 하게 된다.

> 제157조(선서의 방식) ① 선서는 선서서(宣誓書)에 따라 하여야 한다.
> ② 선서서에는 “양심에 따라 숨김과 보탬이 없이 사실 그대로 말하고

만일 거짓말이 있으면 위증의 벌을 받기로 맹세합니다."라고 기재하여야 한다.

③ 재판장은 증인에게 선서서를 낭독하고 기명날인하거나 서명하게 하여야 한다. 다만, 증인이 선서서를 낭독하지 못하거나 서명을 하지 못하는 경우에는 참여한 법원사무관 등이 대행한다.

④ 선서는 일어서서 엄숙하게 하여야 한다.

이 조문에 따르면 선서서에 따라 낭독하고 선서서에 기명날인하거나 서명하여야 하고, 선서는 일어서서 엄숙하게 하도록 하고 있다. 선서의 의미가 중대함을 인식하도록 하는 조항이다.

종교적인 관점에서 바라보면 선서와 관련하여 신약 마태복음 5장 33절부터 37절까지에는 다음과 같이 기재되어 있다.

또 옛사람에게 말한 바 헛맹세를 하지 말고 네 맹세한 것을 주께 지키라 하였다는 것을 너희가 들었으나,
나는 너희에게 이르노니 도무지 맹세하지 말지니 하늘로도 하지 말라 이는 하나님의 보좌임이요,
땅으로도 하지 말라 이는 하나님의 발등상임이요 예루살렘으로도 하지 말라 이는 큰 임금의 성임이요,
네 머리로도 하지 말라 이는 네가 한 터럭도 희고 검게 할 수 없음이라,
오직 너희 말은 옳다 옳다, 아니라 아니라 하라 이에서 지나는 것은 악으로부터 나느니라.

신약성경에서 예수의 산상 설교에서 말한 내용은 전혀 맹세하지 말고 선서의 효력 없이도 자신이 한 말을 지키라고 기재되어 있다. 따라서 그리스도교에서 교인이 선서를 맹세하는 것이

허용되는지 여부는 교회 역사에서 자주 논쟁되었다. 고대 말기 교부들 중에는 선서를 완전히 거부한 사람도 있었다. 나중에 가톨릭 교리는 선서를 허용했고, 선서를 하는 것이 모두에게 합리적이라고 생각했다. 개신교 교회도 선서를 승인하지만, 퀘이커 교도 등 보수적인 침례교에서는 예수의 산상 설교의 내용에 따라 오늘날에도 선서를 거부하기도 한다.

3. 탈윤리화·탈도덕화

이전의 법과대학 시절에는 법학도로서 법과 도덕과의 관계에 대해서 법학통론 또는 법학개론 과목에서 가장 먼저 배우는 주제였고, 아직도 법과 도덕과의 관계를 명확히 설명할 수 있는 이론은 없다고 생각된다.[23] 법과 도덕과의 관계를 많이 설명하는 가운데 법은 외면성을 가지고 도덕은 내면성을 가진다고 하는 견해[24]도 있다. 법과 도덕과의 관계에 대한 법격언이 "누구도 자신의 생각에 대하여 처벌받지 않는다(cogitationis poenam nemo patitur, No man is punished for his thoughts)"이다. 법과 도덕과의 관계를 논하거나 구별할 때에 강제성 유무를 가지고 논하는 것이 일반적이기도 하다. 또한, 법과 도덕은 '무엇을' 명령하는 것에서 인식될 수 있는 것이 아니라, '어떻게' 명령하고 금지하는 데에서 구별될 수 있다.[25]

많은 법학자와 윤리학자 등이 법과 도덕과의 관계에 관해서 논의를 지속적으로 하고 있다. 양자의 관계를 논하는 것은 단순히 지적인 호기심 또는 지적인 쾌락을 넘어서는 인간행위에 있어서 실천적 의미를 가지고 있다.

인간규범의 변화는 종교규범으로부터의 탈피와 함께 윤리규범 또는 도덕규범과의 분리도 시도되어 왔다. 이와 관련된 법이론이 비범죄화이론(Entkriminalisierung, decriminalization)이다. 비범죄화이론이란 그 동안 법규범에서 처벌의 대상으로 보았던 것을 처벌의 대상에서 제외하거나 처벌의 정도를 약하게 하여 사회적으로 허용되는 행위가 되도록 하는 것이다. 비범죄화의 대표적인 예로서는 낙태죄[26], 경미한 범죄, 성관련범죄, 성매매, 사실적시를 한 명예훼손, 도박죄 등이 그 논의의 대상이다. 그동안 법규범에서 범죄라고 규정하였던 것들을 범죄가 아니라고 하고 도덕, 윤리, 종교 규범에서 규율하도록 하는 것이다. 앞서 언급한 것처럼 법규범과 다른 규범의 가장 큰 차이점은 국가 공권력을 통한 강제력을 행사할 수 있는지 여부이다.

그동안 법규범이 윤리규범 또는 도덕규범과 혼재되어 있는 것으로는 도박죄, 마약범죄, 간통죄[27], 혼인빙자간음죄, 존속살인죄 등이라고 말할 수 있다. 아직도 우리나라의 규범 중에서는 도박죄, 마약과 관련된 조항이 존재한다. 그리고 존속살인죄도 아직 규정되어 있다.

그리고 인간 행위를 규율하는 규범 중에서 인간 사회를 구성하고 유지하는 필요 최소한의 방법에 관한 규범내용을 규정하는 경향이어서 그 내용이 기술적이라고 말할 수 있고, 개인적이고 정파적인 가치를 판단하여야 하거나 도덕적, 윤리적 요소가 있는 내용을 가능한 피하고 있다. 그런데 이러한 요소들은 완벽하게 법규범에서 제거할 수는 없다.

도덕규범과 법규범이 상충되거나 법규범이 거꾸로 인간이 사회생활을 하는 데 있어서 도덕질서 또는 도덕인식에 영향을 미치는 제도가 있다. 개인적으로는 이와 관련된 것으로는 개인적인 채무이행과 관련하여 개인회생, 개인파산제도라고 말할 수 있다. 그리고 최근 10여 년 전부터는 음주운전도 사법정책에 의해서 우리 사회에 새롭게 형성된 윤리의식 또는 도덕의식이 아닌가 하는 생각이 든다.

이하에서 위에서 언급한 내용을 간략하게 설명하고자 한다.

1) 도박죄

우리 사회에서 평균인들에게는 그다지 문제가 되지 않지만, 정치를 하거나 고위관직으로 가려고 하는 사람, 연예인, 스포츠스타 등에게 걸림돌이 되는 것이 음주운전도 있지만 개인이나 자녀가 도박을 한 적이 있는지 여부이다. 최근에 스포츠스타나 대통령 후보의 아들이 도박을 한 사안에 대해서 사회적 관심의 대상이 되기도 하였다.

우리나라 형법에는 제246조 제1항에서 단순도박죄와 제2항에서는 상습도박죄를 처벌하고 있다. 단순도박죄인 경우에는 일시오락의 정도에 지나지 않는 경우에는 처벌성이 없다고 보는 것이다. 추석이나 연휴에 친구들끼리 모여서 간단히 재미로 하는 도박은 단순도박죄에도 해당되지 않는다.

도박은 인간의 역사와 함께 하고 있는 오락의 일종으로 보아야 한다. 개인 취미 생활의 하나일 수도 있고 성향을 나타내는 것일 수도 있다. 어떤 점에서는 도박으로 인한 가정의 파탄, 개인의 사회적 적응에의 문제점 등 사회적으로 문제가 되어온 것도 사실이고, 도박을 치료하는 프로그램도 많이 존재하고 있다. 다른 한편 개인의 성향이기도 한 것이어서 도박에 국가권력으로 관여하는 것이 적절한지 여부에 대해서 논의가 지속되어 왔다. 즉, 비범죄화의 대상이 아닌가 하는 점에 관한 것이다.

다른 한편에서는 국가가 스스로 도박장을 개설하고 있다. 형법 제248조에는 복표의 발매 등은 법령에 의하도록 하고 있다. 우리에게 잘 알려져 있는 것이 강원랜드이다. 국가가 개설한 적법한 도박장인 강원랜드에서 도박을 한다고 해서 개인의 도박에 대한 성향이 달라지거나 개인의 삶이 달라지지 않는다. 오히려 강원랜드로 인한 개인의 폐해에 대해서 많이 기사화가 되고 있다. 또 다른 예로는 경마, 경륜, 소싸움, 스포츠토토 등 각종 스포츠 경기에 대한 복권을 발매하면서 우연한 승부에 돈을 걸도록 하는 것인데 이것은 적법한 것으로 보고 있다는 점이다. 경마와 관련된 법률이 「한국마사회법」이다. 그리고 사행행위 또는 사행심의 규제에 관한 일반적인 법률이 「사행행위 등 규제 및 처벌특례법」이다. 한국마사회법이 사행행위 등 규제 및 처벌특례법에 대해서 특별법의 위치에 있다.

재미있는 사실은 도박 또는 사행심에 따르는 행위가 개인적인 일탈로 이루어지면, 예를 들어 외국에 가서 도박장에서 도박을 하면 위법하여 처벌의 대상이 되지만, 우리나라 정부가 개설한 도박장에서 하면 적법하여 처벌받지 않는다는 점이다. 어떠한 행위에 대하여 단순히 법률에 규정되어 있다고 해서 인간 사회에서 도덕적으로 용인되는 행위는 아니라는 점이다.

2) 마약범죄

마약범죄도 성관련 범죄, 가족과 관련된 범죄 등과 같이 앞서 언급한 비범죄화의 대표적인 내용 중의 하나이다. 마약을 흡입하는 것은 자기 자신의 신체와 정신을 황폐화하게 만드는 것이다. 마약 자체를 흡입하는 것이 타인에게 피해를 기본적으로 주지 않는다고 보면 굳이 범죄 리스트에 올려서 국가의 공권력을 동원하여 처벌하여야 할 필요성은 없는 것이다.

마약의 흡입이나 중독성, 마약에 의존하는 것은 의학적인 관점에서 보면, 다른 약물의 중독과 같은 것이다. 예를 들면 담배에 중독되는 것과 같다. 담배를 하루에 10갑을 피우더라도 우리는 이러한 행위를 범죄라고 하지 않는다. 그리고 술을 많이 마시는 알코올 중독인 경우에도 우리는 술마시는 행위 자체를 범죄라고 부르지 않는다. 이러한 경우에 알코올 중독인 경우나 담배 중독인 경우 금연학교에 다니거나 병원에 가서 치료를 받으라고 권유한다. 담배 중독이나 알코올 중독의 경우에 이를 범죄자라고 하여 사회적 비난을 하거나 범죄자라고 하지 않는 이유는 역사적으로, 생활적으로 술과 담배는 인간 사회에 가까이 있었고, 사람들의 기호식품 중의 하나였기 때문이라고 말할 수 있다. 술과 담배를 통해서 자기 자신의 육체가 병들고 가족을 괴롭게 만드는 것은 자기 책임의 영역에 있다고 말할 수 있다.

마약도 마찬가지라고 생각된다. 그런데 우리나라에서는 아직 마약과 관련해서는 언론이나 방송 등에서 연예인, 스포츠 스타, 유학생 등을 중심으로 하여 마약이 널리 퍼져서 있었으나 최근에는 일반 사회인들도 많이 이용하는 것으로 보도하고 있다. 아직은 우리 사회가 마약을 비범죄화하여 처벌의 대상에서 제외하고 있지는않다. 우리나라는 「마약류 관리에 관한 법률」에서 "마약·향정신성의약품(向精神性醫藥品)·대마(大麻) 및 원료물질의 취급·관리를 적정하게 함으로써 그 오용 또는 남용으로 인한 보건상의 위해(危害)를 방지하여 국민보건 향상에 이바지함을 목적"으로 하여 마약류와 관련된 사항을 전반적으로 관리하고 있다. 이 법률에는 제58조부터 제69조까지의 형벌조항이 존재하고 있고, 보호관찰을 받을 수 있도록 하는 조항이 있다. 즉 마약과 관련해서는 일정한 행위를 범죄로 규정하고 있다.

3) 간통죄

간통이라는 의미는 배우자가 있는 자가 배우자 아닌 자와 성관계를 맺는 것을 말한다. 우리 사회에서는 불륜, 외도라고 표현하고 속된 표현으로는 '바람을 핀다'라고도 한다. 우리 사회에서는 그동안 여성의 지위와 관련하여 간통죄가 논의되는 양상이 많았다. 여성의 사회적 역할이 가정 내에 한정되는 것이어서 주로 남성이 바람을 피워 간통을 이유로 이혼을 하더라도 경제적으로 여성에게 불리하게 되는 점이 있었다. 즉, 이혼의 사유를 남자가 타인과 성관계를 맺음으로써 하게 되었는데, 이에 따른 불이익은 전혀 책임이 없는 배우자인 부인이 받는 것이다.

간통죄는 종교의 영역에서도, 도덕의 영역에서도 금기시되어 온 행위이다. 우리나라에서도 간통죄는 오랫동안 형사범의 하나로 처벌되어 왔지만, 그만큼 이것이 위헌이라는 논의 또한 오랫동안 진행되어 왔고, 결국 최근에 간통죄는 위헌이라고[28]이라고 결정을 받게 되어 형사범죄의 목록에서 제외 되었다. 2015년 2월 26일에 헌법재판소에서 오랫동안 합헌이라고 판단하였던 "배우자 있는 자의 간통행위 및 그와의 상간행위를 2년 이하의 징역에 처하도록 규정한 형법(1953. 9. 18. 법률 제293호로 제정된 것) 제241조"를 성적 자기결정권 및 사생활의 비밀과 자유를 침해하여 헌법에 위반되는지에 관해서 위헌이라고 판단하였다. 그 판결의 다수의견을 소개하면 다음과 같다.

> 사회 구조 및 결혼과 성에 관한 국민의 의식이 변화되고, 성적 자기결정권을 보다 중요시하는 인식이 확산됨에 따라 간통행위를 국가가 형벌로 다스리는 것이 적정한지에 대해서는 이제 더 이상 국민의 인식이 일치한다고 보기 어렵고, 비록 비도덕적인 행위라 할지라도 본질적으로 개인의 사생활에 속하고 사회에 끼치는 해악이 그다지 크지 않거나 구체적 법익에 대한 명백한 침해가 없는 경우에는 국가권력이 개입해서는 안 된다는 것이 현대 형법의 추세여서 전 세계적으로 간통죄는 폐지되고 있다. 또한 간통죄의 보호법익인 혼인과 가정의 유지는 당사자의 자유로운 의지와 애정에 맡겨야지, 형벌을 통하여 타율적으로 강제될 수 없는 것이며, 현재 간통으로 처벌되는 비율이 매우 낮고, 간통행위에 대한 사회적 비난 역시 상당한 수준으로 낮아져 간통죄는 행위규제규범으로서 기능을 잃어가고, 형사정책상 일반예방 및 특별예방의 효과를 거두기도 어렵게 되었다. 부부 간 정조의무 및 여성 배우자의 보호는 간통한 배우자를 상대로 한 재판상 이혼 청구, 손해배상청구 등 민사상의 제도에 의해 보다 효과적으로 달성될 수 있고, 오히려 간통죄가 유책의 정도가 훨씬 큰 배우자의 이혼수단으로 이용되거나 일시 탈선한 가정주부 등을 공갈하는 수단으로 악용되고 있기도 하다.

결국 심판대상조항은 과잉금지원칙에 위배하여 국민의 성적 자기결정권 및 사생활의 비밀과 자유를 침해하는 것으로서 헌법에 위반된다.

간통죄가 위헌이라고 결정을 받았다고 하여 사회적으로 용인되는 행위는 여전히 아니다. 간통은 우리나라의 가족법에서 정한 이혼의 사유의 하나에 해당되고, 위자료청구의 대상이 된다. 물론, 가정을 해체하거나 자녀들에게 부정적 영향을 미치는 사회적 일탈행위에 해당된다.

4) 혼인빙자간음죄

도덕적으로 윤리적으로 비난받을 수 있는 행위 중의 하나가 사실은 결혼을 할 생각이 없으면서 결혼을 전제로, 결혼을 하겠다는 의사를 표시하여 성관계를 맺는 것이다. 법문에서는 이러한 경우를 혼인을 빙자하여 여성과 간음하는 것이라고 표현하였다. 이러한 형사처벌의 대상이 되는 것은 주로 남성이 경제권과 함께 여성과의 결혼에 대한 결정권을 가지고 있다는 것을 전제로 한 것이다. 이는 역사적으로 동서양을 비롯하여 모든 시대에서 통용되는 결혼의 한 방식이었다. 드라마나 영화 등에서 자주 등장하는 소재이기도 하여서 우리에게는 이미 익숙한 이야기이기도 하다. 역사적으로, 종교적으로, 관념적으로 소위 혼전순결이라는 용어로 이 범죄의 심각성을 말할 수 있었다. 혼전순결이라는 것은 말 그대로 결혼을 하기 전까지 성관계를 맺지 않는 것을 의미한다. 혼인빙자간음죄는 개인적이든 사회적이든 이러한 보호법익을 깨뜨리는 것이다. 일반적으로 종교적인 이유에서도 혼인순결을 강조하는 경우가 많이 있었다. 혼인순결을 강조하는 이유 중의 하나는 사회적 약자를 보호하기 위한 기능도 있었기 때문이다. 결혼을 매개로 하여 부당한 사회적 약자를 괴롭히지 못하게 하기 위한 것이다.

그런데 혼인빙자간음죄 역시 우리 헌법재판소는 사회의 변화에 맞추어 위헌이라고 판결[29]하고 그 효력을 상실시켰다. 본 결정의 대상이 된 사례를 보면 사회적으로 도저히 용인될 수 없는 것으로서 사회적 비난가능성이 높다. 예를 들면 다음과 같은 사안이다.

> 사안1 : 청구인 임○연은 2006. 2. 14.부터 2006. 4. 13.까지 사이에 4회에 걸쳐 혼인을 빙자하여 음행의 상습없는 이○희를 각 간음하고, 2005. 9. 22.부터 2005. 10. 2.까지 사이에 4회에 걸쳐 혼인을 빙자하여 음행의 상습없는 김○수를 각 간음하였다는 등의 이유로, 혼인빙자간음, 사기 및 절도로 기소되었다.
> 사안2 : 청구인 양○석은 배우자와 혼인신고하여 그 사이에 2명의 자녀가 있는 자인바, 2005. 12. 30.부터 2008. 2. 1.까지 사이에 76회에 걸쳐 혼인을 빙자하여 음행의 상습없는 이○아를 각 간음하고, 2007. 5. 27.부터 2008. 2. 3.까지 사이에 58회에 걸쳐 혼인을 빙자하여 음행의 상습없는 이○아를 각 간음하였다는 이유로 형법 제304조의 혼인빙자간음죄로 기소되었다.

이러한 사안을 처벌하는 형법의 조항이 혼인빙자간음죄였는데 그 조문의 내용은 다음과 같다.

> 형법 제304조(혼인빙자간음) 혼인을 빙자하거나 기타 위계로써 음행의 상습없는 부녀를 기망하여 간음한 자는 2년 이하의 징역 또는

500만 원 이하의 벌금에 처한다.

이에 대해서 헌법재판소는 형법 제304조 중 "혼인을 빙자하여 음행의 상습없는 부녀를 기망하여 간음한 자" 부분이 헌법 제37조 제2항의 과잉금지원칙을 위반하여 남성의 성적자기결정권 및 사생활의 비밀과 자유를 침해하는지 여부에 대해서 위헌이라고 결정하였다. 여기서 주목하여 볼 것은 혼인을 기타 위계로써 음행의 상습 없는 부녀를 기망하여 간음한 경우는 위헌으로 보지 않았다. 이러한 행위는 국가권력이 처벌할 가치가 있는 반사회적 행위로 보았다. 하지만 입법부는 제304조 전체를 삭제하여 이 행위 또한 처벌받을 수 없는 행위가 되었다.

헌법재판소의 이 조항을 위헌이라고 판시한 내용을 살펴보자.

이 사건 법률조항의 경우 입법목적에 정당성이 인정되지 않는다. 첫째, 남성이 위력이나 폭력 등 해악적 방법을 수반하지 않고서 여성을 애정행위의 상대방으로 선택하는 문제는 그 행위의 성질상 국가의 개입이 자제되어야 할 사적인 내밀한 영역인데다 또 그 속성상 과장이 수반되게 마련이어서 우리 형법이 혼전 성관계를 처벌대상으로 하지 않고 있으므로 혼전 성관계의 과정에서 이루어지는 통상적 유도행위 또한 처벌해야 할 이유가 없다. 다음 여성이 혼전 성관계를 요구하는 상대방 남자와 성관계를 가질 것인가의 여부를 스스로 결정한 후 자신의 결정이 착오에 의한 것이라고 주장하면서 상대방 남성의 처벌을 요구하는 것은 여성 스스로가 자신의 성적자기결정권을 부인하는 행위이다. 또한 혼인빙자간음죄가 다수의 남성과 성관계를 맺는 여성 일체를 '음행의 상습 있는 부녀'로 낙인찍어 보호의 대상에서 제외시키고 보호대상을 '음행의 상습없는 부녀'로 한정함으로써 여성에 대한 남성우월적 정조관념에 기초한 가부장적·도덕주의적 성 이데올로기를 강요하는 셈이 된다. 결국 이 사건 법률조항은 남녀평등의 사회를 지향하고 실현해야 할 국가의 헌법적 의무(헌법 제36조 제1항)에 반하는 것이자, 여성을 유아시(幼兒視)함으로써 여성을 보호한다는 미명 아래 사실상 국가 스스로가 여성의 성적자기결정권을 부인하는 것이 되므로, 이 사건 법률조항이 보호하고자 하는 여성의 성적자기결정권은 여성의 존엄과 가치에 역행하는 것이다.

결혼과 성에 관한 국민의 법의식에 많은 변화가 생겨나 여성의 착오에 의한 혼전 성관계를 형사법률이 적극적으로 보호해야 할 필요성은 이미 미미해졌고, 성인이 어떤 종류의 성행위와 사랑을 하건, 그것은 원칙적으로 개인의 자유 영역에 속하고, 다만 그것이 외부에 표출되어 명백히 사회에 해악을 끼칠 때에만 법률이 이를 규제하면 충분하며, 사생활에 대한 비범죄화 경향이 현대 형법의 추세이고, 세계적으로도 혼인빙자간음죄를 폐지해 가는 추세이며 일본, 독일, 프랑스 등에도 혼인빙자간음죄에 대한 처벌규정이 없는 점, 기타 국가 형벌로서의 처단기능의 약화, 형사처벌로 인한 부작용 대두의 점 등을 고려하면, 그 목적을 달성하기 위하여 혼인빙자간음행위를 형사처벌하는 것은 수단의 적절성과 피해의 최소성을 갖추지 못하였다.

이 사건 법률조항은 개인의 내밀한 성생활의 영역을 형사처벌의 대상으로 삼음으로써 남성의 성적자기결정권과 사생활의 비밀과 자유라는 기본권을 지나치게 제한하는 것인 반면, 이로 인하여 추구되는 공익은 오늘날 보호의 실효성이 현격히 저하된 음행의 상습없는 부녀들만의 '성행위 동기의 착오의 보호'로서 그것이 침해되는 기본권보다 중대하다고는 볼 수 없으므로, 법익의 균형성도 상실하였다.

결국 이 사건 법률조항은 목적의 정당성, 수단의 적절성 및 피해최소성을 갖추지 못하였고 법익의 균형성도 이루지 못하였으므로, 헌법 제37조 제2항의 과잉금지원칙을 위반하여 남성의 성적자기결정권 및 사생활의 비밀과 자유를 과잉제한하는 것으로 헌법에 위반된다.

이 조문이 위헌 결정을 받았다고 하더라도 혼인을 빙자한 간음행위가 사회적 인식이나 가치에 있어서도 합당하고 정당한 행위라고 판단되지 않는다. 다만 국가 공권력에 더 이상 의존할 수 없다는 것이지 인간 사회에서 윤리적 비난이나 종교적 비난의 대상이 되는 것은 여전하다고 말할 수 있다.

5) 존속살해죄

우리 형법 제250조에는 살인죄를 규정하고 있다.

> 제250조(살인, 존속살해) ①사람을 살해한 자는 사형, 무기 또는 5년 이상의 징역에 처한다.
> ②자기 또는 배우자의 직계존속을 살해한 자는 사형, 무기 또는 7년 이상의 징역에 처한다.

제1항은 살인죄를 규정하고 있지만 제2항은 소위 존속살해죄를 규정하고 있다. 법문에서 알 수 있다시피 존속살해죄는 법정형이 일반 살인죄에 비하여 높다. 이러한 법규정은 자기의 부모와 같은 존속을 살해하는 것은 타인을 살해하는 것보다 더 비난가능성이 높다는 것인데, 이러한 생각에는 어느 정도 윤리적인 요소 즉, 인륜을 저버린 범죄라는 생각이 숨어 있다. 여기서 존속(尊屬)의 의미는 우리 가족법에 따라 정해진다. 자기 또는 배우자의 직계존속. 직계존속은 법률상 개념이다.

사실 존속살해죄가 사회적으로 문제를 일으키는 경우는 법조문이 예상한 패륜적인 자식이 무고한 부모를 살해하는 것이 아니라, 그 반대인 경우가 많다는 점이다. 예를 들면 아버지가 딸을 상습적으로 성폭행을 오랜 기간 동안 해왔다든지, 자식이나 아내를 상습적으로 폭행하는 등의 행위로 인하여 도저히 가족으로서 더 지속성이 없다고 판단되는 경우에 이루어지는 범죄가 많다.

존속살해죄의 반대되는 개념은 비속살해죄라고 할 수 있는데 이러한 용어는 우리 법조문에 존재하지 않는다. 비속은 자기의 자식을 의미하는데 이러한 행위는 같은 가족임에도 불구하고 일반 살인죄로 처벌의 대상이 된다. 앞서 언급한 존속살해죄에서 대부분의 사안에서 살해를 당한 피해자인 존속의 행위가 사회적 비난가능성이 높다. 이에 비하여 비속살해죄의 경우는 오히려 가해자인 부모의 행위가 비난가능성이 높다. 자신의 자식을 유기한다든지 또는 폭행 등으로 살해하는 경우이다. 그럼에도 불구하고 오히려 더 낮은 형의 죄목이 적용되기도 한다. 예를 들면, 형법 제251조의 영아살해죄이다. 직계존속이 치욕을 은폐하기 위하거나 양육할 수 없음을 예상하거나 특히 참작할 만한 동기로 인하여 분만 중 또는 분만 직후의 영아를 살해한 때에는 10년 이하의 징역에 처할 수 있는 범죄이다. 이는 부모의 사정을 살펴보아서 영아를 살해한 경우에 그 형을 감경하고 있다. 또는 어느 정도 자란 자신의 자식을 살해한 경우에도 일반 살인죄의 적용을 하고 있다. 이는 아직도 우리나라에서 장유유서(長幼有序)의 정신이 법조문에서 완전히 사라지지 않았다고 밝히는 반증이기도 하다. 이러한 점을 감안하여 보면 우리나라 사회에서 존속살해죄라는 법규범은 유교 윤리 또는 도덕의 일부로서 기능하고 있고, 법규범이 절대적 가치가 있다고 판단되는 한 도덕규범이 이 법규범을 정당화시켜 주기도 한다.[30]

물론 우리나라에서도 존속살해죄에 대한 위헌 여부가 문제가 된 경우가 있었다. 사안은 다음과 같다. 존속살해죄에 대해서 위헌을 청구한 청구인은 아버지인 피해자가 자주 술에 취하여 어머니를 폭행해온 것에 대해 불만을 가져오던 중 2011년 1월 24일 어머니를 폭행하는 피해자와 몸싸움을 하면서 이를 제지한 후 피해자와 화해하려 하였으나 피해자가 청구인을 폭행하자, 이에 대항하여 다시 피해자와 몸싸움을 벌이다가 피해자를 살해하였다는 범죄사실로 기소되어, 제1심에서 존속살해죄로 징역 10년의 유죄판결을 선고받고(서울중앙지방법원2011고합91), 항소하여 항소심에서 징역 7년을 선고받았다(서울고등법원 2011노1052). 이에 대하여 청구인은 존속살해죄 조항이 합리적인 이유 없이 존속살해와 일반 살인의 법정형에 차이를 두고 있는데, 이렇게 법정형 자체에서 직계존속을 사회적 특수계급으로 창설한 것은 헌법에서 규정하고 있는 평등원칙에 위반된다고 주장하였다.

이러한 주장에 대하여 헌법재판소는 이 조문이 헌법에 합치한다고 판단하였고, 그 이유를 존속살해죄의 입법 연혁을 우리나라 역사에 존재하였던 조선시대에서 유행하였던 효(孝)개념과 연계시키면서 다음과 같이 판시하였다.

(1) 효(孝)를 강조하는 유교적 전통사상이 강했던 조선시대에는 존속살인을 참형, 능지처사형 등 중형이 부과되는 십악(十惡) 중 하나로 규정하였고, 1905. 4. 29. 공포된 대한제국 형법대전에도 제498조에 친속존장 살해죄를 두고, 기수범의 법정형으로 교형(絞刑)을 규정하였다.

일제강점기에는 조선형사령에 의해 일본 형법이 의용되었는데, 일본 형법 제200조에는 자기 또는 배우자의 직계존속을 살해한 자를 사형 또는 무기징역에 처하도록 규정하고 있었다.

그 후 1953년 우리 형법이 제정되면서 제250조 제2항에 일본 형법과 같은 내용이 그대로 계수되어 40여 년간 유지되어 오다가, 1995년 제3차 형법개정 때 존속살해죄를 삭제하자는 주장도 있었으나 존속에 대한 패륜적 범죄를 무겁게 비난하는 것은 우리의 전통적 법률문화이고 다른 범죄의 존속에 대한 가중처벌규정을 두면서 존속살해죄만 법정형이 무겁다는 이유로 삭제하는 것은 체제상 모순된다는 이유로, 존속살해죄를 존치시키되 법정형이 '사형 또는 무기징역'으로 지나치게 과중하다는 지적을 수용하여 법정형에 '7년 이상의 징역'을 추가하였다.

(2) 이와 같이 조선시대 이래 현재에 이르기까지 존속살해죄에 대한 가중처벌은 계속되어 왔으며, 그러한 입법의 배경에는 우리 사회의 효를 강조하는 유교적 관념 내지 전통사상이 자리잡고 있음을 부정할 수는 없다. 한편으로는 우리 형법이 존속살해죄 이외에도 존속상해, 존속폭행, 존속유기 등 여러 존속에 대한 범죄에 대하여도 가중처벌 규정을 두고 있는데, 이는 범죄의 객체가 자기 또는 배우자의 직계존속이라는 특수한 신분관계에 해당하는 경우 가해자인 직계비속의 패륜성(悖倫性)에 대한 고도의 사회적 비난가능성이 인정되기 때문에 그 형을 가중하고자 하는 것이다(헌재 2002. 3. 28. 2000헌바53, 판례집 14-1, 159, 161 참조).

그리고 이 조문은 헌법상의 평등원칙에 위배되지 않는다고 판단하였다.

존속살해의 범행은 오래전부터 보편적 사회질서나 도덕원리, 나아가 인륜에도 반하는 행위로 인식되어 왔고, 그 패륜성에 비추어 일반 살인죄에 비하여 고도의 사회적 비난을 받아야 할 이유가 충분하다. 따라서 반인륜·패륜행위를 억제하기 위하여 존속살해죄를 엄벌함으로써 결과적으로는 존속이 강한 보호를 받게 된다 하더라도 이는 반사적 이익에 불과하므로 이를 반드시 불합리하다고만은 할 수 없으며, 현재 우리의 윤리관에 비추어 볼 때 오히려 합리적이라 할 수 있다.

비속의 직계존속에 대한 존경과 사랑은 봉건적 가족제도의 유산이라기보다는 우리 사회윤리의 본질적 구성부분을 이루고 있는 가치질서이고, 특히 유교적 사상을 기반으로 전통적 문화를 계승·발전시켜 온 우리나라의 경우는 더욱 그러한 것이 현실인 이상, 이 사건 법률조항의 입법목적의 정당성과 이를 달성하기 위한 수단의 적정성, 즉 가중처벌의 이유와 그 정도의 타당성 등에 비추어 그 차별적 취급에는 합리적 근거가 있으므로 헌법 제11조 제1항의 평등원칙에 반한다고 할 수 없다(헌재 2002. 3. 28. 2000헌바53, 판례집 14-1, 159, 164 참조).

한편, 패륜성으로 인한 가중처벌 자체에는 합리적 이유가 있다 하더라도, 예외적으로 패륜성이 부인되거나 상대적으로 가볍게 평가되는 사안에 있어 구체적 타당성에 맞는 양형을 불가능하게 할 정도로 법정형이 지나치게 무겁게 규정되어 있다면, 그와 같은 경우는 합리적 근거를 상실하게 된다고 보아야 한다.

그러나 1995년 이 사건 법률조항의 법정형이 종래의 '사형 또는 무기징역'에서 '사형, 무기 또는 7년 이상의 징역'으로 개정되었고, 법정형의 하한이 '5년 이상의 징역'인 일반 살인죄와의 법정형의 격차가 현저하게 줄어들어 기존에 제기되었던 양형에 있어서의 구체적 불균형의 문제도 해소되었다고 봄이 상당하고, 개개 사건에서 범행동기나 행위태양 등에 비추어 비난가능성이 상대적으로 가벼운 경우에는 법관의 양형을 통하여 그 책임에 맞는 적정한 형벌을 선고하는 것이 가능하게 되었다.

결국 이 사건 법률조항은 살인행위 가운데 특별히 비난가능성이 높다고 생각되는 패륜적 행위를 유형화하여 가중처벌하도록 한 것으로서, 그 법정형이 그 범죄의 죄질 및 이에 따른 행위자의 책임에 비하여 지나치게 가혹한 것이어서 현저히 형벌체계상의 균형성을 잃은 자의적인 입법이라고 할 수 없으므로, 이 사건 법률조항은 평등원칙에 위반되지 아니한다.

아직도 우리나라 형법에서 규정하고 있는 존속살해죄는 우리나라 조선시대의 유교의 전통인 부모와 자녀 사이에 강조되었던 효를 바탕으로 하는 가족 내부에 존재하였던 질서를 근간으로 하고 있다는 점을 알 수 있다. 이런 점에서 아직도 우리나라의 법규범에 유교적인 효덕목을 강조하는 도덕적인 요소가 형법에 규정된 법규범의 한 내용으로 작용하고 있다는 점이고, 이는 우리 사회에서 법규범이 경우에 따라서는 도덕규범의 일부이기는 하지만 법규범이 도덕규범을 최소한 부양하거나 지지하고 있다는 것을 알 수 있다.

6) 채무면제제도

개인이나 법인이 타인으로부터 돈을 빌렸을 경우, 약정한 이자와 함께 다 갚는 것이 아주 정상적인 태도이고, 이러한 행위가 사회생활을 할 때에 합당한 이치에 맞는 것이라고 말할 수 있다. 즉, 정당한 이유 없이 채무를 면제하여 달라고 한다든지 갚지 않겠다든지 하는 것은 사회 구조와 사회질서를 깨뜨리는 것이다. 개인이 빌린 돈을 갚지 않는 경우에 대해서 민법은 채권을 회수할 수 있는 방안을 만들고, 각종 담보제도 등을 두고 있다. 그리고 민사소송의 상당 부분을 차지하는 것이 빚과 관련된 것, 채권 회수를 위한 것이다.

채권자가 자신의 채권을 다 받을 때까지 모든 법률적 구제수단을 사용하는 것이 정상적인 것이고, 채무를 상속시켜 채무자의 상속인들로부터도 자신의 채권을 만족시키려고 노력하는 것은 정상적인 태도라고 말할 수 있다. 이를 거꾸로 이야기하면 채무자는 채권자에게 자신의 빚을 전부 정확하게 변제하는 것이 사회 상식에 맞는 행위이다.

우리나라에서는 최근 젊은이들로부터 '영끌'이라는 용어로 대표되는 행위를 통해서 알 수 있듯이 빚을 내어 부동산투자를 하거나 주식투자를 하는 등 무리한 빚을 지는 경우가 우리 사회에서 점점 늘어나고 있다. 빚을 만회하는 경우도 있겠지만, 거의 대부분 또는 상당한 사람은 투자를 회수하지 못하고 빚을 떠안고 살아가야 하는 경우가 많아지고 있다.

그런데 국가가 어떤 상황이 생겼을 경우에 채무를 면제해주는 제도가 있다. 국가 질서를 유지하는 경찰행정에서도 개인채무에 대해서는 관여하지 않는 원칙이 있다. 그런데 제도적으로 개인의 채무를 면제하거나 경감시켜준다면 개인의 입장에서는 어느 순간까지 채무를 갚지 않으면 국가가 알아서 채무를 감경해주거나 면제를 해줘 채무이행에 대한 도덕적 해이감이 형성될 수 있다. 다른 말로 표현하면 채무를 면제해주는 법제도가 개인의 도덕심에 부정적 영향을 미치는 사례가 될 수 있다.

우리나라에 개인의 채무면제와 관련된 대표적인 법률로는 「채무자회생 및 파산에 관한 법률」과 「서민의 금융생활 지원에 관한 법률」이 있는데, 앞의 법률은 '채무자회생법'이라고, 뒤의 법률은 '서민금융법'이라고 약칭하고 있다.

우선, 신용회복위원회에 의한 개인채무의 조정이 있다. 개인채무의 조정은 앞서 언급한 서민의 금융생활 지원에 관한 법률을 근거로 하고 있다. 개인채무의 조정은 신용회복지원협약을 맺은 금융기관(서민금융법 제75조)과의 사이에 상환기관연장, 분할상환, 이자율 조정, 상환유예, 채무감면 등의 방법으로 하고 있다(제73조). 채무조정제도는 채무가 많아 정상적으로 채무를 반환하기 어려운 상황에 있는 사람들을 위하여 신용회복위원회가 채무 상환조건을 변경하여 경제적으로 재기하고, 정상적인 사회생활을 할 수 있도록 지원하는 제도라고 평가할 수 있다. 신용회복위원회에서는 다음과 같이 채무조정제도를 나누어 소개하고 있다. '연체전 채무조정(신속채무조정)'은 채무를 정상적으로 이행 중이거나 1개월 미만인 단기간으로 연체를 하고 있는 채무자에게 신속한 채무조정 지원의 한 방법으로 연체 장기화를 방지하고자 하는 제도가 있다. 1~3개월 미만의 단기인 연체채무자를 위하여 미리 채무조정을 통해 연체 장기화를 방지하고자 하는 '이자율 채무조정(프리워크아웃)'이 있다. 그리고 3개월 이상 장기간으로 채무를 연체하고 있는 채무자를 위한 채무조정제도로서 '채무조정(개인워크아웃)'이 있다.

채무조정제도가 확정되어 신용회복위원회가 제안한 채무조정안을 개인 채무자와 채권금융회사에 통지를 하여 수락을 하게 되면 합의가 이루어진 것으로 본다. 즉, 당사자 사이에 마치 계약을 맺은 것처럼 사적으로 법적인 효력이 있다.

그리고 법원이 관여하는 '개인파산'과 '개인회생'이 있다. 이 두 제도는 앞서 언급한 채무자회생법에 근거를 두고 있다.[31] 개인파산은 채무자가 어떤 물건을 구매하였거나 돈을 빌렸지만 자신의 모든 채무를 갚을 수 없는 상태에 있는 경우에 채무를 정리하기 위하여 스스로 파산신청을 하는 것을 말한다. 개인파산제도를 둔 이유는, 채권자에게는 평등하게 채권을 변제 받도록 보장하는 것과 함께 채무자에게는 채무에 대한 면책절차를 통하여 갚지 않은 채무에 대한 변제 책임을 면제 받아 사회적·경제적으로 재기·갱생할 수 있는 기회를 주는 것이다. 흔히 이야기하는 성실하지만 불행한 채무자를 경제적으로 구제하는 제도가 개인파산제도이다.

개인이 파산선고를 받게 되면 받게 되는 사회적 불이익이 존재한다. 각종 회사의 임원이 되지 못하거나, 공무원, 변호사, 공인회계사, 변리사, 공증인, 부동산중개업자, 사립학교의 교원이 될 자격을 상실한다.

개인파산신청에 따라 법원이 면책의 결정을 하게 되는데, 면책의 의미는, 채무자가 파산절차에 의하여 배당·변제되지 아니한 남은 채무를 더 이상 변제하지 않아도 되는 것, 즉 채무책임이 면제되는 것을 의미한다. 앞서 언급한 성실하지만 불행한 채무자에게 사회적·경제적으로 새롭게 출발할 수 있는 기회를 주는 것이다. 그런데 모든 사람이 파산신청을 할 수 있는 것은 아니다. 개인파산을 악용하는 것을 방지하기 위하여 다음과 같은 사유가 있는 사람은 면책사유에 해당되지 않는다.

1. 채무자가 채무자회생법 제650조·제651조·제653조·제656조 또는 제658조의 죄에 해당하는 행위가 있다고 인정하는 때
2. 채무자가 파산선고 전 1년 이내에 파산의 원인인 사실이 있음에도

불구하고 그 사실이 없는 것으로 믿게 하기 위하여 그 사실을 속이거나 감추고 신용거래로 재산을 취득한 사실이 있는 때

3. 채무자가 허위의 채권자목록 그 밖의 신청서류를 제출하거나 법원에 대하여 그 재산상태에 관하여 허위의 진술을 한 때

4. 채무자가 면책의 신청 전에 이 조에 의하여 면책을 받은 경우에는 면책허가결정의 확정일부터 7년이 경과되지 아니한 때, 제624조에 의하여 면책을 받은 경우에는 면책확정일부터 5년이 경과되지 아니한 때

5. 채무자가 이 법에 정하는 채무자의 의무를 위반한 때

6. 채무자가 과다한 낭비·도박 그 밖의 사행행위를 하여 현저히 재산을 감소시키거나 과대한 채무를 부담한 사실이 있는 때

개인파산에 대하여 개인회생은 다소 다른 의미를 가진다. 개인회생절차는 제대로 채무이행을 하기 힘든 채무자에게 장래에 계속적으로 또는 반복하여 수입을 얻을 가능성이 있는 경우에 채권자 등과의 채권관계를 조정함으로써 채무자로 하여금 개인적으로 경제적 회생을 돕고, 채권자의 채권도 만족시킬 수 있도록 마련된 절차이다. 소위 채무노예로부터의 해방을 맞게 하는 것이다.

신용회복위원회를 통한 채무조정제도, 개인파산과 개인회생절차 등은 모두 법률의 규정에 따른 것으로서 법제도의 하나라고 말할 수 있다. 이러한 법제도를 통해서 개인의 채무를 면제하

거나 감경하여주는 것인데 이러한 제도가 개인의 채무이행에 대한 도덕의식을 약하게 하거나 도덕적 해이감을 불러일으킬 수 있다.[32] 다른 말로 표현하면 국가가 나서서 제도적으로 빚을 청산해주다 보니, 충분히 갚을 능력이 있는 사람도 빚을 갚지 않아도 된다는 시각을 가지거나 빚을 지는 것에 대한 거부감도 줄어들 가능성이 있다는 점이다. 그리고 이러한 채무면제제도의 운영에 있어서 형평성 있게 집행되고 있는가 하는 점에 대해서도 의문을 가질 수 있다. 따라서 법제도가 인간의 도덕적 해이감 형성에 영향을 미치고 이는 빚이라고 하는 사회적 폭탄을 서로 돌리도록 하는 구조적 불안감을 조성한다.

7) 음주운전

음주운전의 폐해는 이미 1990년대부터 우리 사회에서 잘 알려져 있다. 음주운전도 문제지만 음주운전을 숨기려고 사고를 내고 난 다음에 도망가는 경우도 많았다. 이러한 행위를 우리는 뺑소니, 도주차량이라고 부른다. 사고를 내고 도망가는 행위는 음주운전을 숨기기 위해서이다.

그런데 음주운전을 다른 범죄와 비유하자면 반드시 적확한 표현은 아니지만, 마치 칼을 가지고 거리를 지나가고 있는 것에 비유할 수 있다. 물론 음주운전자가 일부러 사고를 내려고 하는 것은 아니지만, 음주로 인하여 운전조작이나 운행에 대한 판단력이라든지 집중력이 떨어지기 때문에 사고로 연결되는 것이다. 따라서 술을 마시고 운전하는 것은 법규범을 떠나서 우리 사회의 구성원으로서 해서는 안 되는 행위라고 판단되면 이는 윤리적 차원에서 논의가 될 수 있는 성질의 것이다.

이러한 음주운전에 따른 사회적 폐해를 줄이고자 그 동안 사회정책적 노력도 많이 해 왔지만, 음주운전에 대한 처벌을 강화시킴으로써 일반예방적인 효과를 노리는 것이 주된 정책이었다. 이에 대한 입법이 음주운전 경력이 있는 자가 다시 음주운전 측정을 거부하거나 음주운전을 하는 경우에 가중처벌하는 규정인 「도로교통법」 제148조의2이다. 그리고 부산 해운대에서 도로를 건던 대학생을 만취운전자가 치어서 사망에 이르게 한 사건이 발생하였고, 음주운전으로 인해 무고한 학생이 사망한 사건을 계기로 사회의 비난 여론이 비등하여 처벌규정을 강화시키는 운동이 일어났다. 이러한 운동을 언론이나 방송에서는 '윤창호법'이라고 불렀다. 이러한 운동의 결과 법률개정이 일어났다. 음주운전 등을 통해서 사람을 사망에 이르게 한 경우에 「특정범죄 가중처벌 등에 관한 법률」 제5조의11에 규정된 형벌을 1년 이상 유기징역에서 무기 또는 3년 이상의 징역에 처할 수 있도록 형벌에 관한 법정형이 강화되었다.

그런데 헌법재판소는 앞서 언급한 도로교통법 제148조의2의 규정 내용 중에서 음주운전 금지규정을 2회 이상 위반한 사람을 2년 이상 5년 이하의 징역이나 1천만 원 이상 2천만 원 이하의 벌금에 처하도록 한 구 도로교통법 제148조의2 제1항 중 '제44조 제1항을 2회 이상 위반한 사람'에 관한 부분이 죄형법정주의의 명확성원칙에 위반되는지 여부에 대해서는 합헌이라고 판단하였지만, 책임과 형벌 간의 비례원칙에 위반되는지 여부에 대해서는 헌법에 위반된다는 위헌결정[33]을 내렸다.

1. 심판대상조항의 문언, 입법목적과 연혁, 관련 규정과의 관계 및 법원의 해석 등을 종합하여 볼 때, 심판대상조항에서 '제44조 제1항을 2회 이상 위반한 사람'이란 '2006. 6. 1. 이후 도로교통법 제44조 제1항을 위반하여 술에 취한 상태에서 운전을 하였던 사실이 인정되는 사람으로서, 다시 같은 조 제1항을 위반하여 술에 취한 상태에서 운전한 사람'을 의미함을 충분히 알 수 있으므로, 심판대상조항은 죄형법정주의의 명확성원칙에 위반되지 아니한다.
2. 심판대상조항은 음주운전 금지규정을 반복하여 위반하는 사람에 대한 처벌을 강화하기 위한 규정인데, 가중요건이 되는 과거 위반행위와 처벌대상이 되는 재범 음주운전행위 사이에 아무런 시간적 제한을 두지 않고 있다. 그런데 과거 위반행위가 예컨대 10년 이상 전에 발생한 것이라면 처벌대상이 되는 재범 음주운전이 준법정신이 현저히 부족한 상태에서 이루어진 행위라거나 교통안전 등을 '반복적으로' 위협하는 행위라고 평가하기 어려워 이를 일반적 음주운전 금지규정 위반행위와 구별하여 가중처벌할 필요가 있다고 보기 어렵다. 범죄 전력이 있음에도 다시 범행한 경우 가중된 행위책임을 인정할 수 있다고 하더라도, 전범을 이유로 아무런 시간적 제한 없이 무제한 후범을 가중처벌하는 예는 찾기 어렵고, 공소시효나 형의 실효를 인정하는 취지에도 부합하지 않는다. 또한 심판대상조항은 과거 위반 전력, 혈중알코올농도 수준 등에 비추어, 보호법익에 미치는 위험 정도가 비교적 낮은 유형의 재범 음주운전행위도 일률적으로 그 법정형의 하한인 2년 이상의 징역 또는 1천만 원 이상의 벌금을 기준으로 처벌하도록 하고 있어 책임과 형벌 사이의 비례성을 인정하기 어렵다. 따라서 심판대상조항은 책임과 형벌 간의 비례원칙에 위반된다.

그리고 헌법재판소[34]는 음주운전 금지규정 위반 또는 음주측정거부 전력자가 다시 음주운전을 한 경우 가중처벌하는 사건에 관한 도로교통법제148조의2 제1항이 위헌인지 여부에 대해서도 위헌이라고 판단하였다.

도로교통법 제44조 제1항, 제4항은 술에 취한 상태를 인정하는 기준을 운전자의 혈중알코올농도 0.03% 이상으로 규정하고 이를 초과하는 경우 음주운전으로 금지시키고 있는데, 음주 정도가 운전에 미치는 영향은 사람마다 차이가 있을 수 있으며 특히 최저 기준치인 0.03%를 약간 상회하는 정도의 혈중알코올농도 수준에서 운전하는 경우 음주운전으로 인한 교통안전의 위험성이 상대적으로 낮을 수 있다. 나아가 원동기장치자전거를 음주 운전하다가 적발된 전력이 있는 사람이 다시 같은 종류의 차량을 운전하던 중에 적발된 경우나, 과거의 위반행위 시로부터 상당히 오랜 시간이 지난 경우와 같이 가중처벌할 필요성이 인정되는지 의문시되는 행위도 있다.
이와 같이 도로교통법 제44조 제1항 또는 제2항을 1회 이상 위반한 후 다시 같은 조 제1항을 위반한 경우라고 하더라도 죄질을 일률적으로 평가하기 어려운 다양한 행위 유형이 있고 그 경중의 폭이 넓으므로, 형사상 책임주의원칙에 따라 그에 대한 법정형의 폭도 법관이 각 행위의 개별성에 맞추어 형을 선고할 수 있도록 설정되어 있어야 한다.
그러나 심판대상조항은 위와 같은 모든 경우에 법정형의 하한을 징역 2년 또는 벌금 1천만 원으로 정하여 일률적으로 엄하게 처벌하도록 하고 있다. 이 경우 법관이 작량감경을 한다고 하더라도 선고할 수 있는 형량이 1년 이상의 징역 또는 500만 원 이상의 벌금이어서 각 행위의 개별성에 맞추어 형을 선고함에는 한계가 있을 수밖에 없고, 집행유예를 선고하는 경우에도 유예되는 형이 피고인의 책임 정도에 비례하지 않을 수 있으며, 집행유예가 실효되는 경우 피고인은 자신의 책임을 초과하는 형벌을 감수하여야 한다. 그리고 결격사유에 해당하는 경우에는 형의 집행유예를 선고하거나 선고유예를 할 수도 없다.

따라서 심판대상조항이 구성요건과 관련하여 아무런 제한도 두지 않은 채 법정형의 하한을 징역 2년 또는 벌금 1천만 원으로 정한 것은, 음주운전 금지규정 위반 또는 음주측정거부 전력의 시기 및 내용이나 음주운전 당시의 혈중알코올농도 수준과 발생한 위험 등을 고려할 때 비난가능성이 상대적으로 낮은 음주운전 재범행위까지 가중처벌 대상으로 규정하면서 법정형의 하한을 과도하게 높게 책정하여 죄질이 비교적 가벼운 행위까지 지나치게 엄히 처벌하도록 한 것이므로, 책임과 형벌 사이의 비례성을 준수하고 있다고 보기 어렵다(헌재 2021. 11. 25. 2019헌바446등 참조).

형벌의 위하적 기능에 비추어 죄질이 비교적 가벼운 범죄라고 하더라도 입법 당시의 시대적 상황이나 범죄예방을 위한 형사정책적 요소 등을 고려하여 이에 대한 처벌을 상향하는 입법을 하는 것이 가능할 수 있고, 반복적인 음주운전에 대한 강한 처벌이 일반 국민의 법감정에 부합하는 면은 있다.

그러나 형사정책적인 면에서 볼 때, 중한 형벌이 일시적으로 범죄 억지력을 발휘할 수 있으나 결국에는 중벌에 대한 면역성과 무감각이 생기게 되어, 범죄예방과 법질서 수호에 실질적인 기여를 하지 못하는 상황이 발생할 수 있다. 특히 음주운전이 적발되거나 사고가 나지 않을 것이라고 전망하는 음주운전자에게 형벌의 강화는 효과가 없고 그러한 낙관을 교정할 수 있는 확실한 단속이나 교정수단이 더 중요하며, 설령 효과가 있더라도 형벌의 강화는 최후의 수단이 되어야 한다. 반복적인 음주운전에 대해서는 음주치료와 교육프로그램을 강화하고 혈중알코올농도가 일정 수치 이상이 되면 시동 자체가 걸리지 않도록 하는 음주운전 방지장치를 차량에 부착하게 하는 등의 방안도 형벌 강화에 대한 대안으로 충분히 고려할 수 있고, 형벌의 강화에 앞서 일차적으로 검토되어야 할 수단이다.

위와 같은 비형벌적인 방지 수단에 대한 충분한 고려 없이, 가중처벌의 요건이 되는 과거의 음주운전 금지규정 위반 또는 음주측정거부 전력과 관련하여 아무런 시간적 또는 유형적 제한을 두지 않음으로써, 가중처벌할 필요가 없거나 죄질이 비교적 가벼운 유형의 재범 음주운전에 대해서까지 일률적으로 가중처벌하도록 한 심판대상조항은 형벌 본래의 기능에 필요한 정도를 현저히 일탈하는 과도한 법정형을 정하고 있다.

그러므로 심판대상조항은 책임과 형벌 간의 비례원칙에 위반된다.

사회적 운동까지 일어나서 개정되었던 음주운전 가중처벌이 모두 형법의 입법원칙에 어긋난다는 헌법재판소의 판단을 보고서 당황하였을 국민들이 많을 것이라고 생각된다. 음주운전에 대한 국민적 합의는 이를 방지하고 특히 사람이 사망하는 사건에 대해서는 가중처벌하여도 좋다는 것이고, 여론 역시 이에 동의하였다. 그럼에도 불구하고 입법원칙에 어긋나기 때문에 위헌이라고 한 점은 법률적인 관점에서의 판단이다. 그렇다고 하여 음주운전의 범죄성이 약화되거나 윤리적 성격이 약하게 되었다고 말할 수 없다.

4. 규범 성격의 변화

우리는 앞서 인간 사회의 규범이 시대의 흐름에 따라 그 성격이 조금씩 변화가 이루어져 왔고, 이루어지고 있음을 알게 되었다. 종교적인 규범으로부터 점점 인간 사회 중심의 규범으로 변화가 생겼고, 이러한 변화는 법규범에서 종교규범, 도덕규범, 윤리규범을 가능한 한 삭제하고자 노력하였다는 것을 알 수 있었다.

그러나 한편으로는 이러한 노력이 완벽한 형태로 이루어지지 않음도 알 수 있었다. 예를 들면 앞서 소개한 존속살해죄와 같은 경우는 우리 사회에 견고한 유교적 전통을 아직 고수하고 있음을 상징하는 법규범이고 아직도 법규범이 도덕규범의 일부를 수행하고 있음을 알 수 있다. 또한 반대로 법규범 또는 법제도가 사회인의 도덕의식 또는 윤리의식에 영향을 미치고 있음을 알 수 있다. 음주운전을 가중처벌하거나 마약사범을 법제도 내에서 처벌함으로써 음주운전이나 마약을 복용하는 것은 법이 허용하지 않으므로, 이러한 행위가 사회적으로 비난받고, 비록 법이 없다고 하더라도 허용되어서는 안 된다고 하는 인식을 가능하게 하는 것이다. 또한 법률에서 규정하고 있는 채무면제제도 역시 빚을 지더라도 갚지않고 있으면 언젠가는 탕감받을 수 있다고 하는 그릇된 도덕의식을 심어주고 있다. 이 제도의 원래 취지는 '성실하지만 불운한 채무자'가 사회에 경제적으로 복귀할 수 있도록 하는 좋은 의미의 제도였지만, 이 제도를 악용하거나 남용하는 사람들이 늘어나는 것은 사회 전체 관점에서 보면 모럴 해저드(moral hazard), 도덕적 해이를 불러일으키고 있다. 법제도가 도덕적 감정 또는 도덕심에 영향을 미친다고 말할 수 있다.

인간만이 주체가 되는 법규범에서도 규범의 내용이 변화할 수 있고, 그 변화는 생각보다 클 수도 있고, 인간의 생활에 많은 영향을 미친다. 규범은 고정되어 있는 것이 아니라 사회의 상황, 인간 의식의 변화, 기술과 과학의 발전에 따른 산업구조의 변화와 사회구조의 변화에 따라 법규범이 새로 생성되거나, 사라지거나, 내용에 변화가 일어나고 있다.

이러한 현상은 지금도 세계 각국에서 지속적으로 일어나고 있다. 과거 규범이 현대 사회에 맞게 변화하거나 새로운 규범의 등장은 자연스러운 것이라고 말할 수 있다. 이런 점에서 인공지능이 인간의 노동을 대체하거나 인간의 행위와 유사한 행위를 하면서 인간의 영역에서 존재할 것이라고 하는 현상들을 하나씩 실현할 경우에 이에 따라 규범도 달라져야 할 것이고, 달라져야 한다.

제 2 장

근대규범과 인간

1. 산업혁명·시민혁명과 인간 규범

종교규범이 혼재된 인간규범의 형성은 시민사회의 형성과 산업혁명을 통한 사회구조의 변화, 인식의 변화, 르네상스와 계몽주의로 인한 인간에 대한 의식의 변화를 통해서 규범의 변화 역시 서서히 진행되어 왔다. 우리가 지금 법규범에 규정되어 있는 인간의 존엄성과 행복추구권과 같은 기본권의 형성이 이 시대에 조금씩 이루어져 왔다.

조금 더 부연하여 설명하면 고대로부터 신과 관련된 규범이 종교규범, 사회에서 이루어진 윤리규범, 도덕규범이 혼재된 법규범은 변화가 일어나기 시작하였다. 이는 인간이 신과의 관계에서 설정된 규범세계로부터 탈피하려고 노력하거나 경우에 따라서는 파괴하려고 노력한 산물이라고 말할 수 있다. 이는 신이 다스리는 나라에서의 규범인 신치(神治)에서 인간의 합의에 의한 법률에 따른 법치(法治)로의 이행을 의미하는 것이다.

2. 인간이 창조한 인간 - 법인

1) 자연인

법규범이 상정한 인간은 본래 의미의 육체를 가진 사람을 의미하는 자연인(natürliche person)만이었다. 그래서 법규범에서 말하는 법인격(Rechtspersönlichkeit)이라는 개념이나, 권리의 주체 또는 귀속을 받는 사람을 말하는 권리주체(Rechtssubjekt)라는 개념은 자연인을 전제로 하고, 법규범의 내용 역시 자연인 또는 자연인의 법률행위를 중심으로 규정되어 있다.

여기서 언급한 권리주체[35], 법인격이라는 의미를 이해하기 위해서 약간의 부가적인 설명이 필요하다. 우선, 권리능력(Rechtsfähigkeit) 또는 인격(Persönlichkeit)이라는 개념에 대해서 설명하고자 한다. 두 개념은 법규범에 말하는 권리의 주체가 될 수 있는 자격 또는 지위를 의미한다. 권리주체는 동시에 의무주체가 된다. 의무주체가 될 수 있는 자격 또는 지위를 의무능력(Pflichtsfähigkeit)이라고 말할 수 있다.

현대 사회에서는 누구나 즉 인간이라면, 구체적으로는 자연인이라면, 더 구체적으로는 동양인이든, 서양인이든, 흑인이든, 어린이이든, 노인이든, 정신적 지체장애를 가진 사람이든, 식물인간이든 권리능력과 의무능력을 가진다. 다른 말로 표현하면 법에서 말하는 인격자[36]에 해당된다. 우리는 여기서 인간의 존엄성

또는 존중이라는 생각도 발견하게 된다.[37]

그런데 현대 사회에서는 누구나 권리능력이 있다고 하였지만, 역사적으로 살펴보면 인간이 모두 권리주체가 된 것은 비교적 최근 몇백 년 사이라고 판단된다. 역사적으로 존재하였던 노예제도나 우리나라의 역사에서도 존재하였던 노비제도에서는 노예나 노비는 권리능력이 없고 의무능력만 있었다. 정확하게 표현하면 권리는 없었고, 의무만을 부담하는 존재였다. 특히 로마 시대에 노예는 권리주체가 될 수 없을 뿐만 아니라 오히려 권리의 객체, 즉 물건으로 취급을 받았다.

그리고 권리능력에 관한 법규정은 강행규정이다. 즉, 권리능력 조항에 위배되는 내용, 예를 들면 권리능력을 제한하거나 포기하도록 하는 내용은 무효이다. 권리능력에 관한 법규범의 내용은 법률로 형성하고자 하는 사회질서의 기본적인 구조규범이기 때문에 이를 위반하는 것은 무효로 본다.

2) 자연인의 능력

앞으로의 논의를 위하여 그리고 필자의 앞선 저술인 "인공지능과 지식재산권"의 내용을 파악하기 위하여 우선 자연인의 행위와 관련된 능력을 살펴볼 필요가 있다.

자연인과 유사한 또는 유사한 행위를 할 수 있는 존재로서의 인공지능의 능력 또는 지위를 대입 또는 유추하기 위해서는 권리능력뿐만 아니라 다른 개념들에 대한 이해를 필요로 한다. 예를 들면 행위능력, 당사자능력, 의사능력, 소송능력이 그것들이다.

(1) 당사자능력

당사자능력(Parteifähigkeit)이란 소송에서 당사자가 될 수 있는 자격 또는 지위를 의미한다.[38] 소송법의 관점에서 말하면 소송법상의 권리능력이다. 앞서 언급한 권리능력은 사법(私法) 체계 내에서 어떤 법률관계에서 권리·의무 주체가 될 수 있는 자격을 말하는 것에 반해서 당사자능력은 소송절차에서 누가 당사자가 될 수 있는지를 판단하는 문제이므로 양개념은 별개의 개념이라고 보아야 한다. 따라서 권리능력이 있다고 해서 반드시 당사자능력이 있다고 할 수 없다.[39] 이런 점은 우리 민사소송법에서 일부 확인할 수 있다. 민사소송법 제52조에는,

> "제52조(법인이 아닌 사단 등의 당사자능력) 법인이 아닌 사단이나 재단은 대표자 또는 관리인이 있는 경우에는 그 사단이나 재단의 이름으로 당사자가 될 수 있다."

라고 규정하고 있다. 즉, 권리능력과 당사자능력은 반드시 규범적으로나 논리적으로 일치하거나, 일치하여야 하는 개념은 아니다.

(2) 의사능력

모든 인간은 앞서 언급한 권리능력을 가지고 있다. 즉, 평등하다고 생각된다. 그런데 법률행위를 하기 위해서, 다른 말로 표현하면 사회에서 독자적인 법률관계를 형성하면서 살아가기 위해서는 자기 행위와 자기 행위가 어떠한 의미를 가지는지, 즉, 어떠한 결과를 가져올지에 관해서 정상적으로 의사결정을 할 수 있는 정신적인 능력을 가지고 있어야 한다. 이러한 능력을 의사능

력(Willensfähigkeit)이라고 말한다. 이는 뒤에서 언급할 책임능력과 연관성을 가지는 개념이다. 의사능력을 다른 말로 판단능력(Urteilsfähigkeit)라고도 한다.

따라서 의사능력이 없는 자의 행위를 의사무능력자의 행위로 보고 무효로 보는 것이 우리 민사법의 일반적인 이론이다.

(3) 행위능력

행위능력(Geschäftsfähigkeit)이란 법률행위를 단독으로, 즉 자기 스스로 유효하게 할 수 있는 능력을 의미한다. 그런데 행위능력을 가지고 있는지 여부는 앞서 언급한 의사능력과도 연관성을 가진다. 의사능력이 없는 자의 행위를 무효로 본다고 하였는데, 이러한 규범의 취지는 의사능력을 가지고 있지 않는 자, 즉 의사무능력자를 보호하기 위해서이다.

그런데 의사능력을 가지지 않고 행위를 하였는지 여부를 외적으로 판단하기 힘들다. 그 이유는 의사능력이 앞서 언급한 대로 정신적 능력에 관한 것이고, 심리적이면서 정신적 발달에 따른 능력이기 때문에 외부에 나타난 것만으로 판단하기는 힘들다. 더 나아가서 의사능력 제도는 의사무능력자를 보호하기 위한 제도인데, 의사무능력자가 자신이 의사무능력이라는 것을 입증하여야 보호를 받을 수 있다. 이 역시 기대하기 힘든 사회적 현상이라고 보아야 한다. 또한 의사무능력자와 거래행위를 한 상대방과 제3자는 의사능력을 갖추고 있는지 여부를 항상 확인하면서 거래행위를 한다는 것, 어떤 법률관계를 맺는다는 것은 사회적으로 불안 요소가 된다. 또한, 거래행위를 한 후에 의사무능력자가 자신의 행위가 의사능력이 없는 상태에서 했기 때문에 무효라고 주장하면 상대방이나 제3자는 예상하지 못한 불이익 또는 손해를 받게 된다.

따라서 법규범에서는 일정한 표지(標識)를 만들어 객관화하여 이러한 표지에 해당되지 않으면, 모두 행위능력을 갖춘 것으로 판단하고자 하였다. 이러한 제도를 행위무능력제도라고 한다. 행위무능력에 해당되지 않으면 행위능력이 있는 것으로 판단한다. 여기서 행위능력은 법률행위를 할 수 있는 능력을 의미한다.

(4) 소송능력

소송당사자로서 스스로 소송을 수행할 수 있는 능력을 소송능력(Prozessfähigkeit)이라고 말한다.[40] 소송법에서 권리능력을 당사자능력이라고 한다면, 소송능력은 소송법상의 행위능력에 해당된다.[41] 현재의 우리나라 민사소송법에는 원칙적으로 행위능력을 갖춘 사람은 소송능력을 가지고 있다. 행위무능력자의 소송행위에 관해서는 특별한 규정을 제55조, 제56조에 두고 있다.

> 제55조(제한능력자의 소송능력) ① 미성년자 또는 피성년후견인은 법정대리인에 의해서만 소송행위를 할 수 있다. 다만, 다음 각 호의 경우에는 그러하지 아니하다.
>
> 1. 미성년자가 독립하여 법률행위를 할 수 있는 경우
> 2. 피성년후견인이 「민법」 제10조제2항에 따라 취소할 수 없는 법률행위를 할 수 있는 경우
>
> ② 피한정후견인은 한정후견인의 동의가 필요한 행위에 관하여는 대리권 있는 한정후견인에 의해서만 소송행위를 할 수 있다.
>
> 제56조(법정대리인의 소송행위에 관한 특별규정) ① 미성년후견인, 대리권 있는 성년후견인 또는 대리권 있는 한정후견인이 상대방의

소 또는 상소 제기에 관하여 소송행위를 하는 경우에는 그 후견감독인으로부터 특별한 권한을 받을 필요가 없다.

② 제1항의 법정대리인이 소의 취하, 화해, 청구의 포기、인낙(認諾) 또는 제80조에 따른 탈퇴를 하기 위해서는 후견감독인으로부터 특별한 권한을 받아야 한다. 다만, 후견감독인이 없는 경우에는 가정법원으로부터 특별한 권한을 받아야 한다.

그리고 제한능력자를 위하여 민사소송법 특별대리인제도를 제62조에서,

제62조(제한능력자를 위한 특별대리인) ① 미성년자、피한정후견인 또는 피성년후견인이 당사자인 경우, 그 친족, 이해관계인(미성년자·피한정후견인 또는 피성년후견인을 상대로 소송행위를 하려는 사람을 포함한다), 대리권 없는 성년후견인, 대리권 없는 한정후견인, 지방자치단체의 장 또는 검사는 다음 각 호의 경우에 소송절차가 지연됨으로써 손해를 볼 염려가 있다는 것을 소명하여 수소법원(受訴法院)에 특별대리인을 선임하여 주도록 신청할 수 있다.

1. 법정대리인이 없거나 법정대리인에게 소송에 관한 대리권이 없는 경우
2. 법정대리인이 사실상 또는 법률상 장애로 대리권을 행사할 수 없는 경우
3. 법정대리인의 불성실하거나 미숙한 대리권 행사로 소송절차의 진행이 현저하게 방해받는 경우

② 법원은 소송계속 후 필요하다고 인정하는 경우 직권으로 특별대리인을 선임·개임하거나 해임할 수 있다.

③ 특별대리인은 대리권 있는 후견인과 같은 권한이 있다. 특별대리인의 대리권의 범위에서 법정대리인의 권한은 정지된다.

④ 특별대리인의 선임·개임 또는 해임은 법원의 결정으로 하며, 그 결정은 특별대리인에게 송달하여야 한다.

⑤ 특별대리인의 보수, 선임 비용 및 소송행위에 관한 비용은 소송비용에 포함된다.

라고 규정하고 있고, 의사무능력자를 위하여 특별대리인제도를 제62조의2에서,

제62조의2(의사무능력자를 위한 특별대리인의 선임 등) ① 의사능력이 없는 사람을 상대로 소송행위를 하려고 하거나 의사능력이 없는 사람이 소송행위를 하는 데 필요한 경우 특별대리인의 선임 등에 관하여는 제62조를 준용한다. 다만, 특정후견인 또는 임의후견인도 특별대리인의 선임을 신청할 수 있다.

② 제1항의 특별대리인이 소의 취하, 화해, 청구의 포기·인낙 또는 제80조에 따른 탈퇴를 하는 경우 법원은 그 행위가 본인의 이익을 명백히 침해한다고 인정할 때에는 그 행위가 있는 날부터 14일 이내에 결정으로 이를 허가하지 아니할 수 있다. 이 결정에 대해서는 불복할 수 없다.

라고 규정하고 있다. 소송능력이 없는 자의 소송행위는 무효이다. 그러나 법정대리인이 사후에 추인을 하면 소급적으로 유효로 된다. 민사소송법 제60조에 다음과 같이 규정하고 있기 때문이다.

제60조(소송능력 등의 흠과 추인) 소송능력, 법정대리권 또는 소송행위에 필요한 권한의 수여에 흠이 있는 사람이 소송행위를 한 뒤에

보정된 당사자나 법정대리인이 이를 추인(追認)한 경우에는, 그 소송행위는 이를 한 때에 소급하여 효력이 생긴다.

(5) 책임능력

위에서 언급한 의사능력이라는 개념은 다른 한편 불법행위법의 영역에서는 책임능력(Verschuldensfähigkeit)이라고 말한다. 민사법에서는 이를 불법행위능력(Deliktsfähigkeit)이라고도 표현된다. 그 이유는 자신의 행위가 불법이라는 것을 인식할 수 있는 능력, 즉 자신이 불법행위에 대해서 책임을 져야 한다는 점을 변식(辨識)할 수 있는 능력을 말한다. 여기서 변식할 수 있는 능력을 조금 더 구체적으로 설명하면, 자신의 행위를 적법행위와 구별된 위법한 행위를 한다는 것과, 이러한 위법한 행위를 하면 사회적으로 비난(Vorwurf)을 받거나 받을 가능성이 있고, 비난가능성(Vorwurfbarkeit)이 있는 행위를 한 데 대한 법적 책임을 부담하여야 한다는 점, 즉 민사법적인 책임 또는 형사법적인 책임을 부담하여야 한다는 점을 인식한다는 의미이다. 따라서 책임능력은 불법행위와 이 행위에 대한 책임을 변별하고 인식할 수 있는 정신적 능력을 의미한다.

여기서 우리는 법규범에 있어서 책임능력과 연관된 또 한 가지 중요한 원칙을 언급하고 넘어가야 한다. 그것은 바로 과실책임원칙이다. 불법행위책임을 부담시키고자 할 경우에는 행위자가 앞서 언급한 행위의 의미와 행위의 결과를 변식할 수 있는 정신적 인식능력과 판단능력을 가지고 있어야 하는 것을 전제로 하고 있다. 이러한 개념은 우리 민법 제753조와 제754조에 규정되어 있다.

> 제753조(미성년자의 책임능력) 미성년자가 타인에게 손해를 가한 경우에 그 행위의 책임을 변식할 지능이 없는 때에는 배상의 책임이 없다.

> 제754조(심신상실자의 책임능력) 심신상실 중에 타인에게 손해를 가한 자는 배상의 책임이 없다. 그러나 고의 또는 과실로 인하여 심신상실을 초래한 때에는 그러하지 아니하다.

그리고 책임을 부담하여야 할 사람은 감독자이다. 이 점에 관해서는 제755조에 규정되어 있다.

> 제755조(감독자의 책임) ① 다른 자에게 손해를 가한 사람이 제753조 또는 제754조에 따라 책임이 없는 경우에는 그를 감독할 법정의무가 있는 자가 그 손해를 배상할 책임이 있다. 다만, 감독의무를 게을리하지 아니한 경우에는 그러하지 아니하다.
> ② 감독의무자를 갈음하여 제753조 또는 제754조에 따라 책임이 없는 사람을 감독하는 자도 제1항의 책임이 있다.

따라서 책임능력은 권리능력을 가진 인간이라고 하더라도 인식능력이 없으면 비록 사회적으로 비난가능성이 있는 행위를 하더라도 민법에서 제도적으로 책임능력을 부담시키지 않고 있다.

3) 법인

법인은 법률이 인정한 인간이라고 쉽게 생각하면 된다. 즉, 자연인인 인간이 관념적으로 가공해 내고 창조해 낸 개념이다. 법인은 법률에 의하여 앞서 언급한 법인격을 부여받고 일정한 또는 특정 목적을 달성하기 위하여 결합된 사람의 단체 또는 출연된 재산을 말한다. 일정한 목적하에 결합한 사람의 단체를 사단(社團, Verein)이라고 하고, 일정한 목적하에 출연된 재산을 재단(財團, Stiftung)이라고 한다.

법학의 관점에서 역사를 바라보면 인간은 사회생활을 하는 존재로서 공동체 생활을 전제로 하고 있다. 그렇지만 앞서 언급했듯이 법규범을 비롯한 규범은 개인, 즉 자연인을 중심으로 하는 것이었다. 따라서 법인격도 자연인인 개인에게 부여하는 것이었다.

이러한 생각은 르네상스와 산업혁명과 시민혁명을 거친 후 자유주의와 개인주의까지로 번성하였다. 개인주의와 자유주의의 이념은 기본적으로 개인의 경제활동을 최대한 확대하고 보장해 주는 것이었다.[42] 따라서 사람의 모임인 사단은 기본적으로 개인의 자유를 제한하거나 억압하는 것으로 이해하였다. 이러한 생각의 이면에는 중세시대부터 내려오던 길드 등으로 대표되던 동업조합이나 상사조합 등이 개인의 경제적 활동을 제한하는 것이었으므로 가능하면 이를 타파하고자 한 것이었다. 또 다른 한편, 고용주는 노동자들이 단결 하고자 한 노동조합을 설립하지 못하게 하였던 것이다. 즉, 사람들의 모임을 허용하지 않음으로써 자본가들의 산업 또는 경제활동을 보장하고자 하였다. 이러한 시대적 상황을 반영한 것이 뒤에서 살펴볼 법인의제설이다.

그러나 오히려 경제 규모가 확대되어서 회사설립의 필요성이 제기되었고, 따라서 사단법인에 대한 인식의 변화가 생기게 되었다. 그리고 재단법인도 중세시대부터 형성되어 온 교회를 비롯한 종교재산이 일반인의 재산형성과 그 행사에 있어서 여러 가지 특권이 있었고, 종교재산이 경제활동을 하면서 불합리한 점이 있었기 때문에 재단법인이라는 제도에 관해서도 부정적 시각과 소극적 태도를 가지게 되었다.

경제활동의 증가와 확대가 이루어지면서, 규범적으로는 사유재산제가 보장됨에 따라 개인의 재산을 자유롭게 처분할 수 있는 자유가 인정되었기 때문에 시간이 흐름에 따라 재단법인설립의 자유가 보장되었다.

현대에 와서는 법인을 설립하는 것에 대해서 국가 권력이 간섭하거나 제한하는 것은 기본적으로 허용되지 않는다. 다만, 공정거래법 등에서 시장지배를 통한 불공정 시장이 형성되지 않도록 하기 위한 것이라든지, 어떤 국가적인 목적이나 특수한 목적을 위한 것, 예를 들면 공익(公益, public interests)을 위한 특수법인의 설립인 경우에는 법률로 규정하고 있는 실정이다.

3. 법인의 존재이유

법인은 앞서 살펴본 바와 같이, 일정한 목적을 가지고 설립된 단체이다. 자연인인 인간 이외의 새로운 형태의 독립된 권리능력이 인정된 단체를 인정할 사회적 필요성과 가치가 있었기 때문에 법인이 존재하게 된다. 거듭 이야기하지만 자연인과 독립된 별개의 권리능력을 인정할 필요성이 있기 때문이다. 필요성 이외에도 사회적 가치, 즉 사회적 유용성이 존재하기 때문이다. 그 이유를 보통 두 가지로 설명되고 있다.

1) 법적 거래에 참여

이것은 법인제도의 사회적 기능적인 면에서 이야기하는 것이다. 법인이 사람의 단체이든 재물이 일정한 목적을 위하여 형성된 목적재산이든, 하나의 법인격을 부여받게 되면, 사람들이 모인 단체 또는 목적재산이 독립된 자연인과 동일하게 법적인 권리주체로서 사회적 거래에 참여할 수 있다는 점이다.[43] 따라서 법인은 독자적으로 법률적 의미의 거래나 생활에 쉽게 참여할 수 있다. 이러한 점은 앞서 설명한 필요성과 사회적 유용성이 같이 있게 된다는 설명에 부합한다.

2) 책임 제한

법인의 책임은 법인의 재산에 한정된다. 법인이 소유하고 있는 재산에 한정하여 책임을 부담하고, 법인의 행위에 대하여 개인이 책임을 지지 않는다. 책임제한은 법인이 존재할 수 있도록 하는 중요한 이유 중의 하나이다. 법인의 행위에 대하여 개인이 책임을 부담한다면 굳이 법인 제도를 인정할 필요가 없다. 이러한 대표적인 예가 주식회사라고 할 수 있다. 주식회사의 주주는 주식인수가액을 한도로 출자의무를 부담하고, 회사의 채무에 대하여 주주는 책임을 부담하지 않는다. 이러한 내용은 다분히 법인제도가 법기술적인 성격을 가진다는 점을 알 수 있다.[44]

3) 인공지능의 사회적 기능과 관련된 논의에의 시사점

법인의 존재이유가 법인이 자연인과 별개의 법인격체로서 사회 생활을 하고 있고, 거래에의 참여, 책임의 제한 등을 통해서 법인의 사회적 기능이 있기 때문이다. 법인이 사회적 기능이 있다는 점을 인정한 것은 법인제도가 다분히 법기술적이라는 것을 알 수 있다. 그렇다면 인공지능에 대해서 현행 규범에로의 수용을 하고자 할 때에 이러한 법인의 존재이유를 차용하여 인공지능의 규범적 존재이유를 설명할 수 있지 않을까 하는 생각이 든다. 사실 인공지능은 법인이라는 추상적 존재가 아니고, 로봇인공지능의 경우 마치 인간이 행위를 하는 것과 같은 오감을 통해서 느낄 수 있다. 그렇다고 해서 인간처럼 자율적이고 책임감 있는 행동을 하는지 여부는 따지지 말아야 한다. 이는 법인의 경우에도 마찬가지라고 말할 수 있기 때문이다. 다만 법기술적인 태도는 오로지 법인에만 적용되는 것은 아니라는 점을 말하고 싶다. 따라서 법인이론은 인공지능의 규범에의 수용과 관련된 앞길에 많은 시사점을 제공하고 있다고 생각이 들고, 법인과 관련된 많은 법리적 경험을 가지고 있어서 이를 바탕으로 분석과 검토를 통해서 유추여부를 판단할 필요가 있다.

4. 법인의 본질

앞서 언급한 바와 같이, 법에서는 자연인 이외의 인간으로 법인을 인정하고 있는데, 도대체 법인의 사회적 실체는 무엇인가

하는 점에 관한 논의가 법인 본질론 또는 법인이론이라고 말할 수 있다. 그런데 법인 본질론은 자연인이 아닌 법인의 사회적 실체가 어떠한 법률관계를 가지는가에 대한 문제라고 보면 된다. 법인이 가지는 법률관계를 어떻게 규율할 것인가 하는 문제, 법인 내부의 법률관계와 법인 외부와의 관계에서 발생하는 법률관계를 어떻게 규율할 것인가의 논의가 법인 본질론의 출발점이다.

법인의 본질론은 시대에 따라 조금씩 변화가 있었다. 법인을 억압하는 시대에는 법인의제설이, 방임의 시대에는 법인실재설이 더 영향력이 있었다.

1) 법인의제설

법인의제설(Fiktionstheorie)은 오로지 자연인만이 사회에서 권리와 의무의 주체가 될 수 있는 존재인데, 법률을 통하여 법인을 마치 자연인의 권리의무주체와 같이 의제한 것으로 보는 학설이다. 다른 말로 표현하면 자연인과 같이 자연적으로 발생한 권리의무주체가 아니라, 법률에 의해서 창조된 존재라는 점이다. 그리고 법률에 의해서 창조된 것에 정당성이 있다고 본다. 법인의제설에 의하면 법인은 국가로부터 특별히 허가를 받아야 하는 특허주의 또는 허가주의의 이론적 기반이 된다.

2) 법인실재설

법인실재설(Realitätstheorie)은 법인이 의제되거나 없는 존재를 있는 것처럼 하는 것이 아니라, 사회적 실체가 있다는 학설이다. 이는 독일의 게르만법 계통의 단체주의 사상과 연관성을 가지는 이론이다. 법인의 실재가 무엇인지에 관해서는 통일적인 단체의사를 가지고 구성원으로부터 독립된 독자적인 공동체라고 하면서 실제로 존재한다고 파악하는 이론이다. 그리고 이러한 공동체를 하나의 유기체로 파악하기도 하였다. 또 다른 설은 법인이 권리의무의 주체가 되기에 적합하기 때문에 법률상 권리의무의 주체가 될 수 있다는 학설이다. 그리고 법인이 사회적으로 가치가 있거나 사회적으로 작용을 하기 때문에 존재할 수 있다는 학설도 있다.

5. 법인부인론

법인부인론은 법인은 실재하지 않는다고 보는 학설이다. 법인의 본질은 법인을 구성하는 자연인인 개인 또는 재산이라고 보는 학설이다. 법인의 본질은 법인이라는 제도를 통해서 이익을 누리는 개인이나 일정한 목적을 위해서 출연된 재산이라는 것이다.

우리가 흔히 페이퍼 컴퍼니(Paper Company)라고 부르는 것이 이에 해당되는 내용이다. 사실은 자연인인 개인이 어떤 특정 목적을 위해서, 심지어는 일탈행위나 불법행위를 저지르기 위해서 독자적인 권리의무 주체인 법인을 만들어 자신의 어떤 목적을 이루려고 하는 것이다. 특히 벤처기업설립과 관련하여 투자를 받고 파산을 한다든지 하여 불의의 사람들에게 아무런 이유 없이 피해를 입히는 경우도 있다. 즉, 법인제도를 이용하여 자신 사업에 따른 피해를 자연인인 개인이 지는 것이 아니라, 법인이 부담하게 하고, 법인의 재산에 따른 청산절차를 거쳐서 궁극적으로 투자자들이나 제3자에게 피해를 주는 것이다.

이러한 현상에 따른 비판을 하기 위한 이론이 법인부인론이다. 이는 우리나라에서도 문제가 많이 되었고, 이에 관한 논의도 많이 이루어졌다. 이러한 현상에 대한 법률적 평가는 법인격남용론과도 연관성을 가지고 있다. 최근에 우리나라의 대법원[45]은 법인격을 부인하여 그 배후에 있는 개인에게 책임을 물을 수 있는 경우, 회사에 대하여 회사 설립 전 개인이 부담한 채무의 이행을 청구하는 것이 가능한 경우에 대해서 판시한 적이 있다.

주식회사는 주주와 독립된 별개의 권리주체이므로 그 독립된 법인격이 부인되지 않는 것이 원칙이다. 그러나 개인이 회사를 설립하지 않고 영업을 하다가 그와 영업목적이나 물적 설비, 인적 구성원 등이 동일한 회사를 설립하는 경우에 그 회사가 외형상으로는 법인의 형식을 갖추고 있으나 법인의 형태를 빌리고 있는 것에 지나지 않고, 실질적으로는 완전히 그 법인격의 배후에 있는 개인의 개인기업에 불과하거나, 회사가 개인에 대한 법적 책임을 회피하기 위한 수단으로 함부로 이용되고 있는 예외적인 경우까지 회사와 개인이 별개의 인격체임을 이유로 개인의 책임을 부정하는 것은 신의성실의 원칙에 반하므로, 이러한 경우에는 회사의 법인격을 부인하여 그 배후에 있는 개인에게 책임을 물을 수 있다.

나아가 그 개인과 회사의 주주들이 경제적 이해관계를 같이하는 등 개인이 새로 설립한 회사를 실질적으로 운영하면서 자기 마음대로 이용할 수 있는 지배적 지위에 있다고 인정되는 경우로서, 회사 설립과 관련된 개인의 자산 변동 내역, 특히 개인의 자산이 설립된 회사에 이전되었다면 그에 대하여 정당한 대가가 지급되었는지 여부, 개인의 자산이 회사에 유용되었는지 여부와 그 정도 및 제3자에 대한 회사의 채무 부담 여부와 그 부담 경위 등을 종합적으로 살펴보아 회사와 개인이 별개의 인격체임을 내세워 회사 설립 전 개인의 채무 부담행위에 대한 회사의 책임을 부인하는 것이 심히 정의와 형평에 반한다고 인정되는 때에는 회사에 대하여 회사 설립 전에 개인이 부담한 채무의 이행을 청구하는 것도 가능하다고 보아야 한다.

6. 법인의 종류

1) 법률이 예정한 법인

(1) 사단법인과 재단법인

사단법인은 일정한 목적을 위하여 모인 사람들의 결합에 법인격을 부여한 것이다. 재단법인은 일정한 목적에 따라 출연(出捐)된 재산에 법인격을 부여받은 것이다. 사단법인은 의사결정기구인 사원총회가 있지만 재단법인은 설립자의 의사에 따라 운영되고 사회적 역할을 수행하게 된다. 사단법인에는 영리를 목적으로 하는 것도 있지만 재단법인에는 비영리재단법인 일뿐이다.

여기서 우리는 재단법인에 생각을 집중해 볼 필요가 있다. 재단법인은 앞서 설명한 대로 출연된 재산에 법인격을 부여한다는 점이 특징이다. 재산 출연이 재단법인 설립요건의 본질적 요건 또는 요소라고 말할 수 있다. 출연되는 재산의 종류는 상관이 없다. 그리고 재산출연행위는 무상(無償)이다.

사단법인은 사람들의 결합이므로 독립된 법인격을 부여한다는 것이 어느 정도 이해가 되는 면이 있지만, 출연된 재산에게, 즉 거래 객체이고 물건에 지나지 않는 재산에게, 자연인과 같은 독립된 인격, 즉 법인격을 부여한다는 것이 과연 가능했을까 하는 의문이 든다. 왜 재단법인에 법인격을 인정하여야 하는가 하는 점에 관한 의문은 결국은 법률에 의하여 허용되도록 하였다는 대답이 돌아온다. 즉, 법인제도는 특히 재단법인 제도는 법률에 의하여 창조된 인격체로서, 사회생활에서 권리주체로 인정받는 자연인과 동일한 지위를 가진 주체이다. 이러한 점에서 우리는 법제도 중의 일부는 사회의 필요성에 따라 형성되는 기술적인 관념이라고 말할 수 있다.

(2) 공법인과 사법인

공법인은 공적인 목적을 수행하기 위하여 공법에 의하여 인정된 법인이다. 광의의 공법인(公法人)에는 국가, 지방자치단체 등이 포함되지만, 협의의 공법인에는 공공단체만을 의미한다. 이에 반하여 사법인(私法人)은 사적인 목적을 위하여 사법에 의하여 설립된 법인을 말한다.

공법인이란 용어는 상법 제2조(공법인의 상행위) 공법인의 상행위에 대하여는 법령에 다른 규정이 없는 경우에 한하여 본법을 적용한다고 규정하고 있어서 실정법상의 용어라고 말할 수 있다.

그리고 최근에는 공법인과 사법인의 중간 영역에 있는 법인들이 많이 등장하였다. 예를 들면, 한국은행, 노동조합, 농업협동조합 등과 같이 공법인의 성격과 함께 사법인의 성격을 동시에 지니고 있는 것이다.

그런데 공법인과 사법인을 구별하는 기준을 두고 준거법설,

법인설립의 강제성 유무, 법인이 누리는 권리를 중심으로 구분하자는 견해, 법인의 업무를 기준으로 공법인과 사법인으로 나누자는 설이 있다. 또한, 이러한 구별을 엄격하게 할 필요가 없다는 학설도 존재하기는 한다.

공법인인지 사법인인지 구별하여야 할 실익은 존재한다. 이는 이론적 실익이라기보다 실무적 실익이라고 말할 수 있다. 우선 공법인인 경우 구제수단에 있어서 행정소송을 통하게 되지만, 사법인인 경우에는 민사소송을 통하여 구제를 받게 된다. 공법인인 경우 각종 부담에 따른 징수절차는 세법상의 조세절차와 조세절차 위반에 따른 가산금 등을 부여받게 되지만, 사법인인 경우 민사소송법상의 민사집행절차에 의하게 된다. 공법인의 불법행위에 대해서는 국가배상법이 적용되지만, 사법인인 경우에는 민법상의 불법행위법에 의하게 된다. 공법인의 구성원이 범죄를 저지른 경우 직무범죄에 관한 것이 적용되지만, 사법인 경우에는 일반 조항에 의하게 된다. 그리고 문서위조의 경우에도 공법인의 구성원이 문서위조를 하면 공문서위조죄가 성립되지만, 사법인의 구성원인 경우에는 사문서위조죄가 성립된다.

순수한 법이론적인 것이기는 하지만, 공법인이라는 개념을 인정하고, 국가가 공법인의 하나라고 하는 것은 논리조작적인 것이라고 생각한다. 우리가 속해 있는 국가가 하나의 공법법인이라고 하는 것은, 법인이라는 제도가 일종의 추상적이고 관념적인 존재라는 것을 입증하는 것이다.

(3) 영리법인과 비영리법인

영리법인(wirtschaftliche juristische Person)은 영리를 목적으로

하는 사단법인이다. 재단법인은 구성원이 없으므로 영리법인이라는 성격에 부합하지 않는다.

(4) 특이한 형태의 법인

우리나라의 전통적인 모임의 형태 중의 하나가 계모임이다. 조선시대 이전부터 계회(契會)라는 것으로 지역공동체, 혈연공동체 또는 어떤 특정 직업군에 있는 사람들이 공동의 목적을 가지고 금전, 노무 등을 갹출하여 조직된 단체이다. 법률적 의미로는 조합이기도 하지만 사람이 모여 있다는 점에서 법인과도 유사한 면이 있다.

(5) 법인격 없는 법인

법인으로서의 실체를 가지고 있지만 법인격을 갖추지 못한 단체 또는 목적재산을, 권리능력 없는 사단 또는 권리능력 없는 재단으로 불린다. 사실 법인의 제도에 비추어 보면 법인격 없는 법인이 존재하면 안 된다. 그러나 법인격 없는 사단 또는 재단이 실제로 사회적 법률관계를 형성하고 활동을 하고 있기 때문에 이에 대해 규율을 할 필요가 있다.

이와 같이 법인격 없는 법인이 생기는 것은 법인이 법인의 실체를 가지고 사회적 활동을 하고 있으나 주무관청의 허가를 받지 못한 경우이다. 그리고 법인이 주무관청으로부터 설립허가를 받았으나 법인설립등기를 하지 않은 경우이다. 또한, 법인의 설립자나 구성원이 행정관청의 규제나 간섭을 싫어하여 법인격 없는 법인으로 있기를 원하는 경우이다.

법인격 없는 법인에 대해서 민법 제275조부터 제278조까지에

총유에 관한 규정을 두고 있고, 부동산등기법 제26조에서는 법인격 없는 법인의 등기능력이 있는 것으로 규정하고 있다. 그리고 민사소송법 제52조에서는 법인격 없는 법인의 소송당사자능력을 인정하고 있다.

7. 법인세

세법의 영역에서도 법인의 실체를 짐작할 수 있다. 법인세는 법인에 귀속되는 소득에 대한 조세이다. 따라서 이것을 법인소득세라고 표현하기도 한다.[46] 납세의무자인 법인은 특히 회사와 같은 기업은 자본주의 경제활동에 있어서 중추적인 역할을 하고 있다.

법인을 과세단위로 보아 세금을 부과하는 이유를 다음과 같이 설명하고 있다. 첫째, 법인이 법률에서 말하는 권리주체라는 점, 둘째, 경제적 실체를 가진 하나의 유기적 존재이므로 자연인인 개인에게 부과하는 것이 형평성에 부합한다는 점, 셋째, 법인도 경제활동 주체로서 정부가 제공하는 각종 혜택을 받고 있으면서 소득을 창출하는 것이므로 이에 대해서 과세를 하는 것이 정당하다는 점이다.[47]

8. 법인의 능력

법인도 자연인인 인간과 같이 법률이 인정하고 있는 권리주체이기 때문에 권리능력, 행위능력, 불법행위능력이 있다. 법률이 인정하였다고 하더라도 자연인인 인간의 의사표시를 전제로 하는 것은 법인에는 해당되지 않는다.

법인과 관련하여 앞서 언급한 권리능력, 행위능력과 관련한 논의는 중요하다. 법인의 권리능력은 법인이 어떠한 범위에서 권리와 의무를 가지는가 하는 점에 관한 논의이다. 법인의 권리능력은 법인의 성질, 법률에 의한 제한, 법인 목적에 의한 제한 등이 있다. 그리고 법인의 행위능력은 법인의 권리능력을 누리기 위해서 어떠한 유형의 행위를 할 수 있는가와 누가 어떠한 행위를 할 수 있는가에 관한 논의이다. 그런데 주요한 논의의 쟁점은 법인의 불법행위능력이다. 즉, 법인의 소속 기관이 불법행위를 행했을 경우에 법인이 책임을 부담할 것인가가 논의의 핵심이다.

9. 법인의 소멸(청산제도)

법인의 소멸은 자연인의 사망에 해당되는 것으로, 법률적으로 표현하면 법인이 권리능력을 상실하는 것이다. 자연인인 인간이 사망한 경우에는 상속이라는 문제가 발생하여 상속인에게 재산상속이라는 법률문제가 발생하게 된다. 법인에게는 상속이라는 문제가 발생할 수 없기 때문에 남은 재산을 정리하는 절차가 필요하게 된다.

그런데 잔여재산을 처리하기 위해서는 일정한 절차를 거치게 되는데, 먼저 해산을 하여 법인의 활동을 그만두게 하고, 그 다음에 청산절차에 들어가게 된다. 그런데 청산 전의 법인은 청산

법인으로 바뀌어 청산의 목적 범위 안에서 권리능력을 가지도록 민법 제81조에 규정되어 있다.

법인의 해산과 청산에 관해서는 민법에서 일반적인 규정을 두고 있다. 예를 들어 법인의 목적이 달성되었거나 달성이 불가능한 경우에는 더 이상 법인이 존속할 수 없거나, 필요가 없기 때문에 해산하는 것이 원칙이다. 그러나 반드시 해산할 필요는 없다. 정관을 변경하여 법인을 해산하지 않고 법인을 지속시킬 수 있다.

제 3 장

지식재산권제도에서 법인의 활용과 독자적 권리 창설

1. 지식재산과 법인

앞서 언급한 법인제도는 우리나라의 지식재산권제도에도 그 취지에 따라 훌륭하게 활용되고 있다. 자연인인 인간의 구체적 사실행위인 창작행위를 전제로 하는 특허권 제도와 저작권 제도에도 법인제도의 취지에 따라 법인이 특허권의 대상인 특허발명과 저작권의 대상인 저작물을 활용할 수 있도록 제도가 설계되어 있다. 특허발명인 경우에는 직무발명제도, 저작물의 경우에는 업무상저작물이라고 부른다.

그런데 직무발명제도와 업무상 저작물 제도는 그 구현 방법에 있어서 다소 다른 점이 있다. 직무발명은 우선 지식재산권법의 대원칙인 창작자주의, 즉 창작을 한 사람에게 권리가 부여된다는 원칙을 고수하고 있다. 특허법에서는 이를 "발명자 원칙"이라고 하는데 직무발명을 한 경우에 먼저 발명행위를 한 종업원이 이에 대한 특허권을 원시적으로 취득하고 사용자는 종업원의 직물발명에 대해서 법정실시권과 예약승계권을 인정하고 있다. 이에 대해서 저작권법의 업무상 저작물은 종업원이 자신이 창작한 저작물에 대해서 바로 법인 등이 저작권을 원시적으로 가진다. 그리고 저작권법의 큰 특색인 저작인격권도 법인 등이 바로 가지도록 저작권법에 규정되어 있다. 저작인격권이란 말 그대로 인격적 요소, 즉 창작자라는 자연인의 인격적 요소로부터 출발한 개념임에도 불구하고 법제도상 법인에게 저작인격권이 원시적으로 귀속되도록 하고 있다.

이하에서 간략하게 설명하고자 한다.

2. 직무발명

1) 직무발명의 의미

직무발명은 특허제도에서 가장 중요한 지위를 차지하고 있다고 말하여도 과언이 아니다. 왜냐하면 현대 사회에서 주요한 발명 또는 경제성이 있는 발명은 거의 대부분 회사, 연구소, 대학 등에서 나오기 때문이다. 직무발명은 원래 특허법에 규정되어 있었는데, 2006년 발명진흥법(법률 제7869호)이 개정되면서 직무발명제도가 발명진흥법에서 규정하게 되었다.[48]

2) 직무발명 출원 동향

그리고 특허청에 출원하는 것 역시 직무발명 특허출원이 전체 특허출원 중에서 법인 출원이 4배 이상이다. 이하의 도표에서 보는 바와 같이 우리나라[49]에서도 2000년 이후에는 직무발명으로 법인이 출원하는 것이 압도적이라고 말할 수 있다.

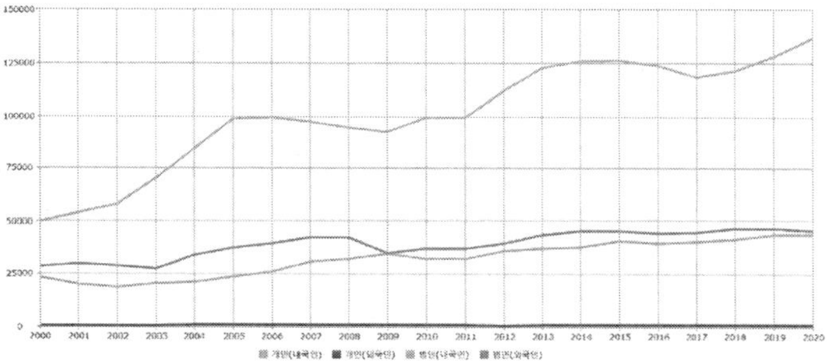

[그림 1] 개인·법인별 특허 출원
***출처**: 특허청 홈페이지, www.kipo.go.kr

개인의 특허출원과 법인의 특허출원에 관한 구체적인 수치는 다음과 같다.

[표 1] 개인·법인별 특허출원 수치

연도	개인			법인		
	내국인	외국인	계	내국인	외국인	계
2020	43,743	953	44,696	136,734	45,329	182,063
2019	43,438	1,114	44,552	128,165	46,258	174,423
2018	41,369	1,118	42,487	121,192	46,313	167,505
2017	40,512	1,159	41,671	118,519	44,585	163,104
2016	39,759	1,119	40,878	123,665	44,287	167,952

2015	40,916	1,056	41972	126,357	45,365	171,722
2014	38,047	994	39041	126,026	45,225	171,251
2013	37,358	998	38356	122,620	43,613	166,233
2012	36,072	868	36940	112,064	39,911	151,975
2011	32,298	969	33267	99,507	37,327	136,834
2010	32,298	969	33267	99,507	37,327	136,834
2009	34,678	910	35588	92,638	35,297	127,935
2008	32,380	1,063	33443	94,734	42,455	137,189
2007	31,105	1,084	32189	97,596	42,684	140,280
2006	26,095	967	27062	99,381	39,746	139,127
2005	23,391	977	24368	98,797	37,756	136,553
2004	21,220	884	22104	84,030	33,981	118,011
2003	20,409	866	21275	69,904	27,473	97,377
2002	18,784	878	19662	57,786	28,688	86,474
2001	19,991	859	20850	53,723	30,039	83,762
2000	23,037	846	23883	49,794	28,333	78,127

(건)

***출처**: 특허청 홈페이지, www.kipo.go.kr

3) 인공지능 발명 출원 동향

4차산업혁명과 관련된 기술의 출원 동향은 특허청 홈페이지[50]에서 찾아볼 수 있다. 우리나라에서도 4차산업혁명과 관련된 기술 또는 인공지능과 관련된 기술을 바탕으로 한 특허출원이 비약적으로 늘고 있음을 알 수 있다. 이러한 경향은 앞으로 더 늘어날 것으로 예상이 된다.

4) 종업원

직무발명에 있어서 핵심개념 중의 하나는 '종업원 등'이라는 개념이다. 「발명진흥법(법률 제18405호, 2021. 8. 17., 일부개정)」 제2조 제2호에서 규정하고 있는 것과 같이, 직무발명은 종업원, 법인의 임원 또는 공무원(이하 "종업원 등"이라 한다)이 그 직무에 관하여 발명한 것이 성질상 사용자·법인 또는 국가나 지방자치단체(이하 "사용자 등"이라 한다)의 업무 범위에 속하고 그 발명을 하게 된 행위가 종업원 등의 현재 또는 과거의 직무에 속하는 발명이다. 그리고 발명진흥법에서 의미하는 발명은 특허법의 발명과 달리 「특허법」·「실용신안법」 또는 「디자인보호법」에 따라 보호 대상이 되는 발명, 고안 및 창작을 의미한다. 법조문에서 기재되어 있다시피, 종업원 등에는 종업원, 법인의 임원, 공무원을 지칭한다. 법문에서 규정해 놓은 종업원의 의미는 고용관계를 전제로 하는 개념이다. 사용자와의 고용계약 등을 통해서 사용자의 사무에 종사하는 자를 의미한다. 그리고 고용관계라고 하여 민법상의 고용계약, 근로기준법상의 근로계약 등의 의미를 넘어선다.[51] 즉, 발명진흥법에서 규정하고 있는 발명이 완성되는 시점을 기준으로 하여 종업원 등의 지위가 사용자에게 노무를 제공하고 있다는 사실관계가 인정된다면 사용자의 사무에 종사하는 종업원이 성립된다는 점이다. 이러한 사실관계가 확인되면 지속적으로 고용되어 있지 않아도 되고, 일시적인 기간 또는 임시로 고용되어 있더라도 상관이 없다. 따라서 아르바이트를 하는 사람, 수습을 받고 있는 사람도 여기에 포함된다. 즉, 종업원 또는 고용관계를 확장해서 해석하고 있다.

현실적인 문제로, 파견된 종업원이 직무발명을 한 경우에 누구의 종업원으로 볼 것인가 하는 점이다. 파견을 보낸 회사의 종업원인지 아니면 파견을 받은 회사의 종업원인지가 문제가 된다. 이러한 점에 대해서 누구로부터 급여를 받는가를 기준으로 하자는 의견[52]도 있다. 그리고 급여를 가지고 판단하기 어려운 상황이라면 연구개발과 관련하여 지시나 명령, 관리 감독을 하는 측의 종업원이라고 해야 한다는 견해도 있다. 이에 대하여 원칙적으로 근로파견계약에 따로 정한 바가 있다면 이에 따라야 하지만, 이러한 계약사항이 없다면, 문제가 되고 있는 발명의 직무관련성, 시설이나 장비의 이용관계, 관리나 감독 관계, 연구에 대한 지원 등을 종합적으로 판단하여야 한다는 견해[53]도 있다.

그리고 '종업원 등'에는 법인의 임원이 규정되어 있다. 법문에 규정되어 있는 법인은 공법인, 사법인, 영리법인, 비영리법인 등이 모두 포함되는 개념으로서 넓게 해석된다. 그리고 임원은 일반적으로 이사를 지칭한다. 「상법」 제312조는 임원을 이사와 감사로 보고 있다. 「근로기준법」이나 「노동법」의 관점에서는 이사는 종업원으로 보기는 힘들다고 생각된다. 하지만 「발명진흥법」에서는 임원은 종업원의 한 유형으로 보고 있다는 점은 흥미롭다.

또한 공무원도 종업원 등에 포함된다. 공무원은 중앙정부나 지방자치단체에 근무하는 공무원을 말한다. 중앙정부에는 행정부만을 의미하는 것은 아니고, 입법부, 사법부 등에 근무하는 것을 포함하고, 일반행정직 공무원 외에 기능직, 계약직, 경력직 등이 모두 포함된다. 그런데 정무직 공무원, 별정직 공무원, 단순노무직 공무원도 공무원의 개념에 포함되어야 하는지에 관하여 부정적인 견해[54]도 있다.

그리고 직무관련성과 관련해서도 공무원은 다소 좁게 해석할 필요가 있다. 중앙정부의 업무, 지방자치단체의 업무, 국가사무 등이 모두 직무라고 한다면 너무 광범위하여 공무원의 발명행위를 지나치게 제한할 가능성이 있다. 따라서 공무원의 직제와 직무분장과 관련된 규정을 기준으로 하여 업무 범위를 정하여야 한다.

5) 직무관련성

직무발명이 성립하기 위해서는 직무관련성이 있어야 한다. 우리나라의 「발명진흥법」 제2조 제2호에서는 "발명하게 된 행위가 종업원 등의 현재 또는 과거의 직무에 속하는 것"이어야 한다고 규정하고 있는데 이는 직무관련성을 의미한다. 그리고 공무원의 직물발명과 관련된 시행령인 「국가공무원 등 직무발명의 처분·관리 및 보상 등에 관한 규정」 제2조 제1호에서도 직무발명의 정의를 "국가공무원과 국가기관에 소속되어 있으나 공무원이 아닌 사람(이하 "국가공무원등"이라 한다)이 그 직무에 관하여 발명한 것이 성질상 국가의 업무 범위에 속하고 그 발명을 하게 된 행위가 국가공무원등의 현재 또는 과거의 직무에 속하는 발명을 말한다."라고 하여 직무관련성에 관해서 「발명진흥법」과 동일한 의미를 담고 있는 규정을 하고 있다.

직무관련성을 종업원의 입장에서 보면 직무의 범위가 어디까지인가에 따라 앞에서 언급한 자유발명인가 직무발명인가를 정하는 기준이 된다. 직무범위를 어떻게 정하는 것인지는 종업원의 입장에서는 중요한 이해관계가 생기게 된다. 직무발명에 해당되면 사용자 등에게 무상으로 통상실시권이 부여되지만, 자유발명인 경우에는 종업원에게 특허권이 귀속되어 자유롭게 실시할 수 있기 때문이다. 따라서 직무관련성과 관련하여 직무범위를 정함에 있어서는 형평성이 중요하다.[55]

(1) 발명을 하게 된 행위

발명을 하게 된 행위라는 개념은 발명을 발안하고, 구상하고, 이를 구현하기 위하여 실험이나 연구·조사 등 발명의 완성에 이르기까지의 모든 행위를 의미한다. 따라서 발명을 하기 위한 이론정립 또는 이론탐구, 문헌조사 등의 정신적 활동뿐만 아니라, 실험이나 시제품 제작과 같은 육체적·물리적 활동도 포함된다. 그리고 발명을 하게 된 행위는 발명의 완성을 전제로 하는 개념이다. 발명이 완성되지 않으면 기본적으로 특허법의 발명에 해당되지 않기 때문이다. 즉, 미완성발명은 원칙적으로 특허법의 보호대상의 범위에 속하지 않는다.

우리나라의 대법원[56]도 미완성발명에 대해서,

> 인용발명이 그 명세서에 외래유전자인 인간 EPO 게놈 DNA의 취득과정과 이를 이용한 EPO의 제조과정이 상세히 기재되어 있을 뿐 외래유전자인 인간 EPO 게놈 DNA의 염기서열이 명확하지 아니하고, 외래유전자인 인간 EPO 게놈 DNA가 지정기관에 기탁도 되어 있지 아니하여 용이하게 이를 얻을 수 없다면, 인용발명은 명세서에 기재된 기술구성이 당해 발명이 속하는 분야에서 통상의 지식을 가진 자가 명세서의 기재에 의하여 반복실시하여 목적하는 기술적 효과를 얻을 수 있을 정도까지 구체적, 객관적으로 개시되어 있다고 할 수 없으므로 완성된 발명이라 할 수 없다.

라고 판시하고 있다. 특허발명이 의도하고 있는 기술효과를 구체적, 객관적으로 개시하고 있지 않다면 미완성발명으로 파악하고 있다. 이러한 미완성발명은 직물발명의 대상이 되지 않고, 따라서 사용자 등에게 통지의 대상이 되지 않는다.

발명이 완성되어야 직무발명에 따른 권리관계가 형성된다는 것은 「발명진흥법」 제12조에서도 '직무발명 완성사실의 통지'라는 표제를 달고, "종업원 등이 직무발명을 완성한 경우에는 지체 없이 그 사실을 사용자 등에게 문서로 알려야 한다. 2명 이상의 종업원 등이 공동으로 직무발명을 완성한 경우에는 공동으로 알려야 한다."라고 규정하고 있는 것에서 알 수 있듯이 발명의 완성이 직무발명의 전제가 됨을 알 수 있다. 발명의 완성에 이르지 못한 것은 그 회사의 영업비밀에 속할 가능성이 있다.

우리나라의 대법원[57]도 발명의 완성의 의미에 대해서 다음과 같이 설시하고 있다.

> 특허를 받을 수 있는 발명은 완성된 것이어야 하고, 완성된 발명이란 그 발명이 속하는 분야에서 통상의 지식을 가진 자가 반복 실시하여 목적하는 기술적 효과를 얻을 수 있을 정도까지 구체적, 객관적으로 구성되어 있는 발명으로 그 판단은 특허출원의 명세서에 기재된 발명의 목적, 구성 및 작용효과 등을 전체적으로 고려하여 출원 당시의 기술수준에 입각하여 판단하여야 할 것이다.

대법원의 판시 취지를 직무발명에 대입한다면, 종업원이 직무관련성을 가지고 「특허법」의 특허를 받기 위하여 구상, 실험, 시제품 제작 등의 연구활동을 하였다고 하더라도 그 발명이 속하는 영역에서 통상의 지식을 가진 자가 반복적으로 실시할 수 없을 정도여서 발명이 의도한 기술적 효과를 얻을 수 없을 정도이면 아직 완성되지 않는 발명이라고 말할 수 있고, 이는 직무발명에 속하지 않는다는 의미이다.

(2) 종업원의 직무에 속할 것

종업원의 직무에 속하여야 한다는 의미는 종업원이 행하는 업무의 직무성을 의미한다. 일반적으로 종업원의 직무라고 하는 것은 사용자 등의 지시, 감독 등에 따라 종업원이 수행하는 업무 또는 노동력, 지적인 활동을 모두 포함하는 개념이다.

앞서 언급한 대로 직무발명제도는 인적·물적 지원을 포함하여 경제적 지원, 연구환경을 제공하는 사용자 등과 이러한 다양한 자원을 활용하여 발명을 하게 되는 종업원 등과의 사이에서 이익과 이해를 조정 또는 조절하고자 하는 제도이므로, 직무성 여부가 중요한 판단 요소이다. 따라서 단순한 명령 또는 관리 등만으로 직무성을 판단하여서는 안 된다.

직무성이 있는지 여부는 사용자와 종업원 사이에 체결된 고용계약, 근로계약, 취업규칙, 단체협약, 근무규정 등을 기초로 하여 종업원의 직급, 급여, 직종 등과 앞서 언급한 사용자가 제공하는 물적 시설과 인적 자원, 연구소에서의 활동 여부, 자금 활용, 발명행위가 근무시간에 이루어진 것인지 여부, 연구노트의 내용 종업원의 기여 부분 등을 모두 종합하여 구체적으로 개별적으로 정하여야 한다.[58] 따라서 사용자 등의 관리, 감독, 지시, 명령이 없었다고 하더라도, 그 발명행위가 사용자와의 관계에서 일반적으로 '예정·기대'된 것으로 평가될 수 있다면 직무발명에 속한다고 본다.

우리나라의 대법원[59]도 이러한 입장에서 직무발명의 직무성을 판단하고 있다.

> 직무발명에 관한 규정인 구 특허법 제17조 제1항의 "그 발명을 하게 된 행위가 피용자 등의 현재 또는 과거의 업무에 속하는 것"이라 함은 피용자가 담당하는 직무내용과 책임 범위로 보아 발명을 꾀하고 이를 수행하는 것이 당연히 예정되거나 또는 기대되는 경우를 뜻한다 할 것인바, 기록에 의하면 심판청구인은 1982. 7. 26. 피심판 청구인 회사의 공작과 지능직사원으로 입사하여 1987. 6. 12. 피심판 청구인 회사를 퇴직할 때까지 동 회사 공작과 내 여러 부서에 숙련공으로 근무하면서 금형제작, 센터핀압입기제작, 치공구개발 등의 업무에 종사한 사실을 인정할 수 있고, 본건 고안은 피아노 부품의 하나인 플랜지의 구멍에 붓싱을 효과적으로 감입하는 장치이므로 심판청구인이 위근무기간 중 본건 고안과 같은 고안을 시도하여 완성하려고 노력하는 것이 일반적으로 기대된다 아니할 수 없으므로 구 실용신안법 제29조에 의하여 구 특허법 제17조의 규정을 실용신안에 준용하는 이 건에 있어 본건 고안이 직무발명에 해당한다.

직무발명이 이렇게 일반적으로 기대 또는 예정이 된다고 보는 학설을 '예정·기대설'이라고 지칭하고 있다. 이러한 예정기대설은 사용자의 관점에서는 타당하다고 할 수 있을지 모르나, 종업원의 관점에서 바라보면 넓게 직무발명을 인정하는 것이 되어서 불합리한 면이 있기도 하다.

또한 어떠한 발명이 직무발명인지의 판단 여부에 대해서 분쟁이 발생하였을 경우에 사용자에게 직무발명 여부를 판단하게 하는 권한을 가지게 하는 고용계약, 근무규칙 등에 정할 수 있다고 판단된다. 이러한 조항을 무효가 아니라는 견해와 무효라고 보는 견해가 있다. 무효라고 보는 견해의 근거는 종업원이 사회적·경제적 약자에 속하고, 우리나라의 「발명진흥법」 제10조 제3항의 "직무발명 외의 종업원 등의 발명에 대하여 미리 사용자 등에게 특허등을 받을 수 있는 권리나 특허권등을 승계시키거나 사용자 등을 위하여 전용실시권(專用實施權)을 설정하도록 하는 계약이나 근무규정의 조항은 무효로 한다."라는 규정의 취지[60]나 내용에 비추어 보면 종업원의 자유발명은 보호되어야 하기 때문이다.[61]

그리고 직무발명인지 여부와 직무관련성이 있는지 여부를 판단하는 여러 요소들 중에는 직종, 직책, 종업원의 회사 또는 조직 내에서의 지위, 근무시간, 급여의 정도 등을 종합적, 구체적으로 살펴보아서 판단하여야 한다. 예를 들어 직급이나 지위가 높은 경우에는 능동적이고 자발적인 연구나 발명을 할 가능성이 높을 것이고, 하급자인 경우에는 수동적이면서 지시나 명령, 계획에 따른 직무를 수행할 가능성이 높을 것이다. 따라서 지위에 따라 직무관련성의 인정범위가 달라질 수 있다.

우리나라의 대법원[62]도 피고인이 피해회사의 제품개발과 관련된 이사의 직함을 가지고 있는 자인 경우,

> 휴대 전자제품의 부품 제조에 적합한 경량 고강도 다이캐스팅용 합금의 개발은 피해자 회사의 업무에 속한다고 할 것이고, 피고인은 정보통신기기용 부품의 제조 및 판매 등을 영위하는 피해자 회사의 이사이자 피해자 회사가 피인수회사를 인수하던 무렵부터 이미 기존 상용합금보다 가벼우면서도 강도가 높은 합금의 개발을 담당하고 있던 자로서, Q22 합금과 같이 휴대 전자제품의 부품 제조에 적합한 경

> 량 고강도 다이캐스팅용 합금의 개발을 시도하여 완성하려고 노력하는 것이 일반적으로 기대되는 자에 해당한다고 할 것이다. 그렇다면 Q22 합금 발명 중 피고인 1의 기여 부분은 피해자 회사와의 관계에서 피고인 1의 직무발명에 해당한다고 보아야 한다.

라고 판시하면서 직무발명 사실을 사용자인 피해회사에 알리지 않고, 제3자에게 양도한 사안에 있어서 업무상 배임죄의 성립을 인정하고 있다. 앞서 언급한 바와 같이 피고인을 피해회사에서 직책이나 지위, 업무 내용 등을 판단해 보면 휴대 전자제품의 부품 제조에 필요하고 적합한 경량 고강도 다이캐스팅용 합금 개발을 시도하고, 이를 완성하려고 노력하는 것이 일반적으로 기대되는 자에 해당하는 자에 해당된다고 판단하고 있다.

또한 근무시간과 관련해서도 직무발명이 반드시 근무시간 내에 이루어져야 하는 것은 아니다. 그 이유는 종업원의 발명행위가 근무시간에 한정하여 이루어진 것만 직무발명이라고 한다면 종업원의 발명은 대부분 자유발명이 되기 때문이다. 따라서 직무발명인지 여부를 판단하기 위해서는 직무관련성 여부가 중요한 판단요소이고, 근무시간에 발명행위가 이루어졌는지 여부는 직무관련성을 판단함에 있어서 참고 사항이다. 앞서 언급한 우리나라의 대법원이 채택하고 있는 "예정·기대설"의 입장에서 바라보더라도 근무시간 내에서만 행한 발명을 직무발명이라고 보는 것은 적절하지 않다.

(3) 현재 또는 과거의 직무에 속할 것

종업원이 행한 발명이 현재 또는 과거의 직무와 연관성이 있는 발명이어야 한다. 같은 기업에서 과거에는 담당하였지만 지금은 담당하고 있지 않는 발명이라고 하더라도 직무발명에 속한다. 과거의 직무에서 이루어진 발명을 직무발명으로 인정하는 이유는 종업원의 동일 기업 내에서의 이루어진 경험이 모두 발명행위, 또는 발명의 완성에 기여하였기 때문이고, 사용자의 관점에서도 기여를 하게 한 공헌에 대해서 과거의 것이라고 하여 아무런 주장을 할 수 없다는 것도 불합리하기 때문이다.

과거의 직무 관련성과 관련하여 중요한 논점 중의 하나가 퇴직 후의 발명이다. 원칙적으로 과거의 직무는 동일한 기업에서의 과거의 직무를 의미하고, 퇴직한 후에 이루어진 발명은 새로운 기업에서의 직무발명에 속한다고 보아야 한다는 것이 일반적인 해석이다.[63]

따라서 퇴직 후의 발명인가 여부를 판단하는 기준은 '발명의 완성' 시점이다. 직무발명은 고용관계 또는 계약관계가 성립되고 있는 것을 전제로 하기 때문이다. 우리나라의 「발명진흥법」 제12조에서도 이러한 요건을 확인할 수 있다. 제12조에서는 종업원 등이 직무발명을 완성한 경우에는 지체없이 그 사실을 사용자 등에게 문서로 알려야 한다. 2명 이상의 종업원 등이 공동으로 직무발명을 완성한 경우에는 공동으로 알려야 한다고 규정하고 있기 때문이다. 따라서 원칙적으로 퇴직 후에 이루어진 발명은 퇴직 전에 근무하였던 기업의 직무발명이라고 말할 수 없다.

우리나라의 대법원[64]도,

> 직무발명에 관한 통상실시권을 취득하게 되는 사용자는 그 피용자나 종업원이 직무발명을 완성할 당시의 사용자이고, 그에 따른 특허권

의 등록이 그 이후에 이루어졌다고 하여 등록 당시의 사용자가 그 통상실시권을 취득하는 것은 아니다.

라고 판시하여, 발명 완성 당시의 사용자에게 직무발명에 따른 통상실시권이 있다고 판단하고 있다. 등록시점에 있는 사용자는 직무발명의 승계권자가 아니라고 보고 있다. 따라서 종업원이 퇴직 전에 구상하고 비교적 구체화된 발명을 완성하고 있지 않고 있다가 퇴직을 한 후에 다른 기업에 취업을 하지 않고 개인적으로 연구를 계속하여 발명을 완성한 경우에는 개인의 발명으로 보아야 한다.

퇴직 후의 발명이 직무발명인가 여부를 판단함에 있어서 퇴직 직전에 거의 완성된 발명을 하게 된 후에 다른 기업에 가서 발명을 완성한 경우, 이를 퇴직 전 기업의 직무발명으로 보아야 한다는 견해[65]가 있고, 직무발명인지 개인의 발명인지는 발명의 완성 시점에 판단하여야 한다는 견해[66]도 있다. 퇴직 전 기업의 직무발명으로 보아야 한다는 견해는, 발명 완성 직전에 퇴직한 경우 또는 재직기간이 길고 재직 기간 동안 습득한 지식이 많은 경우에 발명 완성에 역할을 하였다고 보아야 하는 등의 특단의 사정이 존재할 때에 퇴직 후의 발명도 과거에 근무하였던 곳의 직무발명으로 보아야 할 여지가 있고,[67] 이런 경우까지 종전 사용자에게 권리를 인정하지 않는 것은 형평에 맞지 않기 때문에 합리적인 계약체결이 필요하다는 것이다.[68] 한편 퇴직 전 회사의 직무발명에 속하지 않는다는 견해의 논거는 직무발명의 발명 완성 시점을 기준으로 하기 때문에 그 이전에 존재하였던 연구의 난관을 극복한 시점이 중요한 것이고, 발명의 완성 직전 또는 발명에 대한 결정적 기여 등과 같은 불명확한 기준으로 권리관계를 불안정하게 하는 것이 오히려 더 타당하지 않다는 것이다.[69]

이러한 논쟁을 감안하여 합리적으로 계약을 통하여 해결하고자 하는 것이 바로 추적조항(trailing clause)이다. 추적조항의 의미는 직무발명에 있어서 발명의 완성 시점에 관한 분쟁이 발생하였을 경우 퇴직 후 일정 기간 내에 발명이 완성되면 이에 관한 권리의 승계가 전에 근무하였던 곳의 사용자에게 주어진다는 내용의 합의를 미리 하는 것이다. 추적조항이 유효한지 여부에 대해서도 찬반 논의가 우리나라에서도 있다.

우선, 직무발명 인정을 위한 기간이 합리적이면서 공서양속에 반하지 않으면 유효하다고 보는 의견이 있다.[70] 공서양속 위반 여부는 종업원의 퇴직 후 생활에 급격한 변화 등 생계에의 영향 여부도 고려하여야 하겠지만, 퇴직을 할 때에 발명의 완성 정도, 퇴직 기간의 정도, 재직 기간 중 직무발명과 연관성을 가진 기간 등을 종합적으로, 구체적으로 판단한다. 이에 반하여 직무발명제도의 취지가 직무발명에 해당될 때에만 예약승계를 허락하는 제도이기 때문에 추적조항은 유효하지 않다는 견해도 있다. 퇴직 후 일정 기간 내에 이루어진 발명을 사용자에게 사용할 수 있도록 하는 것은 공서양속에 반하거나 종업원의 직업선택의 자유를 제한하거나 퇴직 전 기업이나 퇴직 후 기업 간 분쟁의 발생을 유도하는 것은 기간을 고려하지 않더라도 무효로 보아야 한다는 견해이다.

그리고 종업원이 기업에 취업하기 전에 발명을 구상하여서 취업이 된 후에 근무하면서 직무의 범위 내에 속하고, 그 발명이 완성되었다면 이는 직무발명으로 보아야 한다. 그 이유는 발명의 완성에 사용자가 제공하는 인적·물적인 자원을 사용하고 지원을 받았을 것이기 때문이다.

6) 기여율

「발명진흥법」 제15조 제6항 단서에서 그 보상액이 직무발명에 의하여 사용자 등이 얻을 이익과 그 발명의 완성에 사용자 등과 종업원 등이 공헌한 정도를 고려하지 아니한 경우에는 정당한 보상을 한 것으로 보지 않는다는 규정을 두고 있다. 발명의 완성에 사용자 등과 종업원 등이 공헌한 정도를 우리는 발명 완성에의 기여율, 공헌의 정도라고 부른다. 이러한 기여율 또는 공헌의 정도는 직무발명보상금 산정요소의 하나이다.

그런데 직무발명보상금은 종업원의 입장에서 보면 자신이 발명한 직무발명이 사용자에게 승계가 된 경우에 '정당한 보상을 받을 권리'를 가지도록 하고 있다(발명진흥법 제15조 제1항). 같은 법 제15조 제2항에는 보상에 대하여 보상형태와 보상액을 결정하기 위한 기준, 지급방법 등이 명시된 보상규정을 작성하고 종업원 등에게 문서로 알리도록 하고 있다. 그리고 제3항에는 "사용자 등은 제2항에 따른 보상규정의 작성 또는 변경에 관하여 종업원 등과 협의하여야 한다. 다만, 보상규정을 종업원 등에게 불리하게 변경하는 경우에는 해당 계약 또는 규정의 적용을 받는 종업원 등의 과반수의 동의를 받도록 하고 있다. 그리고 이러한 보상규정에 따라 결정된 보상액 등 보상의 구체적 사항은 사용자가 종업원 등에게 문서로 알려야 한다(제4항). 이러한 절차를 거친 직무발명보상금 지급은 정당한 절차에 따른 것으로 보고 있다(제6항 본문).

7) 인공지능 발명에의 시사

직무발명과 관련하여 종업원 등의 개념에 인공지능이 포함될 수 있는지 여부에 대해서 논의가 진행 중이다. 앞서 「저작권법」의 업무상저작물, 「발명진흥법」의 직무발명에서 종업원은 모두 자연인을 의미한다. 즉, 구체적인 사람을 의미한다. 다만 광의의 고용관계를 전제로 하고, 직무관련성을 염두에 둔 제도의 아래에 있는 사람을 의미한다. 따라서 성과물의 표현을 업무상 저작물 또는 직무발명이라고 하고 있다. 종업원을 고용한다고 하는 표현도 이러한 의미이다. 그런데 인공지능은 기본적으로 사람이 아닐 뿐만 아니라 인공지능을 고용한다는 표현을 사용할 수 없다.

고용이라는 개념은 기본적으로 법률행위를 통한 합의를 전제로 하고, 이를 행할 능력 즉 행위능력을 전제로 하는 개념이다. 대표적인 것이 고용계약이라고 말할 수 있다.
이러한 개념을 인공지능에게 사용할 수 없다. 최소한 과거와 현재의 시점에서는 인간은 인공지능을 이용하거나 사용하는 수단 또는 도구로 보는 것이지 어떤 계약을 통한 법률관계를 형성하기 위한 존재로는 보지 않기 때문이다. 문제는 앞서 언급한 대로 인공지능도 발명을 행할 수 있는 어떤 것으로 우리 사회에 등장하고 있고, 현실적인 문제가 되고 있다는 것이다.

직무관련성과 관련해서도 인공지능이 발명행위를 한 것이 여기에 해당될 수 있을지에 관해서도 논의의 필요성이 있다. 인공지능에게 직무관련성이라는 개념이 필요할까 하는 의문이 우선 든다. 직무라고 하는 것은 여러 가지의 업무 중에서 자신이 하여야 할 일을 의미하는 것이고, '발명을 하게 된 행위'도 그 직무를 수행하다가, 또는 여러 가지로 구상과 고민을 하는 것을 포함하는 개념이기 때문에 인공지능의 발명에 직접적인 개념 대입은 힘들다고 생각된다.

3. 업무상저작물

1) 의의

「저작권법」 제2조 제31호에는 업무상저작물에 관하여 법인·단체 그 밖의 사용자(이하 "법인 등"이라 한다)의 기획하에 법인 등의 업무에 종사하는 자가 업무상 작성하는 저작물이라고 정의하고 있지만, 제9조에서는 법인 등의 명의로 공표되는 업무상저작물의 저작자는 계약 또는 근무규칙 등에 다른 정함이 없는 때에는 그 법인 등이 된다. 다만, 컴퓨터프로그램저작물의 경우 공표될 것을 요하지 아니한다고 규정하고 있다. 이 양자를 합해서 정의한 것이 업무상저작물이라는 개념이다.

우리나라의 저작권법 원칙들은 대륙법계로부터 온 창작주의와 창작자주의이다. 즉, 창작자가 창작을 완료한 순간에 저작권이 발생되는 것이 창작주의이다. 그리고 저작물을 창작한 사람이 저작권을 가지는 것이 창작자주의이다. 그런데 논리적으로나 현상적으로나 경험적으로 법인이 어떠한 것을 창작한다든가 또는 법인이 창작자라고 말할 수 없다. 창작이라고 하는 행위는 현행법상 또는 지금까지 인간의 감정상, 법률적 평가상 인간, 즉 자연인'만'이 행할 수 있는 것이라고 생각하고 있다. 그런데 구체적이고 개별적인 창작행위도 하지 않고, 창작자도 아니고, 더군다나 추상적·가공적·관념적 존재인 법인 또는 어떤 단체가 창작물에 관해서 '원시적으로' 권리를 취득하게 하는 제도가 업무상저작물 제도이다.[71]

업무상저작물 제도는 기본적으로 창작주의와 창작자주의 원칙과 부합하지 않는다. 그럼에도 불구하고 영미법계의 계약법에 따라 법인에게 저작권이 귀속되는 법리를 우리나라의 저작권법은 인정하고 있다. 원래는 법인이 창작자가 된다는 것은 원칙적으로 상정할 수 없는 것이지만, 아래에서 언급하는 제도의 취지에 비추어 보아 업무상저작물 제도를 인정하고 있다.

2) 취지

고대나 중세시대에는 개인이 창작자라고 할 수 있는 상황이 많고, 조수나 돕는 사람을 고용하였다고 하더라도 개인이 창작하는 것이 기본적인 현상이었다. 그런데 시대가 지남에 따라 법인 등을 비롯한 조직을 통해서 창작활동이 이루어진다. 예를 들어 회사에 고용된 사람은 급여를 받고 창작활동을 하고 있다. 창작활동을 하기 위하여 회사에 들어간다고 말할 수 있다. 그리고 저작물의 창작이 법인 등의 내부에서 여러 사람이 관여하여 다양한 형태로 창작하는 경우가 많기 때문에 이에 대한 권리를 제각각 주장할 수 있다면 법률관계가 복잡하게 될 뿐만 아니라, 회사, 즉 사용자 입장에서는 급여나 시설, 자원 등을 사용한 것이 사회자선사업의 성격을 가지기 때문에 불합리한 점이 있다. 따라서 법인 등에서 업무상으로 작성한 경우에는 원시적으로 사용자에게 저작권을 부여하고자 하는 것이다. 여기서 원시적으로 저작권이 귀속된다는 의미에는 저작권의 내용인 저작재산권뿐만 아니라 저작인격권도 법인 등에게 귀속된다는 것이다.

이렇게 저작권이 원시적으로 법인 등에게 귀속되도록 한 것은 우리나라의 업무상저작물 제도의 큰 특징이라고 말할 수 있다. 이러한 제도는 위에서 언급한 창작주의와 창작자주의라고 하는 원칙에 대한 예외라고 말할 수 있다. 그것도 강력한 예외라고 말할 수 있다. 저작권법의 관점에서 이야기하자면 제9조는 제2조 제2호에 대한 예외조항이라고 평가할 수 있다. 따라서 제9조를 엄격하고 가능하면 좁게 엄격하게 문언에 맞추어 해석하여야 한다.

우리나라의 대법원[72]은 업무상 저작물에 대한 법률적 평가를 다음과 같이 하고 있다.

> 저작권법은 저작물을 창작한 자를 저작자로 하고(제2조 제2호), 저작권은 저작한 때로부터 발생하며 어떠한 절차나 형식의 이행을 필요로 하지 아니하고(제10조 제2항), 저작인격권은 이를 양도할 수 없는 일신 전속적인 권리로(제14조 제1항) 규정하고 있고, 위 규정들은 당사자 사이의 약정에 의하여 변경할 수 없는 강행규정이라고 할 것인바, 비록 신청인이 제작한 너구리도안과 같이 상업성이 강하고 주문자의 의도에 따라 상황에 맞도록 변형되어야 할 필요성이 큰 저작물의 경우에는 재산적 가치가 중요시되는 반면, 인격적 가치는 비교적 가볍게 평가될 것임은 원심이 판시한 바와 같지만, 이러한 저작물도 제작자의 인격이 표현된 것이고, 제작자가 저작물에 대하여 상당한 애착을 가질 것임은 다른 순수미술작품의 경우와 다르지 않을 것이다. 위 법규정의 취지 또한 실제로 저작물을 창작한 자에게만 저작인격권을 인정하자는 것이라고 볼 수 있으므로 이 사건에 있어서와

같이 상업성이 강한 응용미술작품의 경우에도 당사자 사이의 계약에 의하여 실제로 제작하지 아니한 자를 저작자로 할 수는 없다고 할 것이다. 단체명의저작물의 저작권에 관한 저작권법 제9조를 해석함에 있어서도 위 규정이 예외규정인 만큼 이를 제한적으로 해석하여야 하고 확대 내지 유추해석하여 저작물의 제작에 관한 도급계약에까지 적용할 수는 없다.

3) 요건

저작권법의 창작자주의 원칙에 대한 예외인 업무상저작물이 성립하기 위해서는 아래의 요건을 모두 충족시켜야 한다.

(1) '법인·단체 그 밖의 사용자'가 저작물 작성을 기획

여기서 '법인·단체 그 밖의 사용자'의 의미는 회사, 국가, 지방자치단체[73], 기타 모든 단체, 재단, 권리능력 없는 사단, 재단, 사용자의 위치에 있기만 하면 자연인인 개인도 포함된다. 법인, 단체 그 밖의 사용자의 의미를 최광의로 보고 있다. 여기서 권리능력 없는 사단 또는 재단, 즉 법인격 없는 사단이나 재단은 대표자나 관리인이 정해져 있으면 이 개념에 포함된다.[74]

(2) 저작물

저작물은 모든 저작물이 포함된다. 따라서 2차적저작물도 포함된다고 판단된다. 여기서 현행법상 문제가 되는 것은 영상저작물이다. 그 이유는 영상저작물에 관해서 특례조항이 존재하기 때문이다.

기본적으로 영상저작물은 어떤 면에서는 전형적인 업무상저작물이라고 말할 수 있다. 그런데 우리나라 「저작권법」에는 영상저작물 특례조항 제5장에서 "영상저작물에 관한 특례"라는 표제로 제99조부터 제101조까지 규정되어 있다. 제99조에는 저작물의 영상화권에 관해서, 제100조에는 영상저작물에 대한 권리에 관해서, 제101조에는 영상제작자의 권리에 관해서 규정하고 있다.

우리나라의 학설은 우선 영상저작물이 우리나라 「저작권법」의 제9조를 충족시키지 못한 경우, 즉 영상저작물이 업무상저작물에 해당되지 않는 영상저작물이 영상저작물 특례조항의 적용대상이 된다고 해석[75]하고 있다. 예를 들어 영상저작물이 업무상저작물의 성립요건을 충족시켜서, 법인 등의 사용자가 영상저작물에 대한 저작권자가 되면, 앞서 언급한 대로 영상저작물에 대한 저작권, 즉 저작재산권과 저작인격권이 원시적으로 사용자에게 귀속되기 때문이다. 따라서 「저작권법」 제100조에서 언급하고 있는 영상저작물에 대한 이용에 관한 권리문제가 해결되기 때문에, 영상저작물 특례조항이 적용될 소지가 적게 된다.

또한 다른 근거로, 업무상저작물이 성립하는 경우에 영상저작물 특례조항의 적용을 배제한다고 주장하기도 한다. 예를 들면, 영상저작물 특례조항은 영상저작물의 이용을 쉽게 하기 위하여 저작권자의 권리를 양도받거나 이용허락을 받는 것으로 추정하는 조항임에 반하여 업무상저작물은 저작권이 법인 등의 사용자에게 귀속되도록 하는 의제조항[76]으로서 더 강한 법적 효과가 있기 때문에 굳이 영상저작물 특례조항을 적용할 필요는 없다고 하는 견해[77]이다.

그리고 또 다른 논거 중의 하나는 영상저작물의 'OO기획',

'○○제작'이라는 표시는 업무상저작물의 저작자 명의를 표시한 것이고, 업무상저작물 사용자 명의의 공표요건에 해당되고, 영화감독, 배우의 이름을 명기하는 것은 업무분담표시에 지나지 않는다는 견해이다.[78]

(3) 법인 등의 기획

법인 등 사용자의 기획의 의미는 법인 등의 구체적 지시나 기획에 따라 업무상저작물이 형성되는 것을 의미한다. 이렇게 명확한 지시나 기획이 있으면 문제가 없다. 그리고 여기서 말하는 기획이라는 의미는 사용자가 일정한 의도나 구상을 가지고 구체적인 제작을 업무상 담당자에게 지시나 감독, 관리를 통하여 이행하도록 업무상 명령을 하는 것이 정형적인 것이라고 말할 수 있다. 또한 제작 도중에 수정이나 보완 등을 요구할 수 있는 지위에 있고, 현실적으로 통제할 수 있는 것을 말한다.

그리고 기획의 의미에는 저작물 작성의 전단계에 해당되어야 하는가 즉, 저작물을 작성하기 전에 기획이 이루어져야 하는가 하는 점이다.

법인인 경우에는 의사결정기관이나, 집행기관의 기획은 물론이고, 업무담당자를 지휘·감독하는 상사가 기획을 하여 이를 작성할 것을 지시하였을 경우에는 기획이 있었다고 보아야 한다.

또한 동료들 사이에서 의견을 교환하거나 의도하여 작성한 기획안은 아직 법인의 기획안이라고 말할 수 없다. 그러나 의사결정기관이나 집행기관, 상사 등이 이 기획안에 대해서 사후에 이를 승인하였을 경우에는 법인의 기획으로 인정된다.

그런데 업무종사자가 자신의 판단하에 저작물을 작성한 경우, 법인 등의 기획이라고 하는 요건을 충족시키는지에 관해서 의문이 생길 수 있다. 이에 관해서도 견해가 갈리고 있다.

우선, 저작물 작성 전에 법인 등의 구체적인 지시나 승인 등이 있어야 한다는 견해, 둘째, 저작물 작성 후에 법인 등 의사결정기관이나 집행기관의 승낙이 있거나 법인 등의 의사에 반하지 않아야 한다는 견해, 셋째, 법인 등이 업무종사자를 임명 또는 일정한 저작물 작성에 배정하여 그 업무상 해당 업무종사자가 그 업무를 작성할 것이라고 예상되거나 기대되는 경우에는 법인 등의 기획이 있었다고 할 수 있다는 견해[79]가 있다. 다만 사용자 등의 저작물 작성이라는 의사형성에 개입 또는 관여가 되었는지 여부를 기준으로 판단하여야 한다고 본다.

우리나라의 대법원[80]도 '법인 등의 기획'이 묵시적으로 있었다고 하기 위한 요건에 대한 판단으로서,

> "구 컴퓨터프로그램 보호법(2009. 4. 22. 법률 제9625호로 폐지되기 전의 것, 이하 같다) 제5조는 "국가·법인·단체 그 밖의 사용자(이하 이 조에서 "법인 등"이라 한다)의 기획하에 법인 등의 업무에 종사하는 자가 업무상 창작한 프로그램은 계약이나 근무규칙 등에 달리 정함이 없는 한 그 법인 등을 당해 프로그램의 저작자로 한다"라고 규정하고 있는바, 여기서 '법인 등의 기획'이라 함은 법인 등이 일정한 의도에 기초하여 컴퓨터프로그램저작물의 작성을 구상하고, 그 구체적인 제작을 업무에 종사하는 자에게 명하는 것을 말하는 것으로, 명시적은 물론 묵시적으로도 이루어질 수 있는 것이기는 하지만, 묵시적인 기획이 있었다고 하기 위하여는 위 법규정이 실제로 프로그램을 창작한 자를 프로그램저작자로 하는 같은 법 제2조 제2호의 예외규정인 만큼 법인 등의 의사가 명시적으로 현출된 경우와 동일시할

수 있을 정도로 그 의사를 추단할 만한 사정이 있는 경우에 한정된다고 봄이 상당하다."

라고 판시하고 있다.

기획의 의미를 사후에 승낙받은 경우에도 이 요건을 충족시킨다는 견해도 있는 반면에 이에 대해서 반대하는 견해도 있다. 이렇게 넓게 인정하게 되면 사용자의 기획의 의미가 없게 된다는 점을 강조한다.[81] 그리고 우리나라의 대법원의 판시 취지에 맞추어 기획의 의미를 파악하는 것이 타당하다고 생각된다.[82]

또한 법인·단체 그 밖의 사용자의 기획하에 법인 등의 업무에 종사하는 자가 업무상 작성하는 컴퓨터프로그램저작물의 저작자는 계약 또는 근무규칙 등에 다른 정함이 없는 때에는 그 법인 등이 된다고 규정한 저작권법(2009. 4. 22. 법률 제9625호로 개정된 것) 제9조 중 컴퓨터프로그램저작물에 관한 부분이 입법형성권의 한계를 일탈하였는지 여부에 대한 저작권법 제9조 위헌제청사건에서 헌법재판소는 다음과 같이 판시하여 업무상저작물 제도에 관한 규정인 제9조를 합헌으로 보고 있다.

"심판대상조항이 업무상 창작된 컴퓨터프로그램저작물의 저작자를 법인 등으로 정한 것은 권리관계를 명확히 하고, 이를 바탕으로 컴퓨터프로그램저작물이 활발하게 개량되고 유통되며, 나아가 지속적이고 안정적으로 창작되도록 유인하기 위한 것으로서, 그 입법목적이 정당하다. 심판대상조항은 업무상 저작물의 성립요건을 엄격하게 제한하여 법인 등의 업무에 종사하는 자(이하 '피용자'라 한다)의 이익을 충분히 배려하고 있고, 법인 등과 피용자 사이에 달리 합의할 가능성을 부여하여 이들의 이익을 상호 조정하는 수단도 마련하고 있다. 특허권에 관한 발명진흥법상 직무발명제도는 '특허를 받을 수 있는 권리'를 종업원에게 원시적으로 귀속시키고 종업원에게 보상청구권을 인정하고 있는데, 특허권과 저작권은 권리발생요건과 공시절차를 달리하므로, 직무발명제도와 심판대상조항을 단순 비교하여 심판대상조항이 피용자의 이익을 지나치게 경시하고 있다고 보기도 어렵다. 이상을 종합하여 보면, 프로그램의 활발한 유통과 안정적 창작을 위하여 법인 등의 기획하에 피용자가 통상적인 업무의 일환으로 보수를 지급받고 컴퓨터프로그램저작물을 작성한 경우 그 저작자를 법인 등으로 정하도록 하되, 계약 또는 근무규칙으로 저작자를 달리 정할 수 있도록 한 입법자의 판단은 합리적인 이유가 있으므로, 심판대상조항은 입법형성권의 한계를 일탈하였다고 보기 어렵다."

(4) 법인 등의 업무에 종사하는 자에 의하여 작성될 것

법인 등의 업무에 종사하는 자가 작성하여야 한다는 의미는 사용관계가 존재하여야 한다는 것이다. 사용관계의 의미에 관해서는 크게 고용관계를 엄격하게 해석하는 설과 실질적 지휘감독관계가 있으면 된다는 설로 나뉘어 있다.

고용관계를 엄격하게 해석하는 설은 그 논거로서 업무상저작물 제도가 저작권법의 창작자주의에 대한 예외이기 때문에 가능하면 엄격하게 해석하여야 하는 입장에서 출발한다. 그리고 '사용자'또는 '사용관계'라는 의미는 고용관계를 전제로 하여야만 성립되는 점을 든다. 이렇게 엄격하게 해석하는 견해에 따르면, 파견되어 온 자 또는 도급, 위임계약을 바탕으로 저작물을 작성하는 경우에는 파견을 한 곳 또는 도급인과 위임인과의 사이에서 업무상저작물의 요건인 법인 등의 업무에 종사하는 자에 해당되지 않는 것으로 해석한다.

그리고 업무에 종사한다는 의미를 실질적으로 지휘·감독관계가 있으면 된다는 견해가 있다. 이는 사용자와 피용자, 즉 업무종사자 사이에 실질적인 지시나 관리가 가능하거나 감독할 수 있는 관계에 있으면 업무에 종사하는 관계라고 보아야 한다는 견해이다. 따라서 앞서 엄격하게 해석하는 견해와는 달리, 파견 나온 자나 도급이나 위임계약에 따라 도급인이나 위임인으로부터 지휘·감독을 받는 자도 법인 등의 업무에 종사하는 자에 포함된다고 보는 견해이다. 따라서 도급이나 위임이라고 하는 외부 조직관계의 관계에서도 법인 등의 업무에 조금이라도 관여가 이루어진다면 법인 등의 업무에 편입시켜 사용관계를 확대하여 적용하고자 하는 견해라고 말할 수 있다.

그리고 약간의 절충적인 견해로서 실질적 지휘·감독 관계의 확대된 사용관계에 대해서 제한을 가하고자 하는 견해이다. 도급이나 위임의 경우에는 사용관계를 인정하지 않겠다는 견해이다.[83]

우리나라의 대법원[84]도 업무상저작물의 사용관계를 도급에는 적용하지 않겠다는 입장이라고 판단된다.

저작권법은 저작물을 창작한 자를 저작자로 하고(제2조 제2호), 저작권은 저작한 때로부터 발생하며 어떠한 절차나 형식의 이행을 필요로 하지 아니하고(제10조 제2항), 저작인격권은 이를 양도할 수 없는 일신 전속적인 권리로(제14조 제1항) 규정하고 있고, 위 규정들은 당사자 사이의 약정에 의하여 변경할 수 없는 강행규정이라고 할 것인바, 비록 신청인이 제작한 너구리도안과 같이 상업성이 강하고 주문자의 의도에 따라 상황에 맞도록 변형되어야 할 필요성이 큰 저작물의 경우에는 재산적 가치가 중요시되는 반면, 인격적 가치는 비교적 가볍게 평가될 것임은 원심이 판시한 바와 같지만, 이러한 저작물도 제작자의 인격이 표현된 것이고, 제작자가 저작물에 대하여 상당한 애착을 가질 것임은 다른 순수미술작품의 경우와 다르지 않을 것이다. 위 법규정의 취지 또한 실제로 저작물을 창작한 자에게만 저작인격권을 인정하자는 것이라고 볼 수 있으므로 이 사건에 있어서와 같이 상업성이 강한 응용미술작품의 경우에도 당사자 사이의 계약에 의하여 실제로 제작하지 아니한 자를 저작자로 할 수는 없다고 할 것이다. 단체명의저작물의 저작권에 관한 저작권법 제9조를 해석함에 있어서도 위 규정이 예외규정인 만큼 이를 제한적으로 해석하여야 하고 확대 내지 유추해석하여 저작물의 제작에 관한 도급계약에까지 적용할 수는 없다.

그런데 도급계약의 일종이라고 볼 수 있는 프로그램개발주문계약에서 기획, 투자, 개발하면서 오로지 사람만을 빌어 사용한 경우에는 업무상저작물로 본 사안[85]이 있다.

업무상 창작한 프로그램의 저작자에 관한 구 컴퓨터프로그램보호법(1994. 1. 5. 법률 제4712호로 개정되기 전의 것) 제7조의 규정은 프로그램 제작에 관한 도급계약에는 적용되지 않는 것이 원칙이나, 주문자가 전적으로 프로그램에 대한 기획을 하고 자금을 투자하면서 개발업자의 인력만을 빌어 그에게 개발을 위탁하고 이를 위탁받은 개발업자는 당해 프로그램을 오로지 주문자만을 위해서 개발·납품하여 결국 주문자의 명의로 공표하는 것과 같은 예외적인 경우에는 법인 등의 업무에 종사하는 자가 업무상 창작한 프로그램에 준하는 것으로 보아 같은 법 제7조를 준용하여 주문자를 프로그램저작자로 볼 수 있다.

이러한 내용은 판결문에도 나와 있다시피 법리에 원칙을 제시하고 업무상저작물을 적용할 수 있는 구체적인 요건들과 사실을 설시하고 있다.

그리고 동일한 저작물임에도 도급계약을 우선하여 적용한 판결[86]도 있다.

> 구 컴퓨터프로그램 보호법(2009. 4. 22. 법률 제9625호로 폐지, 이하 같다) 제5조는 "국가·법인·단체 그 밖의 사용자(이하 '법인 등'이라고 한다)의 기획하에 법인 등의 업무에 종사하는 자가 업무상 창작한 프로그램은 계약이나 근무규칙 등에 달리 정함이 없는 한 그 법인 등을 당해 프로그램의 저작자로 한다."고 정하고 있는데, 이는 프로그램저작물 창작자를 저작자로 하는 구 컴퓨터프로그램 보호법 제2조 제2호의 예외를 정한 것이다. 따라서 구 컴퓨터프로그램 보호법 제5조는 주문자가 전적으로 프로그램에 대한 기획을 하고 자금을 투자하면서 개발업자의 인력만을 빌려 그에게 개발을 위탁하고 이를 위탁받은 개발업자는 당해 프로그램을 오로지 주문자만을 위해서 개발·납품하는 것과 같은 예외적인 경우가 아닌 한 프로그램 제작에 관한 도급계약에는 적용되지 아니한다.

또한 동일한 법리를 다른 판결[87]에서도 발견할 수 있다.

> 업무상 창작한 프로그램의 저작자에 관한 구 컴퓨터프로그램보호법(1994. 1. 5. 법률 제4712호로 개정되기 전의 것) 제7조의 규정은 프로그램 제작에 관한 도급계약에는 적용되지 않는 것이 원칙이나, 주문자가 전적으로 프로그램에 대한 기획을 하고 자금을 투자하면서 개발업자의 인력만을 빌어 그에게 개발을 위탁하고 이를 위탁받은 개

발업자는 당해 프로그램을 오로지 주문자만을 위해서 개발·납품하여 결국 주문자의 명의로 공표하는 것과 같은 예외적인 경우에는 법인 등의 업무에 종사하는 자가 업무상 창작한 프로그램에 준하는 것으로 보아 같은 법 제7조를 준용하여 주문자를 프로그램저작자로 볼 수 있다.

이러한 판결에 대하여 아쉬움을 표시하는 견해[88]가 있다. 이 판결의 경우, 도급계약합의에 따라 이루어진 것에 업무상저작물에 관한 규정을 적용하는 것이 아니라 준용한다는 것인데 이점을 지적하면서 다른 법리를 적용하여야 한다는 것이다. 우선, 도급인은 오로지 프로그램에 대해서 기획을 하고 자금을 투자하며, 개발업자로부터 개발인력만을 빌어 그에게 개발을 위탁하여야 하고, 둘째로, 위탁받은 개발업자는 오로지 주문자만을 위하여 개발하여야 하고, 셋째로 도급인 명의로 공표되어야 한다는 법리를 제시하고 있다. 컴퓨터프로그램저작물의 경우 공표 요건이 면제되어 있다는 점을 감안한 의견이라고 생각된다.

그리고 임원인 경우에도 법인 등의 업무에 종사하는 자에 해당되는지 여부가 문제된다. 왜냐하면 우리나라의 근로기준법에 따르면 고용관계가 있다고 보기는 힘들기 때문이다. 그렇지만, 임원의 경우도 법인과의 관계에서 실질적인 지휘·감독관계가 있다면 업무에 종사하는 자로 보아야 한다.

또한 무상으로 업무에 종사하는 경우, 보수가 없는 경우에도 실질적으로 지휘·감독관계가 설정되어 있다면 법인 등의 업무에 종사하는 자라는 요건을 충족시키는 것으로 파악된다.

(5) 업무상 작성하는 저작물일 것

저작물이 업무상 작성되어야 한다. 업무상 작성이라는 의미는 업무종사자가 자신의 업무 범위 내에서 저작물을 작성하는 것을 말한다. 업무에서 파생되거나 관련되는 것은 업무상 저작물이 아니다. 예를 들어 공무원이 자신의 업무와 관련된 저서를 내는 것, 법원의 재판업무에 종사하는 부장판사가 민사소송법이라는 저서를 작성하여 출판한 경우에는 업무상저작물이 아니라 개인저작물에 해당된다.

업무상 작성되어야 한다는 의미가 업무시간에 작성되어야 하는 것은 아니다. 업무시간 외에 작성되더라도 업무상 저작물이 될 수 있고, 업무시간에 작성된 것이라고 하더라도 업무상 저작물이 될 수 없는 경우도 있다.

마찬가지로 업무를 보는 장소에서 반드시 업무상저작물을 작성하여야 하는 것도 아니다. 개인적인 장소에서도 업무상저작물을 작성할 수 있다.

그런데 대학 교수의 강의안은 업무상 저작물인가 생각해 볼 수 있다. 대학 강의안은 매학기에 이루어지는 업무상 저작물의 성격을 가지는 면도 있지만, 강의안의 내용을 대학본부나 재단 등에서 관여할 수 없는 것이고, 강의안의 내용은 교수 개인의 학문적 소신이 포함된 것이어서 독자적인 것이라고 말할 수 있고, 자율성이 보장되어야 한다. 이는 헌법상 학문의 자유와 연관이 있다.

또한 업무상 작성이 아니라면 법인 명의로 공표될 것이라는 요건을 충족하지 못한다는 의미로 보아 업무상저작물이 성립되지 않는다는 근거를 마련하자는 의견과 함께 그동안 관행적으로 교수나 교사를 법인과의 사이에서 저작자로 인정해 온 묵시적

계약이 있었다고 보는 견해도 있다.[89] 개인적으로는 중·고등학교의 선생님의 강의 교안도 마찬가지라고 본다.

다만 시험문제, 특히 중고등학교의 시험문제는 업무상 저작물[90]이라고 보아야 한다.

> 고등학교 교사들이 단독 또는 공동으로 출제한 시험문제가 고등학교 교육과정에서 요구되는 역사적인 사실이나 문학작품 등의 인문·사회학적 지식과 이해의 정도, 자연과학적인 원리나 컴퓨터 등에 대한 지식과 이해의 정도, 외국어의 해독능력 등을 묻는 것으로서, 비록 시험문제 중 일부가 교과서, 참고서, 타 학교 기출시험문제 등의 일정한 부분을 발췌하거나 변형하여 구성되었고, 시험문제가 현행 교과과정에 따른 교육내용을 전달하기 위하여 그 교육과정에서 요구되는 정형화된 내용들과 불가분의 관계에 있다 하더라도, 위 교사들이 자신들의 교육이념에 따라 소속 학교 학생들의 학업수행 정도의 측정 및 내신성적을 산출하기 위하여 정신적인 노력을 기울여 남의 것을 그대로 베끼지 아니하고 출제한 시험문제의 질문의 표현이나 제시된 답안의 표현에 최소한도의 창작성을 인정할 수 있다면 위 시험문제는 저작권법에 의하여 보호되는 저작물에 해당한다.
> 저작권법 제9조에 의하면 법인 등의 실질적 지휘·감독을 받으며 그 업무에 종사하는 자가 법인 등으로부터 직접 명령받은 것뿐만 아니라 고용의 과정에서 통상적으로 업무로서 기대되는 범위 내에서 법인 등의 기획하에 저작물을 작성하고 그 저작물이 법인 등의 명의로 일반공중에게 공개된 경우, 저작자의 기명저작물이 아닌 이상 저작물의 저작권은 저작자가 아닌 법인 등에게 귀속하는바, 여기서의 '일반공중'은 불특정 다수인인 경우뿐만 아니라 특정 다수인인 경우도 포함한다.

공립고등학교 교사들이 출제한 교내 중간·기말 고사 시험문제가 당해 고등학교의 기획하에 소속 교사들이 업무상 작성한 것이고, 문제지에 학교 명칭만이 기재되고 출제자 표시는 되어 있지 않으며, 특정 다수인인 위 학교의 해당 학년 학생들에게 배포되고 회수되지 않았으므로, 이는 당해 고등학교의 명의로 공표된 단체명의저작물로서 저작권법 제9조에 의하여 그 저작권이 위 학교의 설립주체인 지방자치단체에 귀속한다.

(6) 법인 등의 명의로 공표될 것

법인 등의 명의로 공표될 것이라는 요건은 법인에게 저작권이 귀속되는 요건이라고 말할 수 있다. 앞서 언급한 '법인·단체 그 밖의 사용자'가 저작물 작성을 기획하여야 하고, 업무상 작성하여야 하는 것은 업무상저작물 성립요건에 해당되지만, 법인 등의 명의로 공표되어야 하는 것은 법인 등이 저작권의 주체가 되기 위한 요건이다.

그런데 이미 설명한 대로, 업무상저작물의 큰 특징은 창작자주의에 대한 예외인데, 저작인격권이 법인 등에 원시적으로 귀속되는 것의 근거규정이고, 이는 실제 창작자가 저작인격권을 행사하지 않을 것이라는 것을 전제하고 있다.[91] 또한 법인 등의 명의로 공표가 되어 문화수요자나 제3자가 이를 쉽게 인식할 수 있도록 하는 공시의 수단이기도 하다.[92]

법조문에 '공표되는'이라는 표현 때문에 미공표 저작물도 포함된다. 법인과 저작자가 함께 기재되어 있는 경우 예를 들어 신문의 기사에 기자의 이름이 있는 경우에는 업무분담과 책임소재를 가리기 위한 것이므로 법인의 저작물이 되지 않을 수도 있다.

그리고 법인 등의 명의로 공표할 것을 예정하는 저작물인 경우에는 누구에게 귀속시킬 것인지가 의문이 들 수 있다. 예를 들면 공무원이 내부적으로 작성한 공문서나 회사의 내부직원이 작성한 문서가 이에 해당된다. 이러한 경우는 아직 공표되지 않았기 때문에 법인 등에게 업무상저작물에 관한 저작권이 귀속되지 않는다는 부정설이 있기는 하다. 하지만 이를 개인의 배타적인 권리에 속한다고 보게 되면 저작권법에서 업무상저작물 제도를 둔 취지가 상실 될 가능성이 높고, 현실적인 관점에서도 바람직하다고 볼 수 없다. 따라서 업무상저작물에 해당되어 비록 공표가 이루어지지 않았다고 하더라도 법인 등에게 저작권이 귀속되는 것이 맞다.[93]

그런데 법인 등의 명의로 공표되지 않더라도 업무상저작물이 되는 경우가 있다. 그것은 컴퓨터프로그램저작물이다. 업무상저작물 성립요건의 다른 요건만을 충족시키면 굳이 법인 등의 명의로 공표되지 않더라도 업무상저작물로서 성립하도록 하고 있다. 이렇게 된 이유는 입법적 연혁에 있다. 「저작권법」의 규정에는 업무상저작물이 되기 위하여 법인 등의 명의로 공표될 것을 요건으로 하고 있음에 반하여, 컴퓨터프로그램보호법에서는 공표를 요건으로 하고 있지 않고 있었는데, 두 법을 합치면서 업무상저작물 성립요건에서 컴퓨터프로그램저작물인 경우에는 공표요건을 설정하지 않았다.

공표요건을 두지 않은 현실적인 문제도 있다. 우선, 업무종사자가 컴퓨터프로그램저작물을 개발하는 과정에서 원시코드, 소스코드 등을 빼내어 개별적으로 개발한 후에 이를 공개한 경우에 법인 등에 대해서 거꾸로 저작권자로서 저작권을 주장할 수 있는 점이다. 둘째로, 법인 등에서 컴퓨터프로그램저작물을 경영 전략상 영업비밀로 하는 경우가 있는데, 업무상저작물이라는 이유로 공표를 한 경우에 컴퓨터프로그램저작물을 공개하여야 한다는 점이다. 공개를 하는 경우, 제3자 또는 경쟁사업자가 영업비밀에 해당되는 내용을 알게 되어 영업비밀이라는 또 다른 법률적으로 보호받는 가치를 잃어버릴 가능성이 있기 때문이다.[94]

(7) 계약 또는 근무규칙 등에 다른 정함이 없을 것

계약 또는 근무규칙에 다른 정함이 없어야 한다는 내용은 업무상저작물이 저작물 작성시에 존재하여야 한다. 계약 또는 근무규칙에는 단체협약, 취업규칙 또는 저작물 취급규칙 등이 포함된다. 계약 또는 근무규칙 등에 업무종사자에게 유리하게 규정하는 것, 즉 창작자주의를 관철하는 것은 기본적으로 근로자에게 유리한 내용이기 때문에 사용자가 일방적으로 규정하는 것도 가능하다. 또 다른 면으로는 업무종사자의 개인적 인격을 우선시하기 때문에 이는 허용된다.[95]

이러한 계약, 근무규칙은 업무상저작물이 작성할 때에 존재하여야 한다. 법인 등이 저작권을 취득한 후에 근무규칙 등이 변경되어 업무종사자에게 저작권이 이전되면, 법적 안정성이 해치게 되고, 법률관계에서도 불안해지기 때문이다. 다만, 법인으로부터 업무종사자에게 저작권 양도의 효과는 있다.[96]

계약 또는 근무규칙 등에 따라 따로 정하면 업무상저작물의 저작권을 달리 귀속하도록 하는 입법 태도에 대해서 비판적으로 보는 견해가 있다. 즉 업무상저작물에 관한 저작권 귀속 규정을 강행규정으로 보아 임의로 당사자의 의사에 따라 법률효과가 변동되어서는 안 된다는 견해[97]이다.

4) 효과

(1) 법인 등이 저작권 원시취득

업무상저작물의 성립요건을 모두 갖추면 업무상 저작물에 관한 저작재산권과 저작인격권을 법인 등이 원시적으로 취득한다. 업무종사자에게 저작권이 귀속되지 않는다. 미공표저작물도 제9조의 요건을 충족하면 법인 등이 공표여부를 결정할 권리를 가진다. 우리나라 저작권제도에 있어서 특징 중의 하나가 업무상저작물에 대해서 법인 등이 원시적으로 저작권을 취득하는 것이고, 특히 저작인격권도 원시적으로 취득한다는 점이다. 저작인격권이라는 본질에 비추어 보면 저작인격권은 창작행위를 한 자연인에게 최초에 귀속되어야 하는 것인데, 우리나라 저작권제도는 법인 등에게 저작인격권도 원시적으로 귀속되도록 하고 있다.

(2) 보호기간

업무상저작물의 보호기간과 관련하여 「저작권법」 제41조에는 업무상저작물의 저작재산권은 공표한 때부터 50년간 존속하도록 하고 있고, 다만, 창작한 때부터 50년 이내에 공표되지 아니한 경우에는 창작한 때부터 50년간 존속한다. 제41조가 말하는 업무상저작물은 제2조 제31호에서 말하는 업무상저작물인가 아니면 제9조에서 말하는 저작물인가 하는 문제가 있지만 두 조문을 종합하여 해석하여야 한다. 업무상저작물의 저작인격권은 법인 등이 소멸이나 해산시까지 존속한다. 그리고 저작재산권이 공표일로부터 50년이 지난 경우에는 저작인격권도 함께 소멸한다고 해석하여야 한다.

4. 데이터베이스제작자의 권리

인공지능이 법률적 영역에서 특히 창작법의 영역에서 관심의 대상이 되게 된 이후에 인공지능이 제작해 낸 성과물의 보호방안에 관한 방법 중에서 관심이 가는 유사한 분야가 데이터베이스제작자의 권리보호 방안이다. 본 장에서는 우리나라 저작권법에 규정되어 있는 데이터베이스제작자에 관한 법리를 살펴보면서 인공지능이 창작한 성과물에 관한 규범을 형성할 때에 이러한 법리가 인공지능과 관련된 법규범의 영역에 스며들 수 있는 소지가 있는지 살펴보는 단서를 찾아보고자 한다.

1) 데이터베이스의 의의

「저작권법」 제2조 제19호에는 데이터베이스에 대한 정의를 내리고 있다. 데이터베이스는 소재를 체계적으로 배열 또는 구성한 편집물로서 개별적으로 그 소재에 접근하거나 그 소재를 검색할 수 있도록 한 것을 말한다. 저작권법에서 데이터베이스와 구별되어야 하는 개념으로서 편집물과 편집저작물이라는 개념이다.

「저작권법」 제2조 17호에서는 "편집물"은 저작물이나 부호·문자·음·영상 그 밖의 형태의 자료(이하 "소재"라 한다)의 집합물을 말하며, 데이터베이스를 포함한다고 규정하고 있고, 제18

호에서는 "편집저작물"은 편집물로서 그 소재의 선택·배열 또는 구성에 창작성이 있는 것을 말한다고 하고 있으며, 제19호에서는 "데이터베이스"는 소재를 체계적으로 배열 또는 구성한 편집물로서 개별적으로 그 소재에 접근하거나 그 소재를 검색할 수 있도록 한 것을 말한다고 규정하고 있기 때문에 데이터베이스와 편집물과 편집저작물은 구별되어야 한다. 데이터베이스는 편집저작물과 유사하기는 하나 그 특징이 컴퓨터에 의한 검색에 있기 때문이다. 데이터베이스는 체계적 구성이 있기는 하나 관념적이고 추상적이며, 배열보다 축적이 중요하다.

데이터베이스는 편집물의 일종이기는 하지만, 소재를 체계적으로 배열 또는 구성한 편집물로서 개별적으로 그 소재에 접근하거나 그 소재를 검색할 수 있도록 한 것을 말하기 때문에 양자를 구별하여야 한다.

법조문에서 규정하고 있는 바와 같이 데이터베이스의 특징은 「저작권법」의 큰 원칙인 창작성을 요건으로 하지 않는다는 점이다. 데이터베이스를 제작하는데 소재를 체계적으로 분류하여 배열하고 구성하면 되는 것이지 여기에 창작성을 필요로 하는 것은 아니고, 다만 데이테베이스의 제작에 노동력과 자본, 시간 등이 필요한 것이다.

그런데 데이터베이스가 창작성도 충족시킨다면 편집저작물로서 보호를 받고, 또한 데이터베이스제작자의 권리보호 조항에 따라 중첩적으로 보호를 받을 수 있다. 이 경우, 편집저작물 침해에 따른 저작권침해와 데이터베이스제작자의 권리침해문제는 별개의 소송물이 된다.[98]

데이터베이스와 이를 구현하는 컴퓨터프로그램과는 구별된

다. 데이터베이스 자체와 데이터베이스라고 하는 편집물을 구체적으로 구현시켜 주는 컴퓨터프로그램과는 구별하여야 한다. 따라서 데이터베이스를 구현하는 컴퓨터프로그램은 데이터베이스 보호범위에서 제외된다.

그리고 유럽연합의 데이터베이스보호지침[DIRECTIVE 96/9/EC OF THE EUROPEAN PARLIAMENT AND OF THE COUNCIL of 11 March 1996 on the legal protection of databases]의 입법이유 (17)에서는 데이터베이스를 다음과 같이 정의하고 있다.

> (17) '데이터베이스'란 용어는 문학, 미술, 음악 또는 기타 저작물의 수집물이나 텍스트, 음향, 영상, 숫자, 사실 및 자료와 같은 기타 소재의 수집물을 포함하는 것으로 이해되어야 한다: 데이터베이스는 체계적이거나 조직적으로 배열되고 개별적으로 접근할 수 있는 독립된 저작물, 자료 또는 기타 소재의 수집물을 포괄하여야 한다; 이것은 녹음물이나 시청각, 영화, 어문 또는 음악 저작물이 그 자체로는 이 지침의 범위에 속하지 아니한다는 것을 의미한다.[100]

2) 데이터베이스 성립요건

데이터베이스로서 성립하기 위해서는 다음과 같은 요건이 충족되어야 한다.[99]

아래에서는 우리나라 「저작권법」에서 규정하고 있는 것을 중심으로 하여 데이터베이스 개념에 대한 분설을 하고자 한다.

(1) 편집물

「저작권법」 제2조 제17호에서는 편집물은 저작물이나 부호·문자·음·영상 그 밖의 형태의 자료(이하 "소재"라 한다)의 집합물을 말하며, 데이터베이스를 포함한다고 규정하고 있다. 소재는 반드시 저작물일 필요는 없고, 저작물이 아닌 소재의 집합도 편집물에 해당된다.

(2) 소재를 체계적으로 배열 또는 구성

앞서 언급한 대로 소재를 단순히 집합해 놓은 것은 데이터베이스에 해당되지 않는다. 이러한 소재를 체계적으로 배열 또는 구성한 것이어야 한다. 체계성과 창작성은 다른 개념이다. 다른 사람이 사용하는 배열방법과 구성방법을 모방하여 사용하여도 창작성 침해에 해당되지 않는다. 예를 들어 사람이름을 '가'부터 시작하는 것으로 하여 배열하고 구성하는 것이다.

(3) 개별적으로 그 소재에 접근 또는 검색 가능성

데이터베이스는 소재에 접근하거나 검색할 수 있어야 한다. 소재에의 접근가능성과 검색가능성이 데이터베이스의 핵심이라고 말할 수 있다. 현대 사회에서는 대부분 컴퓨터를 통한 전자적 방법으로 검색하는 것을 전제로 하지만 반드시 전자적 방법으로 접근가능하여야만 하는 것은 아니다. 이러한 점은 유럽연합의 데이터베이스보호지침의 입법이유(14)에도 나와 있다. 이 지침에 따른 데이터베이스보호는 비전자적인 데이터베이스도 보호하여야 한다(Whereas protection under this Directive should be extended to cover non-electronic databases).

3) 보호받는 데이터베이스

(1) 인적 범위

우리나라 「저작권법」에는 우선 데이터베이스 보호와 관련된 인적 범위에 관하여 제91조에서 규정하고 있다.

> "제91조(보호받는 데이터베이스) ① 다음 각 호의 어느 하나에 해당하는 자의 데이터베이스는 이 법에 따른 보호를 받는다.
> 1. 대한민국 국민
> 2. 데이터베이스의 보호와 관련하여 대한민국이 가입 또는 체결한 조약에 따라 보호되는 외국인
>
> ② 제1항의 규정에 따라 보호되는 외국인의 데이터베이스라도 그 외국에서 대한민국 국민의 데이터베이스를 보호하지 아니하는 경우에는 그에 상응하게 조약 및 이 법에 따른 보호를 제한할 수 있다."

국적을 연결점으로 하여 대한민국 국민이 제작한 데이터베이스, 대한민국이 가입 또는 체결한 조약에 따라 보호받는 외국인이 제작한 데이터베이스는 우리나라 저작권법에 따른 보호대상이 된다. 국적이 연결점이기 때문에 우리나라에 항상 거주하고 있는 외국인이라고 하더라도 데이터베이스의 보호와 관련하여 대한민국이 가입 또는 체결한 조약에 따라 보호받을 수 없는 외국인인 경우에는 우리나라의 「저작권법」에 따라 보호받지 못한다.

이러한 태도는 일반적인 저작권 보호와 다른 점이다. 우리나라에서 외국인에 대한 저작권 보호에 관해서는 「저작권법」 제3조에서 규정하고 있다. 원칙은 우리나라가 가입 또는 체결한 조약에 따라 외국인 저작물은 보호된다(제3조 제1항). 그리고 대한

민국 내에 상시 거주하는 외국인(무국적자 및 대한민국 내에 주된 사무소가 있는 외국법인을 포함한다)의 저작물과 맨 처음 대한민국 내에서 공표된 외국인의 저작물(외국에서 공표된 날로부터 30일 이내에 대한민국 내에서 공표된 저작물을 포함한다)은 이 법에 따라 보호된다(제3조 제2항). 즉, 상시 우리나라에서 거주하고 있는 외국인인 경우에는 우리나라 저작권법에 따라 보호를 받도록 하고 있다. 그런데 데이터베이스의 경우에는 이러한 규정을 두고 있지 않기 때문에 보호를 받을 수 없다.

그리고 제91조 제2항은 국제법상의 상호주의(the principle of reciprocity)를 규정하고 있다. 우리나라가 가입 또는 체결한 조약에 따라 보호를 받는 외국인이라고 하더라도 그 외국인의 국가가 우리나라 국민의 데이터베이스를 보호하지 아니하는 경우에는 이에 상응하게 조약 및 우리나라 저작권법에 따른 보호를 제한할 수 있다.

(2) 물적 범위

우리나라 「저작권법」에서 다음 각 호의 어느 하나에 해당하는 데이터베이스에 대하여는 데이터베이스의 보호규정을 적용하지 아니한다(제92조).

1. 데이터베이스의 제작·갱신 등 또는 운영에 이용되는 컴퓨터프로그램
2. 무선 또는 유선통신을 기술적으로 가능하게 하기 위하여 제작되거나 갱신 등이 되는 데이터베이스

데이터베이스를 운용, 제작하는 프로그램은 데이터베이스가 아니고 컴퓨터프로그램이므로 컴퓨터프로그램저작물에 따라 보호를 받게 된다. 이러한 입법은 이미 유럽연합의 지침에도 규정하고 있다.

그리고 두 번째 무선 또는 유선통신을 기술적으로 가능하게 하기 위하여 제작되거나 갱신 등이 되는 보호대상에서 배제된다. 여기서 데이터베이스는 유무선 통신을 할 수 있게 하기 위한 인터넷주소와 전자우편 주소 등 필수적인 정보로 구성된 데이터베이스를 의미한다고 해석된다.[101]

4) 데이터베이스제작자

우리나라 「저작권법」 제2조 제20호에 따르면 "데이터베이스제작자"는 데이터베이스의 제작 또는 그 소재의 갱신·검증 또는 보충(이하 "갱신 등"이라 한다)에 인적 또는 물적으로 상당한 투자를 한 자를 말한다고 규정하고 있다. 데이터베이스제작자(maker of database) 개념 중에서 중요한 것은 데이터베이스의 제작과 상당한 투자이다. 왜냐하면 데이터베이스제작자의 권리를 저작권으로 보호하는 것이 아니라 저작인접권과 유사하게 보호하기 때문이다. 우리나라 저작권법의 체계에 비추어 보더라도 이런 점을 짐작할 수 있다. 저작인접권이 규정된 제3장 다음에 데이터베이스제작자의 보호라는 표제로 제4장에서 규정하고 있다.

데이터베이스제작자를 창작자를 보호하는 저작권으로서는 아니고 저작물 등을 이용하여 노력, 투자 등을 하는 자를 보호하는 저작인접권자로서 보호하고자 하는 것이다. 따라서 제작과 투자라는 개념이 데이터베이스제작자 개념에서 중요하다.

(1) 제작

제작은 소재의 배열과 구성을 체계적으로 하여 이용자가 접근하거나 접근할 수 있도록 하거나, 검색 또는 검색을 할 수 있도록 하는 것을 의미한다. 예를 들면 신문에 게재되어 있는 뉴스기사를 주제에 따라 체계적으로 구성하고 이를 검색할 수 있도록 하는 것이다.

그리고 데이터베이스 구성의 소재를 제작 또는 생산하는 것과 데이테베이스 제작과는 별개의 개념으로서 구별해야 한다.[102]

(2) 상당한 투자

앞서 언급한 대로 데이터베이스제작자는 창작자로서 보호받는 것이 아니라 노동력을 투하하거나 자본을 투자한 사람에게 자신의 노력에 대한 대가나 투자한 자본에 대해서 회수할 수 있는 기회를 부여하는 형태로 보호를 받고 있다. 이는 저작인접권과 비슷한 형태로 보호받고 있다는 의미이다. 따라서 상당한 투자가 보호받기 위한 전제이기도 하다. 여기서 상당한 의미가 불명확하기도 하지만 다음과 같은 기준이 제시되기도 한다. 그 기준은 첫째, 데이터베이스를 구성하기 위하여 지출된 비용, 둘째, 데이터베이스 형태, 예를 들면 수집된 소재의 양, 웹사이트 디자인, 디지털형태로의 전환 여부 등, 셋째, 소재 또는 정보의 가치 등을 종합적으로 개별적으로 심사하고 판단하여 상당성 여부를 판단하여야 한다.[103] 이러한 점들을 볼 때, 앞서 언급한 대로 인공지능이 저작권법의 영역에 들어올 때에 가장 유사한 보호형태를 가지는 것이 데이터베이스제작자의 권리라고 말할 수 있다.

5) 데이터베이스제작자의 권리

(1) 입법 배경

현대 사회에 있어서 데이터베이스의 중요성은 아무리 강조해도 지나치지 않다. 정보의 저장과 유통, 이를 통한 새로운 정보의 생산 등 사회적 유용성이 높다. 그리고 이러한 정보는 경제적 가치를 가지고 있다.

데이터베이스를 형성하고 제작하는 데 비용과 시간, 노력이 들어간다. 그리고 데이터베이스가 하나의 문화산업 또는 경쟁력 있는 산업의 하나이기도 하다. 따라서 데이터베이스를 보호하여야 할 필요가 있고, 데이터베이스를 제작하는 제작자의 권리를 법적으로 보장할 필요가 있다.

이러한 관점에서 데이터베이스제작자의 권리를 저작권법에서 규정하게 되었다. 데이터베이스 제작자의 권리를 독자적인 권리(sui generis)로 보호하는 것은 세계적인 경향이 되었다. 대표적인 예로서는 유럽연합의 데이터베이스지침(Directive 96/9/EC of the European Parliament and of the Council of 11 March 1996 on the legal protection of databases; RICHTLINIE 96/9/EG DES EUROPÄISCHEN PARLAMENTS UND DES RATES vom 11 . März 1996 über den rechtlichen Schutz von Datenbanke)을 들 수 있다.

(2) 권리의 성격

데이터베이스제작자 권리는 저작인접권과 유사한 권리로서 독자적인 권리라고 말할 수 있다. 저작인접권이 문화적 산물이면, 데이터베이스제작자 권리는 문화산업적 산물이라고 할 수 있다.[104]

우리나라의 고등법원에서도 이와 유사한 성격의 판결을 내리고 있다.

> 원고 물가정보지는 2007년 3월부터 2007년 12월까지 발행한 잡지에 19만 5,000개에서 20여 만 개의 물품의 시중단가를 체계적으로 배열하여 수록함으로써 이용자가 원고 물가정보지로부터 개별 소재인 가격정보를 일정한 기준에 따라 검색할 수 있도록 하였으므로. 원고 물가정보지는 데이터베이스에 해당하고, 나아가 원고는 매달 조사대상인 물품을 선정한 후 직원으로 하여금 해당 물품 공급업체를 방문·설문하는 등으로 가격정보를 조사하게 하는 방식으로 자료를 모아 왔고, 이와 같이 수집된 정보를 여러 기준에 따라 분류하여 수록함으로써 원고 물가정보지의 제작 또는 그 소재의 갱신·검증 또는 보충에 인적 또는 물적으로 상당한 투자를 하였으므로, 원고는 원고 물가정보지에 대한 데이터베이스제작자에 해당한다.
>
> 따라서 원고는 타인에 대하여 원고 물가정보지의 전부 또는 상당한 부분을 복제·배포하지 말 것을 청구할 수 있다고 할 것인데, 피고는 2007년 3월·6월·9월·12월에 원고 물가정보지에서 원고의 홈페이지에서 검색순위가 1위부터 100위 사이에 이르는 가격정보로서 원고 물가정보지에서 질적으로 상당한 정도의 분량을 차지하는 가운데 분기별로 7,361개 상당의 물가정보를 추출하여 피고 프로그램에 연동할 수 있는 피고 데이터파일로 만들어 이를 피고의 유료회원들에게 배포하였으므로, 피고는 원고의 데이터베이스제작자로서의 권리를

침해하였다. 비록 원고 물가정보지에 수록된 가격정보가 사실에 관한 정보라고 해도 원고가 원고 물가정보지의 제작 또는 그 소재의 갱신·검증 또는 보충에 인적 또는 물적으로 상당한 투자를 한 이상에는 그에 따른 데이터베이스제작자로서의 권리를 보호해 주어야 한다는 점에 이론이 있을 수 없고, 원고 물가정보지에 담긴 가격정보가 국가나 지방자치단체에 의해 조사되어 공표되는 자료도 아닌 이상, 이를 두고 저작권법 제7조제2호에서 정한 고시, 공고, 훈령, 그 밖의 이와 유사한 것에 해당한다고 할 수도 없다.

피고는 단순히 원고 물가정보지의 개별 소재를 사용한 것에 불과하여 데이터베이스의 상당한 부분을 복제한 것이라고 할 수 없다고도 주장하나, 앞에서 본 바와 같이 피고가 원고의 홈페이지에서 검색순위가 1위부터 100위 사이에 이르는 중요한 가격정보만을 추출해 피고 데이터파일을 만든 이상, 이를 두고 단순히 원고 물가정보지의 개별 소재를 사용한 것에 불과하다고 할 수 없을 뿐만 아니라, 인정 사실에 따르면, 원고의 수익은 물가정보지 판매수익과 물가정보지에 게재되는 광고수익으로 구성되어 있고, 기업이 공사내역서에 물가정보의 정확한 근거를 밝히기 위해서는 물가정보가 수록된 물가정보지의 발행 호수와 쪽수를 기입해야 하기 때문에 그 기입을 위해서는 해당 물가정보지를 구입할 수밖에 없는데, 이러한 점은 저작권법 제93조제2항단서에서 정한 바와 같이, 데이터베이스의 개별 소재 또는 그 상당한 부분에 이르지 못하는 부분의 복제 등이라 하더라도 반복적이거나 특정한 목적을 위하여 체계적으로 함으로써 당해 데이터베이스의 통상적인 이용과 충돌하거나 데이터베이스제작자의 이익을 부당하게 해치는 경우에 해당한다고 볼 수 있으므로, 이러한 관점에서 보더라도 피고는 원고 물가정보지의 상당한 부분을 복제한 것으로 볼 수밖에 없다.

이에 따른 판결의 결과에 따라 사단법인 한국물가정보[105]에서는 다음과 같은 행위를 금지시키고 있다.

월간 '종합물가정보'에 게재된 가격정보는 저작권법에 의하여 보호받는 데이터베이스로서(저작권법 제2조 제20호), (사)한국물가정보의 동의 없이 다음 각 호와 같이 이루어지는 무단 사용에 대하여는 손해배상뿐만 아니라, 5년 이하의 징역 또는 5천만 원 이하의 벌금이 병과될 수 있으니(저작권법 제136조 제2항 제3호), 업무에 참조하시기 바랍니다.

① '종합물가정보'의 자재단가를 건설소프트웨어(건설공사 원가계산 프로그램)에 연동할 수 있는 데이터파일로 만들어 회원에게 배포하는 행위
② 온라인 또는 오프라인(CD제작)에서 '종합물가정보'의 자재단가를 회원에게 검색, 열람할 수 있게 하는 행위
③ 웹사이트상의 '종합물가정보' 또는 '종합물가정보' 책을 캡처·복사하여 온·오프라인에서 공유하는 행위
④ 기타 '종합물가정보'의 자재단가를 무단 사용하여 직·간접적으로 (사)한국물가정보의 업무를 방해하는 행위

최근에 대법원[106]은 광고 등을 통해서 우리가 흔히 볼 수 있는 야놀자모텔과 관련된 사안에서 다음과 같이 판시하고 있어서 흥미로운 점이 있다.

[사실관계]
숙박업체 예약 서비스를 제공하는 A 회사 직원들인 피고인들이 2016. 6. 1.경부터 2016. 10. 3.경까지 크롤링 프로그램을 이용하여 정

보를 호출하는 명령구문을 서버에 입력하는 방식으로 경쟁회사인 B 회사(이하 '피해자 회사')에서 운영하는 모바일 어플리케이션을 위한 API(Application Programming Interface) 서버(이하 '이 사건 서버')에 접근하여, 피해자 회사의 데이터베이스에서 숙박업소 목록 등 정보를 복제하고 대량 정보 호출을 발생시킨 사안이다.

이에 대해서 검찰이 숙박업체 예약 서비스를 제공하는 회사 직원인 피고인들이 경쟁회사에서 운영하는 모바일 어플리케이션용 서버에 크롤링 프로그램으로 접속하여 제휴 숙박업소 목록 등 정보를 무단으로 복제한 행위가 정보통신망이용촉진및정보보호등에관한법률위반(정보통신망침해등)죄, 저작권법위반죄, 컴퓨터등장애업무방해죄를 구성한다고 기소된 사안에서, 검사의 상고를 기각하여, 피고인들에게 공소사실 전부에 대하여 무죄를 선고하여 원심판결을 확정한 사안이다.

[저작권법위반의 점에 대한 판시 내용]

저작권법위반죄의 성립 여부

가. 데이터베이스제작자는 그의 데이터베이스의 전부 또는 상당한 부분을 복제·배포·방송 또는 전송(이하 '복제 등'이라고 한다)할 권리를 가지고(저작권법 제93조 제1항), 데이터베이스의 개별 소재는 데이터베이스의 상당한 부분으로 간주되지 않지만, 개별 소재의 복제 등이라 하더라도 반복적이거나 특정한 목적을 위하여 체계적으로 함으로써 해당 데이터베이스의 통상적인 이용과 충돌하거나 데이터베이스 제작자의 이익을 부당하게 해치는 경우에는 해당 데이터베이스의 상당한 부분의 복제 등으로 본다(저작권법 제93조 제2항). 이는 지식정보사회의 진전으로 데이터베이스에 대한 수요가 급증함에 따라 창작성의 유무를 구분하지 않고 데이터베이스를 제작하거나 그 갱신·검증 또는 보충을 위하여 상당한 투자를 한 자에 대하여는 일정기간 해당 데이터베이스의 복제 등 권리를 부여하면서도, 그로 인해 정보공유를

저해하여 정보화 사회에 역행하고 경쟁을 오히려 제한하게 되는 부정적 측면을 방지하기 위하여 단순히 데이터베이스의 개별 소재의 복제 등이나 상당한 부분에 이르지 못한 부분의 복제 등만으로는 데이터베이스제작자의 권리가 침해되지 않는다고 규정한 것이다.

데이터베이스제작자의 권리가 침해되었다고 하기 위해서는 데이터베이스제작자의 허락 없이 데이터베이스의 전부 또는 상당한 부분의 복제 등이 되어야 하는데, 여기서 상당한 부분의 복제 등에 해당하는지를 판단할 때는 양적인 측면만이 아니라 질적인 측면도 함께 고려하여야 한다. 양적으로 상당한 부분인지 여부는 복제 등이 된 부분을 전체 데이터베이스의 규모와 비교하여 판단하여야 하며, 질적으로 상당한 부분인지 여부는 복제 등이 된 부분에 포함되어 있는 개별 소재 자체의 가치나 그 개별 소재의 생산에 들어간 투자가 아니라 데이터베이스제작자가 그 복제 등이 된 부분의 제작 또는 그 소재의 갱신·검증 또는 보충에 인적 또는 물적으로 상당한 투자를 하였는지를 기준으로 제반사정에 비추어 판단하여야 한다. 또한 앞서 본 규정의 취지에 비추어 보면, 데이터베이스의 개별 소재 또는 상당한 부분에 이르지 못하는 부분의 반복적이거나 특정한 목적을 위한 체계적 복제 등에 의한 데이터베이스제작자의 권리 침해는 데이터베이스의 개별 소재 또는 상당하지 않은 부분에 대한 반복적이고 체계적인 복제 등으로 결국 상당한 부분의 복제 등을 한 것과 같은 결과를 발생하게 한 경우에 한하여 인정함이 타당하다.

나. 원심은 다음과 같은 사정을 들어 이 사건 공소사실 중 데이터베이스제작자의 복제권 침해로 인한 저작권법위반의 점을 무죄로 판단하였다. ① 피고인 A 등이 피해자 회사의 API 서버로부터 수집한 정보들은 피해자 회사의 숙박업소 관련 데이터베이스의 일부에 해당한다. ② 위 정보들은 이미 상당히 알려진 정보로서 그 수집에 상당한 비용이나 노력이 들었을 것으로 보이지 않거나 이미 공개되어 있어 이 사건 앱을 통해서도 확보할 수 있었던 것이고, 데이터베이스의 갱신 등

에 관한 자료가 없다. ③ 이러한 피고인 A 등의 데이터베이스 복제가 피해자 회사의 해당 데이터베이스의 통상적인 이용과 충돌하거나 피해자의 이익을 부당하게 해치는 경우에 해당한다고 보기 어렵다.

다. 원심판결 이유를 앞서 본 법리와 기록에 비추어 살펴보면, 원심의 판단에 논리와 경험의 법칙을 위반하여 자유심증주의의 한계를 벗어나거나 데이터베이스제작자의 권리 침해로 인한 저작권법위반죄의 성립에 관한 법리를 오해하여 판결에 영향을 미친 잘못이 없다.

(3) 권리내용

데이터베이스제작자는 데이터베이스의 전부 또는 상당한 부분을 복제·배포·방송 또는 전송할 권리를 가진다(저작권법 제93조 제1항). 저작재산권 중에서 복제와 배포, 방송, 전송을 할 권리만 가지고, 공연이나 전시 등은 그 대상이 아니다.

이해의 편의를 위하여 각 권리의 내용에 대해서 간략히 언급하고자 한다.

복제권은 우리나라 저작권법 제16조에 규정되어 있는 내용 그대로이다. 복제의 의미는 인쇄·사진촬영·복사·녹음·녹화 그 밖의 방법으로 일시적 또는 영구적으로 유형물에 고정하거나 다시 제작하는 것을 말하며, 건축물의 경우에는 그 건축을 위한 모형 또는 설계도서에 따라 이를 시공하는 것을 포함한다(저작권법 제2조 제16호). 배포권은 저작권법 제20조에 규정되어 있는 내용이다. 제20조에서 저작자는 저작물의 원본이나 그 복제물을 배포할 권리를 가진다. 다만 저작물의 원본이나 그 복제물이 해당 저작재산권자의 허락을 받아 판매 등의 방법으로 거래에 제공된 경우에는 그러하지 아니하다고 규정하고 있다.

그리고 배포의 의미는 저작물 등의 원본 또는 그 복제물을 공중에게 대가를 받거나 받지 아니하고 양도 또는 대여하는 것을 말한다(제2조 제23호). 여기서 유의하여야 할 것은 배포권의 대상은 원본 또는 복제물이라는 점이다. 배포권은 저작물을 전달하는 이용방법 중에서 '유형적 형태의 이용'에 관한 것으로서 '무형적 형태의 이용'을 규율하는 공중송신권과 구별된다.

우리나라의 판결[107]에서도 이러한 점을 의식하고 있다.

> 저작권법상 '배포'라 함은 '저작물의 원작품 또는 그 복제물을 일반공중에게 대가를 받거나 받지 아니하고 양도 또는 대여하는 것'을 뜻하는바, 음악청취 사이트에서 이용자들이 선택한 곡에 해당하는 컴퓨터압축파일을 스트리밍 방식에 의하여 이용자의 컴퓨터에 전송하고 실시간으로 재생되도록 하는 것이 저작물의 원작품이나 그 복제물을 일반공중에게 양도 또는 대여하는 것에 해당한다고 볼 수 없다.

배포권은 저작물의 원본이나 그 복제물을 양도나 대여가 있을 때마다 행사되는 것이므로 일일이 저작권자의 허락을 얻어야 하는 번거로움이 발생할 수 있어, 저작권자의 배포권은 저작물 등의 원본이나 그 복제물이 처음 판매되거나 그 밖에 소유권이 이전된 후 소진된다는 권리소진원칙이 확립되었다. 우리나라 저작권법 제20조 단서에서, 다만 저작물의 원본이나 그 복제물이 해당 저작재산권자의 허락을 받아 판매 등의 방법으로 거래에 제공된 경우에는 그러하지 아니하다고 하여 배포권을 제한하고 있다.

여기서 우리는 데이터베이스는 원본 또는 복제물에 해당되는가 하는 점이다. 데이터베이스는 소재를 체계적으로 배열 또는 구성한 편집물 자체이므로 전자적 형태로 되어 있는 것은 배포권의 대상이 되기에는 다소 무리가 있다. 특히 현대 사회에서는 인터넷을 통한 접근을 전제로 하는 것이 많기 때문이다. 그렇지만 전자적 형태가 아닌 아나로그 형식으로 되어 있는 편집물도 많이 있다. 예를 들면 아나로그 형식으로 되어 있는 전화번호부, 백과사전, 주소록과 같은 경우에는 배포권의 대상이 되고 또한 권리소진원칙의 적용대상이 된다고 보아야 한다.

방송권은 방송을 할 수 있는 권리이고, 공중송신권의 한 내용이다. 방송의 의미는 공중송신 중 공중이 동시에 수신하게 할 목적으로 음·영상 또는 음과 영상 등을 송신하는 것을 말한다(저작권법 제2조 제8호). 방송의 큰 특징 중의 하나는 수신의 동시성이다. 이 점에서 뒤에서 언급하는 전송과 다른 점이다.

우리나라의 판결[108]에서도 이러한 점을 지적하고 있다.

> "개별적인 이용자들이 서로 다른 시간에 동일한 내용의 음악청취 서비스를 이용할 수 있음을 특징으로 하는 음악청취 사이트의 음악청취 서비스는 설령 다수의 이용자가 같은 시간에 동일한 내용의 음악청취 서비스를 받을 가능성이 있다 하더라도 그 이유만으로 저작권법 제2조 제8호의 동시성의 요건을 충족하지는 못하여 방송에 해당한다고 볼 수 없다{구 저작권법(2000. 1. 12. 법률 제6134호로 개정되기 전의 것)은 방송의 개념에 동시성의 요소를 포함시키지 않고 있었는데 저작권법 제2조 제9호의2에 방송과 구별되는 전송의 개념이 새로 규정되면서 방송과 전송을 구별하기 위하여 방송의 개념에 동시성의 요소를 새롭게 포함시켰다}."

그리고 전송은 공중송신 중 공중의 구성원이 개별적으로 선택한 시간과 장소에서 접근할 수 있도록 저작물 등을 이용에 제공하는 것을 말하며, 그에 따라 이루어지는 송신을 포함한다(저작권법 제2조 제10호). 전송의 개념을 분설하면 다음과 같다.

첫 번째 전송 개념의 성립요소는 수신의 이시성(異時性)이다. 앞서 언급한 방송과 디지털음성송신과 다른 요소이다. 저작권법에서 '공중의 구성원이 개별적으로 선택한 시간과 장소에서'라는 의미는 수신의 이시성을 의미한다. VOD(Video on Demand)와 같이 이용자가 자신이 선택한 시간에 처음부터 듣거나 볼 수 있는 서비스를 제공하는 경우에는 방송이 아니라 저작권법상으로는 전송으로 보아야 한다. 이런 의미에서 인터넷에 게시된 내용물 등은 전송에 해당된다.[109] 그리고 전송과 공연은 구분되어야 한다. 저작권법 제17조에는 저작자는 그의 저작물을 공연할 권리를 가진다고 규정하고 있고, 제2조 제3호에서는 공연의 의미를 저작물 또는 실연·음반·방송을 상연·연주·가창·구연·낭독·상영·재생 그 밖의 방법으로 공중에게 공개하는 것을 말하며, 동일인의 점유에 속하는 연결된 장소 안에서 이루어지는 송신(전송을 제외한다)을 포함한다는 것으로 정의하고 있다. 즉, 공연에는 전송을 제외하고 있다.

공연의 개념에 대해서는 대법원[110]은 다음과 같이 정의하고 노래방에도 이를 적용하고 있다.

> 공연의 개념은 저작물을 상연·연주·가창·연술·상영 그 밖의 방법으로 일반 공중에게 공개하는 것을 말하며, 공연·방송·실연의 녹음물을 재생하여 일반 공중에게 공개하는 것을 포함하는 것인바, 여기서

일반 공중에게 공개한다 함은 불특정인 누구에게나 요금을 내는 정도 외에 다른 제한 없이 공개된 장소 또는 통상적인 가족 및 친지의 범위를 넘는 다수인이 모여 있는 장소에서 저작물을 공개하거나, 반드시 같은 시간에 같은 장소에 모여 있지 않더라도 위와 같은 불특정 또는 다수인에게 전자장치 등을 이용하여 저작물을 전파, 통신함으로써 공개하는 것을 의미한다. 따라서 노래방의 구분된 각 방실이 4~5인 가량의 고객을 수용할 수 있는 소규모에 불과하다고 하더라도, 일반 고객 누구나 요금만 내면 제한 없이 이를 이용할 수 있는 공개된 장소인 노래방에서 고객들로 하여금 노래방 기기에 녹음 또는 녹화된 음악저작물을 재생하는 방식으로 저작물을 이용하게 한 이상, 일반 공중에게 저작물을 공개하여 공연한 행위에 해당된다.

그리고 수신의 이시성이 있는 경우에는 쌍방향의 성격을 가지고 있다고 하더라도 전송에 해당되고, 수신의 동시성이 있는 경우에는 디지털음성송신 또는 공중송신에 해당된다.

전송의 두 번째 개념 성립요소는 이용제공이다. 이용제공이란 공중이 이용하는 것이 가능하도록 하는 것을 말한다. 따라서 인터넷에 게재해 놓은 것, 즉 업로드해 놓은 상태도 이미 전송이 이루어진 것이다. 그리고 제3자가 이를 다운로드하는 것은 전형적인 전송에 해당된다. 따라서 수신자의 접속이 없어도 송신자가 일방적으로 신문기사 등을 팩스로 보내주는 클리핑서비스는 전송에 해당되지 않는다.[111]

그리고 전송의 세 번째 개념 성립요소는 공중이라는 개념이다. 공중이라는 개념은 저작권법 제2조 제32호에서 불특정 다수인을 말하며, 불특정 다수인에는 특정 다수인을 포함한다고 규정하고 있다. 따라서 개인에게 메일을 보내거나 가족 간의 연락은 전송에 해당되지 않는다. 그리고 자동적으로든 수동적으로든 반복적으로 다수의 사람에게 발송된다면 이는 공중의 개념을 충족시킨다. 그리고 불특정 다수인이라는 개념도 특정 고객이 모여진 불특정한 여러 사람이라는 종합된 개념이라고 보아야 하고, 그 특정의 수가 많다면 특정 다수인이라고 보아야 한다.

전송은 반드시 인터넷을 통해서 이루어져야 하는 것은 아니다. 디지털송신을 통해서 공중이 선택한 시간과 장소에서 볼 수 있다면 전송에 해당된다. 따라서 휴대폰 등을 통해서 수신의 이시성이 충족된다면 이는 전송에 해당된다. Podcast나 mobile streamminng 같은 서비스도 수신의 이시성이 있다면 전송에 해당된다.

(4) 개별 소재

우리나라 저작권법이 데이터베이스제작자의 권리를 보호하면서 데이터베이스를 구성하는 개별 소재와의 관계에 대해서 규정을 하고 있다. 제93조 제2항에서는,

> "데이터베이스의 개별 소재는 제1항에 따른 해당 데이터베이스의 상당한 부분으로 간주되지 아니한다. 다만 데이터베이스의 개별 소재 또는 그 상당한 부분에 이르지 못하는 부분의 복제 등이라 하더라도 반복적이거나 특정한 목적을 위하여 체계적으로 함으로써 해당 데이터베이스의 통상적인 이용과 충돌하거나 데이터베이스제작자의 이익을 부당하게 해치는 경우에는 해당 데이터베이스의 상당한 부분의 복제 등으로 본다."

라고 규정하고, 제3항과 제4항에는,

> "③ 이 장에 따른 보호는 데이터베이스의 구성부분이 되는 소재의 저작권 그 밖에 이 법에 따라 보호되는 권리에 영향을 미치지 아니한다.
> ④ 이 장에 따른 보호는 데이터베이스의 구성부분이 되는 소재 그 자체에는 미치지 아니한다."

라고 규정하고 있다. 이 조문들을 종합하여 보면, 우선 데이터베이스의 개별 소재는 데이터베이스제작자의 권리 범위에 포함되지 않는다는 것이 원칙이라는 것을 알 수 있다. 그런데 제93조 제2항의 단서에 개별 소재에 대한 침해 가능성이 발생할 가능성을 열어둠으로써 개별 소재의 이용이 데이터베이스제작자의 권리를 침해할 수 있다. 그리고 데이터베이스가 편집저작물로서의 구성요건을 충족하고 있다면 편집저작물로서 보호를 받고, 또한 소재가 데이터베이스제작자의 권리로서 보호를 받으면 이중적인 보호를 받게 된다.

그런데 앞서 언급한 대로 데이터베이스제작자의 권리를 보호하는 취지는 창작성이 있기 때문에 보호하는 것이 아니라 데이터베이스의 형성을 위한 투자를 한 것과 노력과 시간을 부가한 것에 대해서 성과를 회수할 수 있도록 보호하는 것이므로 데이터베이스의 소재를 수집, 구성, 배열, 검증, 편집 등에 노력과 투자를 하였다면 보호의 범위에 속한다고 보아야 한다.[112]

제2항에서 규정하고 있다시피 데이터베이스의 개별 소재 또는 그 상당한 부분에 이르지 못하는 부분의 복제 등이라 하더라도 반복적이거나 특정한 목적을 위하여 체계적으로 해당 데이

터베이스의 통상적인 이용과 충돌하거나 데이터베이스제작자의 이익을 부당하게 해치는 경우에는 해당 데이터베이스의 상당한 부분의 복제 등으로 본다. 법조문에 규정되어 있는 '통상적인 이용의 충돌'의 의미는 3단계테스트론(Three-Step Test)에서 나온 것이다. 3단계테스트는 저작권과 관련된 최근의 여러 국제조약에서 저작권의 제한과 예외를 지나치게 확대하는 것을 경계하기 위한 일종의 기준을 제시하는 이론이다. 이 기준을 통해서 저작권자의 정당한 이익을 부당하게 침해하지 않도록 하는 장치를 마련하는 것이다. 저작권 제도의 목적인 저작권자의 보호와 함께 문화소비자의 공정한 이용을 보장하기 위한 제도적 장치가 잘 작동할 수 있도록 도입된 것이다. 3단계테스트론의 이러한 취지를 적절하게 도입한 조항이 우리나라 저작권법 제35조의5 제1항이다.

> "제23조부터 제35조의4까지, 제101조의3부터 제101조의5까지의 경우 외에 저작물의 통상적인 이용 방법과 충돌하지 아니하고 저작자의 정당한 이익을 부당하게 해치지 아니하는 경우에는 저작물을 이용할 수 있다."

3단계테스트론의 성립요건은 일반적으로 다음과 같다.

첫째, 타인의 저작물 이용이 특별한 경우(certain special cases)이어야 한다. 둘째, 저작물의 통상적인 이용방법(normal exploitation)과 충돌하지 않아야 한다. 셋째, 저작자의 정당한 이익을 부당하게 침해하지 않아야 한다.

데이터베이스제작자의 복제권 침해와 관련하여 통상의 이용방법과 충돌하지 않아야 하는 것도 3단계테스트론의 의미와 동일하다. 여기서 말하는 통상의 이용방법은 이용하는 저작물이 가지고 있는 성격에 비추어 보아 일반적으로 이용되는 시장을 말한다. 예를 들어 교과서가 아니라 교과서를 이해하도록 돕는 보조교재인 경우 학교 교육이라는 목적을 위해서라도 허용이 되지 않는다는 것이다.[113] 통상적인 방법으로 이용되는 시장의 의미를 너무 넓혀서 해석하게 되면 공정이용의 가능성을 없애기 때문에 시장의 범위를 입법의 목적에 맞추어 합리적으로 해석하여야 한다.

그리고 데이터베이스제작자의 정당한 이익을 부당하게 해치지 아니하여야 한다. 이 요건은 앞선 3단계테스트론 중에서 두 번째 요건을 충족시킨다고 하더라도, 즉 데이터베이스의 통상적인 이용방법과 충돌하지 않는 특별한 경우라고 하더라도 데이터베이스제작자의 정당한 이익을 부당하게 해치지 않아야 한다는 것이다. 여기서 데이터베이스제작자의 정당한 이익이란 반드시 경제적 이익만을 의미하지는 않는다.

6) 데이터베이스 소재와 저작권

데이터베이스제작자를 보호하고자 하더라도 데이터베이스 구성을 이루는 개별 소재에 대한 저작권과 저작권법에 따라 보호를 받는 권리에는 영향을 미치지 않는다(저작권법 제93조 제3항). 이러한 점은 편집저작물에 대한 저작권보호와 동일한 입법 태도를 취하고 있다.

7) 데이터베이스제작자의 권리 제한

우리나라「저작권법」제94조에는 데이터베이스제작자의 권리를 제한하는 사유를 규정하고 있다. 저작재산권 제한 규정인 제23조, 제28조부터 제34조까지, 제35조의2, 제35조의4, 제35조의5, 제36조 및 제37조를 준용한다고 하면서 데이터베이스제작자 권리의 목적이 되는 데이터베이스의 이용을 허용하고 있다. 그리고 영리를 목적으로 하지 않는 교육·학술 또는 연구를 위하여 이용하는 경우와 시사보도를 위한 경우에는 누구든지 데이터베이스의 전부 또는 그 상당한 부분을 복제·배포·방송 또는 전송할 수 있다. 그렇지만 해당 데이터베이스의 통상적인 이용에 저촉되는 경우에는 데이터베이스제작자의 권리를 침해하게 된다. 따라서 교육·학술 또는 연구를 위한 경우, 데이터베이스를 유상으로 이용하도록 되어 있는 경우 함부로 복제하거나 전송하는 것은 통상적인 이용에 저촉된다고 말할 수 있다.

그리고 저작재산권의 법정허락에 관한 제50조와 제51조의 규정은 데이터베이스의 이용에 관하여 준용된다(저작권법 제97조).

8) 데이터베이스제작자 권리의 양도·행사 등

데이터베이스제작자 권리의 양도·행사 등과 관련한 데이터베이스의 거래제공에 관하여는 제20조 단서를, 데이터베이스제작자 권리의 양도에 관하여는 제45조제1항을, 데이터베이스의 이용허락에 관하여는 제46조를, 데이터베이스제작자의 권리를 목적으로 하는 질권의 행사에 관하여는 제47조를, 공동데이터베이스의 데이터베이스제작자의 권리행사에 관하여는 제48조를, 데이터베이스제작자 권리의 소멸에 관하여는 제49조를, 데이터베이스의 배타적발행권의 설정 등에 관하여는 제57조부터 제62조까지의 규정을 각각 준용한다고 제96조에서 규정하고 있다. 여기서 제20조 단서는 배포권의 소진, 즉 권리소진원칙에 관한 규정이다. 권리소진과 관련해서는 앞에서 간략히 필자의 의견을 제시하였다.

그리고 데이터베이스제작자의 권리 및 데이터베이스제작자 권리의 배타적발행권 등록, 변경등록 등에 관하여는 제53조부터 제55조까지 및 제55조의2부터 제55조의5까지의 규정을 준용한다. 이 경우 제55조, 제55조의2 및 제55조의3 중 "저작권등록부"는 "데이터베이스제작자권리등록부"로 본다(제98조).

데이터베이스제작자의 권리는 신탁관리업의 관리 대상에 포함되며(제2조 제26호), 또한 중개업의 대상이 되기도 한다(제2조, 제27조).

9) 데이터베이스제작자 권리의 보호기간

우리나라 저작권법에 따르면 데이터베이스제작자의 권리는 데이터베이스의 제작을 완료한 때부터 발생하며, 그 다음해부터 기산하여 5년간 존속한다(제95조 제1항). 데이터베이스제작자 권리의 발생은 제작이 완료된 때부터지만 보호기간은 연 단위로 기산하기 때문에 제작이 완료된 다음해부터 시작된다.

그런데 유럽연합 데이터베이스보호지침 제10조 제1항에서 "제7조에 규정된 권리는 데이터베이스의 제작이 완료된 날부터 발생한다. 이 권리는 완성일 다음해부터 15년 되는 해의 말까지 존속한다."라고 규정하고 있다. 이에 비하여 우리나라는 5년이라는 비교적 단기간의 보호기간을 설정하고 있다. 이에 대해서 비판적 견해[114]도 물론 존재하고 있다.

유럽연합의 데이터베이스보호지침 (53)에는 데이터베이스의 제작을 완료한 날에 대한 입증책임은 데이터베이스제작자에게 있다고 규정하고 있다.

그리고 데이터베이스의 갱신 등을 위하여 인적 또는 물적으로 상당한 투자가 이루어진 경우에 해당 부분에 대한 데이터베이스제작자의 권리는 그 갱신 등을 한 때부터 발생하며, 그 다음 해부터 기산하여 5년간 존속한다. '갱신 등을 위하여'라는 의미에 소재의 구성이나 배열을 새롭게 하는 것이 포함되겠지만, 무엇보다 중요한 기준은 인적 또는 물적으로 상당한 투자가 이루어지는 것이 중요하다. 즉, 인적이나 물적으로 상당한 투자가 이루어지면 갱신 등이 이루어졌다고 판단된다. 그리고 유럽연합의 데이터베이스보호지침 입법이유 (54)에는 데이터베이스 내용에 대한 상당한 변경이 새로운 투자로 간주된다는 결론을 내리기 위한 근거가 있다는 것을 입증할 책임은 데이터베이스의 제작자에게 있다고 규정하고 있다.

10) 기술적 보호조치

우리나라 「저작권법」에는 기술적 보호조치에 관하여 규정하고 있다. 접근통제조치와 이용통제조치를 모두 기술적 보호조치의 대상으로 규정하고 있다. 「저작권법」 제2조 제28호에서,

가. 저작권, 그 밖에 이 법에 따라 보호되는 권리의 행사와 관련하여 이 법에 따라 보호되는 저작물 등에 대한 접근을 효과적으로 방지하거나 억제하기 위하여 그 권리자나 권리자의 동의를 받은 자가 적용하는 기술적 조치

나. 저작권, 그 밖에 이 법에 따라 보호되는 권리에 대한 침해 행위를 효과적으로 방지하거나 억제하기 위하여 그 권리자나 권리자의 동의를 받은 자가 적용하는 기술적 조치

라고 그 유형을 정의하고 있는데 가목은 접근통제조치에 관한 내용이고, 나목은 이용통제조치에 관한 내용이다. 그런데 기술적 보호조치에는 데이터베이스제작자의 권리를 보호하기 위한 기술도 포함된다. 가목과 나목의 '이 법에 따라 보호되는 권리'에는 문언상으로도 데이터베이스제작자 권리가 포함되어 있다.

11) 저작형법

데이터베이스제작자의 권리를 복제·배포·방송 또는 전송의 방법으로 침해한 자는 3년 이하의 징역 또는 3천만 원 이하의 벌금에 처하거나 이를 병과할 수 있다(저작권법 제136조 제2항 제3호). 제136조 제1항 제1호에서 저작재산권, 그 밖에 이 법에 따라 보호되는 재산적 권리(제93조에 따른 권리는 제외한다)를 복제, 공연, 공중송신, 전시, 배포, 대여, 2차적저작물 작성의 방법으로 침해한 자에 대해서는 5년 이하의 징역 또는 5천만 원 이하의 벌금에 처하거나 이를 병과(倂科)할 수 있다고 규정하고 있음에 반하여 데이터베이스제작자 권리 침해에 대해서는 법정형이

낮게 책정되어 있다. 그리고 법조문에서 제93조에서 보호되는 권리는 제외한다고 되어 있어서 데이터베이스제작자의 권리 침해에 대한 형사법적인 조치는 따로 규정하고 있다.

저작권침해와 관련해서 원칙적으로 친고죄에 해당되나 데이터베이스제작자의 권리를 영리를 목적으로 또는 상습적으로 침해한 경우에는 친고죄에 해당되지 않는다(제140조 제1호).

법인의 대표자나 법인 또는 개인의 대리인·사용인 그 밖의 종업원이 그 법인 또는 개인의 업무에 관하여 이 장의 죄를 범한 때에는 행위자를 벌하는 외에 그 법인 또는 개인에 대하여도 각 해당 조의 벌금형을 과한다. 다만 법인 또는 개인이 그 위반행위를 방지하기 위하여 해당 업무에 관하여 상당한 주의와 감독을 게을리하지 아니한 경우에는 그러하지 아니하다(제141조).

5. 인공지능과 법인

1) 사회적 기능

우리가 앞서 살펴본 바와 같이, 우리 사회에 존재하는 법인은 사회적으로 주요한 기능을 실현하고 있고, "법인은 현실적이고 실제적이다."라고 말할 수 있다. 법인은 마치 법규범 내에 존재하는 일종의 권리주체이고, 경제주체이고, 과세주체이고, 소송의 주체가 된다. 이는 자연인과 다를 바가 없다. 오히려 어떤 면에서는 법인이 우리 사회에서, 더 크게는 세계적으로 경제 주체라고 말할 수 있다.

자연인이 아닌 법인을 법률의 세계에서는 하나의 인간으로, 즉 인격체로, 권리와 의무의 주체가 되는 존재로 인정해주고 있다. 이러한 의제는 사회의 필요성 또는 사회적 가치가 있기 때문에 인정되고 이에 대한 저항감은 없다고 말할 수 있다.

법인은 추상적, 가공적, 조작적인 사회적 존재이어서 도대체 육안으로 볼 수가 없다. 그럼에도 불구하고 사회에서 충분히 법률행위, 즉 거래행위도 하고, 소송의 당사자가 되기도 하고, 법인제도를 통해서 어떠한 불법행위도 저지르기도 한다. 이러한 관념적으로도 인정되는 법인제도가 우리 사회에서 충분히 그 역할을 수행하고 있다.

이러한 관점을 인공지능에 투영해 보면 어떠한 결과가 도출될 수 있을까? 인공지능 역시 하나의 시스템 또는 컴퓨터프로그램저작물에 지나지 않을 수도 있지만, 그 수행하는 기능은 마치 인간이 하는 계산보다 더 빠르고 인간이 수행하는 거래행위나 노동행위를 그대로 수행한다. 그리고 인공지능에다 인간의 외관과 유사한 로봇을 입힌다면 인간의 오감으로 인공지능이 하는 동작이나 사회적 작용을 느낄 수 있다. 마치 법인을 생래적으로 인간인 자연인이 법률적으로 만들어 낸 것처럼, 인공지능 로봇이나 인공지능이 행하는 것에 대해서 인간이 이를 인정하면 되는 것은 아닐까 하는 생각이 든다. 다른 말로 표현하면 법인이나 인공지능이나 자연인인 인간에게는 동일한 사회적 기능을 수행하고, 특히 인간의 삶과 구체적인 생활에 현실적으로 많은 도움을 주고 있다. 법인이나 인공지능은 법제도에 의한 도움이 아니라 구체적이고 현실적인 삶과 생활에 도움과 보조적인 역할을 수행하고 있다. 최근에 광고에 등장하는 독거노인의 생활을 관리하거나 말동무가 되어주는 인공지능 반려로봇의 역할은 비록 미숙한 점이 있다고 하더라도 경탄과 함께 미소가 나오게 하고 있다. 오히려 추상적·가공적·관념적 존재인 법인은 인간의 육감으로 느낄 수 없는 존재이지만, 인공지능 로봇은 인간이 직접적으로 느끼고 실감할 수 있다는 점에서 법인을 인정하는 것에 비하여 더 쉽게, 더 필요성을 느끼면서 인간 규범의 세계에 등장할 수도 있다는 생각이 들 수 있다. 다만 인간을 대체할 수 있다는 점에서, 특히 노동시장에 인공지능의 등장에 대해서는 많은 사람들이 일자리와 관련하여 우려를 나타내고 있다.

법인은 인간의 필요성과 활용 용도에 의하여 창안해 낸 제도적 인간임에 비하여, 인공지능은 기술 발전에 따라 자연스럽게 생성된 하나의 기계류 또는 장치에 불과하지만, 이 기계류 또는 장치 또는 시스템이 인간의 구체적인 행위와 비슷한 행위를 행하거나 또는 동일한 행위를 하거나, 어떤 면에서 더 효율성 있는 행위를 하기 때문에 인간의 삶에 오히려 위협이 될 수 있다고 하는 점에서 법인과는 다른 성격을 가지고 있다.

2) 권리주체성

법인에 대해서는 권리주체성을 부정하는 견해는 사실상 찾아볼 수 없다. 심지어는 법률이 예정하지 않은 권리능력 없는 법인, 즉 법인격 없는 법인도 권리능력, 행위능력, 소송능력을 판례로도 인정하고 있고, 심지어는 법조문에도 몇 가지를 규정하고 있음을 앞서 살펴보았다.

그런데 인공지능이 인간의 행위와 유사한 행위를 하고, 마치 인간이 행한 것과 동일한 행위를 함에도 불구하고, 아직은 인공지능에게 권리주체성을 인정하는 것에 대해서 인색하다. 인색한 것이 아니라 저항감이 크다고 말할 수 있다. 특히 인공지능이 탁월한 능력을 보이고 있는 저작물, 특허발명과 같은 창작의 영역에서는 많은 논의가 이루어지고 있지만, 인공지능에게 창작의 주체로 인정하는 것에 대해서 많은 거부감이 있는 것은 사실이다. 이러한 경향은 쉽게 이해할 수 있다. 인간 지능과 유사하다고 판단되는 원숭이나 오랑무탕인 생명체에도 권리능력을 인정하지 않는데, 어떻게 기계류 또는 어떠한 시스템에 지나지 않는 인공지능 또는 인공지능 로봇에게 권리주체성을 인정할 수 있는가 하는 점이다. 그리고 인공지능이나 인공지능 로봇에게 권리주체성을 인정하는 것은 법규범에서의 패러다임의 변화라고 감히 말할 수 있다. 지금까지 규범의 세계에서, 특히 법규범에서 인간 이외의 존재가 권리주체로 인정되지 않았기 때문이다.

그리고 인공지능을 권리주체로 인정한다면, 법규범이 예정하고 있는 수많은 제도들에도 영향을 미치고 개정작업이 일어나야 할 것으로 보이고, 새로운 제도가 창설되어야 할 것이다. 예를 들어 인공지능이 그린 미술작품이 판매가 되었을 경우에 이 그림에 대한 권리를 인공지능에게 귀속시켰을 경우, 판매대금을 어떻게 처리하고 이에 대한 과세를 인공지능에게 할 것인지 하는 것들이다. 이러한 점에 대해서 새로운 제도를 창설하여야 할 것이고, 현실적으로 해결되어야 할 제도적, 법률적 문제가 산적할 수 있다. 그리고 이 모든 것이 인간의 법감정에 부합하여야 한다. 즉 이러한 제도적 설계에 대해서 어느 정도 사회적 합의나 수긍이 있어야 한다.

그리고 데이터베이스제작자의 권리는 인공지능과 관련하여, 인공지능이 우리 법규범에 수용된다면 제도적 시사점을 제공하고 있다고 판단되어 간략히 소개하였다. 보호기간이라든지 그 법적 성격이 저작인접권과 유사하여 인공지능의 창작물과 관련해서는 현행 제도 중에서는 가장 적합한 제도라고 생각되기 때문이다.

인공지능의 권리주체성과 관련하여서는 법학자, 윤리학자, 공학자, 신학자, 교육학자들이 모여서 함께 논의할 주제 중의 하나라고 생각된다.

제 4 장

양벌규정

1. 의의

형사법에는 양벌규정이 존재한다. 양벌규정은 기본적으로 법인을 처벌하기 위한 규정이다. 우리 형법체계상 법인은 행위능력도 없고 책임능력도 없다. 그럼에도 불구하고 법인을 처벌하고자 하는 것이다. 그런데 법인을 처벌하는 근거는 법인에 소속된 자연인인 대표이사를 포함한 관리임원과 종업원 등의 행위와 함께 법인에게 귀속되어야 할 책임이기 때문이다. 양벌규정의 특징은 법인과 함께 이 규정의 수범자인 자연인인 개인(영업주)은 법인과는 달리 자연인이다. 양벌규정은 자연인 개인이 아닌 단체로서의 법인을 예외적 처벌하기 위한 근거를 제공하면서 자연인 개인에 대한 형벌부과요건과 다른 형벌부과요건을 규정하고 있다. 법인에 대해 형벌을 부과하기 위한 요건으로 자연인의 위반행위를 전제로 하고 있을 뿐만 아니라 위반행위를 한 자연인의 법인

내 지위에 따라 형벌이 가중될 수 있다. 주로 과거에는 탈세를 법인 등에 소속된 종업원 등이 많이 하였으나 탈세에 따른 수익은 법인이 가지게 되기 때문에 법인도 같이 처벌할 필요가 있었다. 한마디로 법인도 처벌하여야 할 필요성에 대해서 부인하는 견해는 소수라고 말할 수 있다.

양벌규정을 논의할 때에 형법의 기본원칙인 책임주의와의 조화를 어떻게 이룰 것인가가 문제였다.

2. 인공지능에의 대입 가능성

인공지능도 현행 기술의 수준에서도 충분히 불법행위가 존재한다. 특히 형사법 규정을 위반하는 행위를 하기도 한다. 언론이나 방송에 소개된 내용을 보면 인종차별적이거나 여성차별적인 표현 또는 욕설을 하는 경우처럼 언어적 표현으로 하는 명예훼손 등의 행위이다. 그리고 인공지능 로봇이 인간과 섹스를 하는 경우에는 사회적 법익에 관한 것이다.

인공지능의 불법행위는 인공지능이 욕설을 학습하거나 히틀러를 찬양하는 내용 등의 반사회적 표현을 학습을 통해서 익히고 이를 자연인 인간이나 법인 등에게 사용하는 경우이다. 이러한 인공지능을 퇴출한 사례가 있다. 이에 맞추어 욕설적 표현이나 부적절한 표현을 걸러내는 딥러닝이 개발되기도 한다.

이렇게 인공지능이 불법적 행위를 한 경우에 인공지능을 처벌한다는 것은 사실상 불가능하고 처벌이라는 용어를 사용하기에도 민망한 점이 있다. 그렇다면 이렇게 불법적인 행위를 하도록 알고리즘을 짜고, 학습을 시키고, 실행을 할 수 있도록 한 인간에게 형사적 책임을 부담시키는 것이다. 이렇게 할 수 있도록 논리적 기반을 마련해 주는 것이 양벌규정이 아닌가 한다.

문제는 인간을 법인에 대입하고 인공지능을 법인의 종업원에 비유하여 인공지능의 행위와 함께 인간에게 책임을 부담시킬 수 있을까 하는 점이다. 물론 이러한 논리를 구성할 때에도 인간에게 책임을 부담시킬 수 있을까 하는 형사법의 책임주의 원칙을 고수할 필요가 있고, 이에 대한 깊이 있는 논의를 하여 위헌문제와 함께 부당한 처벌이 이루어지지 않도록 주의하여야 한다.

제 5 장

동물의 법적 지위와 권리

1. 동물의 지위

기존의 법학적인 평가에 의하여 사람은 권리주체이고 사람의 이외의 것은 물건으로서 권리객체라는 관념이 입법에도 반영되어 있다. 따라서 동물도, 특히 반려동물도 하나의 권리객체로서 물건에 지나지 않았다. 역사적으로 보면 동물은 개인의 주요한 사유재산의 한 대상이었다. 동물을 팔기도 하고, 사기도 하고, 어떤 용도로 사용한 후에 죽여서 식용의 대상이 되기도 한다. 그리고 사냥의 대상이기도 하였다. 사냥의 대상이었다는 의미는 동물은 인간이 향유하는 오락의 대상으로서 살아서 움직이는 유희의 대상이었다는 것이다. 그리고 동물이 제공하는 가죽을 가지고 옷으로 해 입기도 하였고, 현대 사회에 와서는 패션의 대상이 되기도 한다.[115]

그리고 역사적으로나 현대 사회에서나 동물은 인간의 숭배

대상이 되기도 하였다. 사람들은 동물을 형상화하여 자신의 복을 기원하거나 어떠한 불길한 것으로부터 자신을 보호할 수 있다고 믿어온 것이다.

또한 동물은 어린이 동화에 자주 등장해서 인간에게 교훈을 주거나, 의인화(擬人化, anthropomorphization)되어 인간과 교감하는 존재로도 묘사된다. 인간을 돕는 모습으로 나타나기도 하고, 인간을 위협하는 존재로 등장하기도 한다. 인간이 문학의 소재로나 신화의 소재, 교훈의 소재로 동물을 인간과 같은 존재로 여기는 경향도 있다.

이러한 인간의 모순된 동물에 대한 모습이 있기는 하지만, 인간에게 동물은 재산의 한 유형, 소유의 대상, 오락의 대상, 음식의 한 유형 등으로 인간의 삶을 위해서 활용되는 것에 관심을 가지고 있는 것에는 틀림이 없다.

동물학대를 반대하는 사회적 여론 형성과 시민의 동물 지위에 대한 의식 변화에 따라 많은 인식 변화가 있는 것도 사실이지만 아직도 동물에 대한 법적 대우에 관해서는 많은 논란이 있다.[116] 동물이 인간으로부터 학대를 받으면 동물보호법위반과 함께 재물손괴죄를 함께 논의하는 것도 동물을 물건으로 본다는 중요한 근거 중의 하나이다.

그러나 최근에는 동물에 대한 최근의 시각 변화가 감지된다. 특히 반려동물에 대한 법적 평가를 물건으로 보지 않겠다는 비물건화를 추진하고 있다.[117] 반려동물에 대한 강제집행을 금지하는 민법 및 민사집행법 개정을 추진한다고도 한다. 반려라는 의미 속에는 가족 또는 같이 지내는 것이라는 의미가 있기 때문에 앞서 동물을 오락의 대상으로 삼는 것과는 거리가 있다.

이러한 인식의 변화가 있다고 하더라도 반려동물에 한정되는 것이고, 그 외의 동물들은 주로 산업상 이용의 대상, 즉 물건이라고 말할 수 있다.[118] 이와 관련된 법률로서는 「가축전염병 예방법」, 「생명연구자원의 확보관리 및 활용에 관한 법률」, 「생물다양성보존 및 이용에 관한 법률」 등[119]이 있다. 다른 한편으로는 보호의 대상이 되는 동물들과 이와 관련된 법률들도 있다. 예를 들면 「양식산업발전법」, 「수산자원관리법 및 수산생물질병관리법」에도 적용된다. 이외에 「한국진도개 보호·육성법」 등[120]이 있다. 그런데 동물보호와 관련하여 가장 직접적인 것은 아무래도 「동물보호법」이라고 말할 수 있다.

2. 동물보호법의 내용

「동물보호법」에는 동물보호와 관련된 원칙을 제시하고 있다. 동물보호의 기본원칙(제3조), 국가·지방자치단체의 책무(제4조), 동물복지위원회(제5조), 동물학대[121] 등의 금지(제8조), 동물의 도살방법(제10조), 동물실험(제23조부터 제28조까지) 등 동물보호와 관련된 기본적인 원칙들을 밝히고 있다. 「동물보호법」 제1조에서,

> 제1조(목적) 이 법은 동물에 대한 학대행위의 방지 등 동물을 적정하게 보호·관리하기 위하여 필요한 사항을 규정함으로써 동물의 생명보호, 안전 보장 및 복지 증진을 꾀하고, 건전하고 책임 있는 사육문화를 조성하여, 동물의 생명 존중 등 국민의 정서를 기르고 사람과 동물의 조화로운 공존에 이바지함을 목적으로 한다.

라고 규정하고 있는데, 특히 제3문의 "동물의 생명 존중"이라는 문구와 사람과 "동물의 조화로운 공존"이라는 문구가 눈에 띈다. 동물도 인간과 동일한 생명을 가진 생명체로서 존중을 받아야 한다는 점과 동물과 인간은 사회적 존재로서 공존하여야 하는데 인간이 동물을 이용만 한다든지 하는 등의 일방적 관계가 아니고 조화로운 관계여야 한다는 점을 「동물보호법」의 목적 조항에서 밝히고 있는 점은 인공지능의 법규범에의 수용 가능성을 논의할 때에 어느 정도의 시사점과 방향성을 제시하는 것이다.

3. 동물에게 권리를 부여할 것인가?

앞서 설명한 바와 같이 동물에 대한 인식은 변화하고 있다. 우리나라에서도 복날에 먹던 '보신탕'이라는 이름의 음식에 대한 거부감과 특정 동물을 마치 축제날의 제사음식처럼 먹어치우는 행위에 대한 인식의 변화도 빠르게 일어나고 있다. 그리고 여러 가지로 동물에 대한 인식 변화가 세계적으로 생기고 있다. 이러한 점을 인간해방운동의 역사에 비추어 설명하기도 한다. 즉 어린이, 여성, 노예해방과 같은 인간 권리의 신장 역사에서 논의가 이루어져 왔던 것처럼 동물에 대한 권리 문제도 이와 동일한 형태로 이루어질 것이라고 생각하는 견해도 있다.[122]

동물에 대한 권리를 설정할 수 있는 근거에 대해서는 인류학자, 윤리학자, 법학자 등이 여러 가지를 제시하고 있다. 동물보호에 대한 세계 각국의 사례도 많이 나타나고 있다. 동물에게 권리를 부여할 수 있다는 근거를 몇 가지 예를 들어 보기로 한다.

우선 종차별주의에 대한 비판이다. 종차별주의 또는 종우월주의(Speciesism)를 근거로 인간과 동물을 차별하면 안된다는 견해를 제시한다. 종우월주의는 인간은 동물보다 우월하기 때문에 또는 다르기 때문에 동물을 학대하거나 객체로 이용하여도 된다는 의미이다.

네이버 사전[123]에서도 Speciesism을 "종 차별[편견](동물 학대를 조장하는, 인간이 만물의 영장이라는 믿음)"이라고 번역하고 있고, 영영사전[124]에서도 "모든 다른 동물은 열등하고 따라서 인간의 유익을 위하여 동물에게 가해지는 고통을 고려할 필요가 없다는 인간의 믿음(a belief of humans that all other species of animals are inferior and may therefore be used for human benefit without regard to the suffering inflicted)이라고 해설하고 있다.

이러한 종우월주의는 인간이 동물을 학대하거나 동물은 이 지구상에 존재하더라도 인간과 다른 것이라는 것, 자연의 일부가 아니라는 생각에 기반을 두고 있는 것이다.

인간은 동물과 달리 유한한 존재가 아니라는 생각 또는 인간도 다른 동물과 같이 태어나고 살다가 죽어야 하는 존재임에도 동물과 다르다고 생각을 하고 있다. 따라서 자연파괴, 동물서식지의 파괴, 소비증가에 따른 자원의 불필요한 낭비, 기후 변화 등이 모두 인간에 의해서 자행된 것이다. 동물의 관점에서 바라보면 동물 다양성의 상실은 인간의 오만함 또는 인간의 자연에 대한 무지에서 비롯된 것이다.[125] 이러한 종차별주의에 대한 반대 의견은 우리에게도 잘 알려진 윤리학자인 피터 싱어(Peter Singer)가 대표적으로 주장하고 있다. 피터 싱어는 동물도 고통, 즐거움 등의 지각능력이 있기 때문에 인간에게 주어지는 배려와 동등한 배려를 받아야 한다고 주장한다. 동물에게 동등한 배려를 하지 않는 것은 인종차별주의자(racism)나 성차별주의자(sexism)가 행하는 차별과 동일하다고 생각한다.[126] 그러나 한 가지 유의할 점은 동물에게 동등한 배려를 하는 것과 동물에게 권리를 부여하는 것은 동일한 개념은 아니라는 점이다. 인간이 동물과의 관계에서 살아 있는 생명체에게 가장 큰 유익함을 행한다는 차원에서 동물의 권리를 인식하여야 한다는 점을 피터 싱어는 강조하고 있다.[127]

피터 싱어의 이론보다 더 진전된 이론을 주장하는 사람도 있다. 예를 들면 철학자이자 동물권리이론 전문가인 톰 리건(Tom Regan)은 동물도 인간처럼 '삶의 주체'이기 때문에 인간에게 이성능력을 가지고 있는지 여부와 관계없이 존엄성을 부여하고 싶어한다면, 인간이 아닌 존재에게도 그렇게 하여야 한다고 주장한다.[128]

동물도 인간처럼 인지할 수 있는 능력이 있으며, 도덕적 판단의 기초인 공감 능력이 있기 때문에 인간과 동물을 차별하여서는 안 된다고 주장하기도 한다.[129]

그리고 인권선언과 같이 동물권리선언(The Animal Manifesto)을 주장하는 이[130]도 있다. 동물이 인간과 교감할 수 있다면, 그리고 동물이 인간에게 말하고 싶은 것이 있다면 다음과 같은 것이라고 상상한다.

1. 모든 동물은 지구를 공유하며 우리는 더불어 살아야 한다.
2. 동물은 생각하고 느낀다.
3. 동물은 온정을 느끼며 또한 온정을 받을 자격이 있다.

4. 교감은 배려로, 단절은 무시로 이어진다.

5. 세상은 동물들에게 온정적이지 않다.

6. 온정적인 행동은 모든 살아 있는 존재와 세상에 도움을 준다.

저자의 책 이름이기도 한 동물권리선언은 마치 인권선언처럼 거대한 담론이나 인간의 역사적 경험으로부터 나오는 역사적 과제처럼 느끼게 하지는 않지만, 미소가 나오게 하고, 공존과 온정, 공유라는 용어로 동물과 지구에서 함께 거주하는 것을 인식하게 해준다. 이 선언은 주로 인간이 동물을 바라보아야 할 태도와 관련이 많아 보인다. 저자[131]는 이러한 내용을 지극히 상식적인 것이라고 표현한다.

그리고 동물에게 권리를 부여하는 것을 법규범의 측면에서 바라보는 입장도 있다. 인간 사회에 국가에 관한 사회계약론을 모든 동물에게 확대하여야 한다는 의견이다. 이러한 생각의 이면에는 이타주의를 기반으로 하거나 도덕적 성찰을 할 때에 다른 존재를 의식하여야 한다는 점을 근거로 들기도 한다.[132]

4. 동물과 윤리적 행위의무

1) 윤리적 행위의무 부과

동물은 인간 역사를 통해서 인간의 노동을 대신하거나 인간의 생존을 위한 양식으로 이해되어 온 것은 사실이다. 때로는 인간유희의 대상이기도 하였지만 점점 더 동물에 대한 인식변화가 있어 왔다. 인식의 변화에 따라 최근에는 동물권을 인정하자는 과격한 견해가 있기도 하지만, 동물을 더이상 학대하거나 인간과 연관성 없는 존재가 아니라 인간에게 유익하고 때로는 가족과도 같은 존재로 여기는 태도가 확산되고 있다. 우리나라에도 최근 반려동물의 숫자가 2000만 마리 이상이라는 통계를 본 적이 있다. 따라서 인간의 숫자만큼이나 많은 동물은 사회의 한 구성원으로서 인간이 동물을 존중하고 서로 공생하고자 하는 태도가 중요하다. 이런 점에서 동물을 대하는 윤리적 태도 또는 아끼는 태도가 중요하다. 우리나라에도 동물유기가 문제가 되면서 유기견 등을 비롯한 많은 유기동물을 보호하는 단체도 생기고 있다. 인간에게 동물을 존중하는 규범을 설정할 수는 없고 인간에게 동물을 학대하거나 유기하지 못하도록 하는 등의 특정한 행위를 하도록 하는 것이 중요하다. 앞서 소개한 동물보호법의 내용에는 인간에게 특정 행위를 하도록 하는 것이다.

2) 준법 명령 - 법률상 의무

동물보호법에서는 몇 가지 중요한 원칙을 제시하고 있다. 이를 통해서 동물에게 권리가 부여되는 것은 아닌가 하는 의문이 들지 모르지만 인간에게 특정한 행위를 하도록 하여서 동물이 혜택을 누린다고 하여 이를 동물권이라고 말할 수 없다. 법률적인 관점에서 이야기하면 이를 동물이 누릴 수 있는 반사적 이익이라고 할 수 있다. 이렇게 인간 행위를 제한하거나 또는 의무를 부과하는 것이 동물에게 유익한 것인가 하는 질문에는 동물에게도 유익하고, 인간에게도 유익하다고 말할 수 있다.

동물보호법에서 동물보호와 관련된 내용을 간략하게 소개하고자 한다. 제3조에서 동물보호원칙을 제시하고 있다.

제3조(동물보호의 기본원칙) 누구든지 동물을 사육·관리 또는 보호할 때에는 다음 각 호의 원칙을 준수하여야 한다.

1. 동물이 본래의 습성과 신체의 원형을 유지하면서 정상적으로 살 수 있도록 할 것
2. 동물이 갈증 및 굶주림을 겪거나 영양이 결핍되지 아니하도록 할 것
3. 동물이 정상적인 행동을 표현할 수 있고 불편함을 겪지 아니하도록 할 것
4. 동물이 고통·상해 및 질병으로부터 자유롭도록 할 것
5. 동물이 공포와 스트레스를 받지 아니하도록 할 것

이 내용을 요약하면 동물도 하나의 생명체로서 생존 자체를 위하여 본질적으로 누려야 할 내용을 규정하고 있다. 이 조문의 내용에서 동물을 '인간'으로 대체하여도 내용에 전혀 손색이 없고, 너무 당연한 말이 아니냐고 말할 수 있다. 즉, 동물을 인간과 같은 생명체로서 생존 그 자체를 존중하여야 한다는 원칙이라고 말할 수 있다.

법조문의 표제는 '동물보호의 기본원칙'이라고 되어 있지만, 어쩌면 동물과 인간의 공생을 위한 최소한의 교집합, 최소한의 원칙이라고 말할 수 있다. 이 법률에서도 인간이 주체가 되고 동물은 보호의 대상이라고 하는, 인간이 보호해주어야 한다는 생각을 전제로 하고 있다는 것을 알 수 있다.

이 외에도 동물의 적정한 사육과 관리(제7조), 동물학대 등의 금지(제8조), 동물의 운송방법(제9조), 반려동물의 전달방법(제

9조의2), 동물의 도살방법(제10조), 동물의 수술(제11조), 동물의 구조와 보호(제14조), 동물보호센터의 설치(제15조) 등에서 동물의 보호와 존중에 대한 규정을 두고 있다. 이 조문에 대한 구체적이고 개별적인 설명은 너무 많은 지면을 차지하게 되므로 생략하고자 한다. 이 조문들에 나타난 의미는 동물을 더 이상 법규범이나 윤리규범의 외부에 두지 않겠다는 것이고, 법규범의 범위 내로 들여와서 인간에게 특정 행위를 하게 함으로써 동물에게 권리는 아니지만 권리를 누리는 유사한 지위를 가지도록 하게 하는 것이다.

이 모든 조항의 수범자(受範者), 즉 행위의무자는 모두 자연인인 인간이거나 추상적 존재인 법인도 여기에 포함된다. 행위자에게 특정한 행위를 하도록 함으로써 동물의 복지와 행복감을 넓히려는 것이다.

5. 반려동물과 반려인공지능

최근 우리 사회를 비롯한 전 세계적으로 반려인공지능 또는 반려로봇이 등장하여 인간의 여가와 대화의 상대가 되고 있다. 반려인공지능 또는 반려로봇은 실제로 인간의 삶과 직결되어 있고 현실적 의미를 가진다. 이것들은 광고에서 등장하다시피 독거노인의 생활의 동반자가 되고 말동무가 되는 역할을 넘어서서 약을 복용하는 시간 등을 가르쳐 주는 간호하는 사람과 유사한 행동을 하고 있다. 또한 뒤에서 간략히 논의하겠지만 인공지능반려로봇이라고 하여야 할지는 모르겠지만 섹스로봇이 등장하여

산업화의 길을 가고 있다. 이에 대한 찬반논의가 불붙고 있다.

인공지능반려로봇은 비단 노령인구의 증가에 따른 돌봄을 하는 반려로봇을 생각하기 쉽지만, 어린 학생들을 상대로 하는 교육로봇에 관한 시장도 점점 더 커지고 있다. 인공지능을 통한 학습과 예능을 통해서 인간에게 즐거움을 선사하고 있고, 경우에 따라서는 감동도 주는 경우도 생기고 있다.

이러한 관점에서 본다면 반려동물과 반려인공지능은 인간을 반려하는 존재라는 점에서 사실상 차이가 없다고 말할 수 있다. 생명체인 반려동물과 어느 정도의 차이가 있다고 할지 몰라도 기계인 인공지능로봇도 인간의 감정을 어루만져 줄 수 있다.

6. 인공지능을 위한 인간행위 규제

위에서 동물과 관련된 내용을 종합하여 나온 이야기들을 인공지능에 대입하여 보아도 큰 오류는 발생하지 않는다. 우선 큰 차이점은 방향성이다. 반려동물과 반려인공지능로봇은 다르다고 생각될 수 있다. 「동물보호법」은 그 입법 취지가 기본적으로 동물을 보호하고자 하는 것이지만, 인공지능을 보호하자는 논의는 아직 제기조차 되지 않고 있다. 반려인공지능을 보호하자는 이야기는 먼 시간 이후의 논의 대상이 될 것이다.

현시점에서는 인공지능은 보호대상은 아니고, 활용의 대상이기는 하다. 하지만 인공지능이 앞서 언급한 바와 같이 인간의 삶에 반려하는 행위를 하는 제품으로서 활용된다면, 반려동물에 준하는 지위를 부여하거나, 반려인공지능의 알고리즘을 제작할 때에 인간의 삶에 영향을 미치고 함께한다는 인식을 가지도록 할 필요는 있다. 따라서 인공지능, 특히 반려인공지능의 알고리즘을 제조할 때에 동물보호법에 제시하고 있는 동물보호의 내용에 준하는 인간에게 도움이 되도록 한다는 점 등을 고려해볼 수 있다.

분명한 것은 인공지능반려로봇이 우리 삶에 다가와 있고, 마치 반려동물과 같은 수준의 역할을 할 날이 멀지 않았다는 점이다.

제 6 장

환경권

우리나라 헌법 제35조에 규정되어 있는 환경권은 1987년도 헌법 개정을 하면서 처음으로 규정된 것이다.

> 제35조 ① 모든 국민은 건강하고 쾌적한 환경에서 생활할 권리를 가지며, 국가와 국민은 환경보전을 위하여 노력하여야 한다.
> ② 환경권의 내용과 행사에 관하여는 법률로 정한다.
> ③ 국가는 주택개발정책등을 통하여 모든 국민이 쾌적한 주거생활을 할 수 있도록 노력하여야 한다.

그동안 환경권이라는 용어는 있었지만 환경권이 국가적 차원에서 시민의 권리가 될 수 있는지에 관해서는 여러 가지 논의가 있었다. 우리나라에서는 이것을 헌법에 규정하여 국가에게 책무를 부담시키고 있다고 말할 수 있다.

조문의 내용을 보면 단순히 자연환경, 인간의 생활환경이 주요한 내용처럼 보인다. “건강하고 쾌적한 환경에서 생활할 권리”라는 의미가 이러한 점을 더욱 강조하는 것처럼 보인다. 그리고 상대적인 의무로서는 국가와 국민에게 환경보전이라는 책무를 부담시키고 있다.

문제는 최소한 우리나라에서는 1987년까지 환경이 법률에서 어떠한 의미로 파악하여야 할지에 관하여 잘 알지 못하였다는 것이다. 그리고 환경이 규범의 대상이 되었다는 것이다. 환경이 규범의 대상이 되었다는 의미는 환경에 관한 인식의 변화가 있었고, 이를 서로 지키기 위해서는 사회적 합의가 있어야 하고, 이를 바탕으로 법규범에 규정할 필요가 있다고 느낀 것이다. 그래서 환경권을 우리나라의 최고 규범인 헌법에 규정하여 국가에게 일정한 의무를 부과하고 이를 실행하도록 촉구하는 것이다.

앞에서 논의한 것을 바탕으로 생각해 보면 국가가 왜 환경을 보전하여야 할 의무의 주체가 되어야 하는지는 다분히 논리조작이라는 것을 알 수 있다. 국가라는 것, 구체적으로 대한민국은 법률적으로 평가하면 우리나라에서 하나밖에 없는 공법인인데, 이 공법인을 본 사람은 아무도 없다. 조금 더 부연 설명하면 각 개인이 살고 있는 지방자치단체 역시 하나의 공법인이라고 말할 수 있고, 이 지방자치단체에 세금도 내고, 선거도 하지만 그 지방자치단체를 본 사람은 아무도 없을 것이다. 법인에서 논의하였듯이 법인은 추상적이고, 가공된 개념으로서 관념적 존재인 것이다.

이러한 국가에게 환경을 보전할 의무를 부과하고 있는 것 역시 하나의 관념적이고 선언적인 내용이 아닌가 하는 생각이 든다. 하지만 국가에게 환경과 관련된 부처도 있고, 이 부처에는 자연인인 인간이 근무하고 있으며, 이러한 공무원 등을 통해서 구체적으로 환경보전에 관한 책무를 이행하고 있다. 그렇다고 본다면, 법규범에 규정하고 있는 환경권이라는 것이 단순히 선언적이고 방향성만 제시한 것이 아니라 구체적으로 이행이 가능한 권리라고 말할 수 있고, 추상적 존재인 공법인인 국가 역시 이 환경보전의무를 충분히 실행할 수 있다고 평가된다.

환경이라는 추상적 개념은 시간이 지남에 따라 인식의 개선과 함께 점점 구체화되어 가고 있다. 환경 관련 법률의 제정이나 정책의 수립, 시민단체의 활동, 교육기관에서의 환경의 중요성 교육 등이 어우려져 점점 우리 사회에서 환경도 하나의 권리의 대상이 되었고, 환경 주체의 변화[133]에도 기여하고 있다.

제 7 장

인공지능과 규범

1. 인간이 창조한 유인기계(類人機械) - 인공지능 또는 인공지능로봇

현재 인공지능이 인간 사회에서 수행하고 있는 역할이나 기능을 평가하면 그야말로 지능적 사회적 역할을 수행하고 있다고 말할 수 있다. 그것도 기대 이상으로 다양한 영역에서 우수하게 역할을 수행하고 있다. 그 역할 수행이 마치 인간이 하는 것과 같은 역할을 수행하고 있다는 점에서 인간은 주목하고 있다. 다른 기계처럼 인간이 의도하는 것에 대해서 보조적인 수단으로 사용되는 것이거나, 또는 인간의 생산 활동에 도움을 주거나 효율적으로 운용될 수 있게 하는 도구에 지나지 않는 것이 아니라, 오히려 독자적으로 인간이 행하는 행위를 하거나 또는 인간이 의도하는 것을 대체하거나 인간의 창작수준을 뛰어넘는 창작을 하는 존재로 등장하고 있다. 즉, 인공지능의 역할이 단순히 인간 생활에서의 수단 또는 도구를 넘어서는 것이다.

따라서 개인적으로는 인공지능 또는 인공지능로봇을 유인기계(類人機械, anthropoid machine), 또는 유인시스템(類人system)이라고 부르고 싶다. 마치 인간과 같은 역할을 하고 있고 인간 사회에서 그 기능면에서 마치 인간처럼 활동하고 있기 때문이다. 최소한 현재의 과학이나 기술 수준에서 이러할 정도이면 앞으로 어느 수준까지 발전할지 궁금하기도 하다. 최소한 현재의 기술 수준보다는 더 발전할 것이고, 현재 예상하지 못한 수준에서 그 사회적, 경제적, 교육적 역할 등을 수행할 수 있을 것이다. 따라서 감히 사람과 닮았다는 표현을 사용할 수 있다.

그런 관점에서 최근 우리나라에서뿐만 아니라 전 세계적으로 인공지능의 사회적, 경제적 역할뿐만 아니라 법규범에서의 그 지위에 관해서 논의가 시작되고 있다. 그 주된 논의내용 중의 하나는, 인공지능이 또는 인공지능이 장착된 로봇이 법규범에서의 어떠한 주체성을 가지는지 대해서 논의가 이미 시작되어 상당한 논의가 진척되어가고 있고, 지금도 여전히 논의가 진행 중이다. 이러한 논의는 전혀 근거가 없는 이야기는 아니다. 인공지능과 관련된 논의는 현실적이고 현재진행형인 이야기라고 말할 수 있다.

과거에 법인이라는 제도의 등장과 그 역할이 어떠한지에 관하여 논의가 시작될 때와 비교해도 될 것이고, 법인제도 역시 인공지능의 현실적인 역할에 비교될 수 있다. 만약 인공지능이 규범의 세계에 도입되는 경우에 큰 차이점의 하나는, 법인은 추상적, 가공된 개념적 존재인데 반하여 인공지능은 현실적이고 외관적으로도 로봇과 결합할 경우에는 우리의 오감을 통해서 직접적으로 감지할 수 있는 실체를 가진 어떠한 것이 행위를 하는 것이어서 법인과의 법률관계 형성과 다른 점이 있다.

인공지능은 점점 우리 사회에 없어서는 안 되는 존재처럼 느끼게 되고 인공지능을 활용한 영역이 점점 확대되어가고 있고, 인공지능 자체가 하나의 사업의 대상, 산업이 되어가고 있다.

2. 인공지능 등장과 인간 규범의 변화 가능성

인공지능은 인간을 대체하는 존재인가 아니면 보조적인 역할만을 수행하도록 하여야 하는가 하는 점이 풀어야 할 문제이다. 이미 자율주행자동차의 등장이 이른 시간 내에 예상이 되고, 이미 다양한 분야에서 인공지능의 역할은 상당하다고 평가된다. 앞으로 더 많은 영역에서 인공지능이 인간과 같은 역할을 할 것으로 예상된다. 과학기술의 발전에 따라 인공지능의 역할이 달라질 것으로 예상되고, 이어서 우리가 흔히 이야기하고 있는 강한 인공지능이 등장할 경우 인간의 생활에 지대한 영향을 미칠 것으로 쉽게 예상할 수 있다. 이미 우리는 편의점이나 식당 등에서 표를 파는 사람이 없어진 대신 벤딩머신(vending machine)에서 표를 구매하고 이어서 음식을 전달받고 있다.

인공지능의 등장에 따라 대표적으로 영향을 받는 것이 노동시장이다. 인공지능이 인간의 노동행위를 대체하는 것이다. 이러한 현상은 최근에 스마트 팩토리(Smart Factory)의 도입을 통해서 생산성과 효율성의 향상을 위해서 인공지능을 베이스로 하는 공장경영에서 주로 볼 수 있다. 이는 근로시장에서의 근로자의 퇴출을 의미하는 것이다. 즉, 인공지능의 등장은 인간에게 노동의 즐거움과 삶의 보람이 되는 노동행위를 앗아가는 것이다. 이는 인간이 삶을 영위하는 기초적인 바탕이 허물어지는 것이다. 노동이나 인간 사회성의 가장 기초적인 것이 바로 직업이나 노동이다. 먹고 놀기만 한다고 해서 인간이 행복해지는 것은 아니다.

그리고 인공지능의 등장으로 우리 사회에 큰 변화를 일으키게 될 것으로 예상되는 것은 자율주행자동차(Kraftfahrzeug mit autonomer Fahrfunktion, Autonomous Driving)의 등장이다. 이미 수년 전부터 자율주행자동차와 관련된 자동차회사들의 연구가 지속적으로 이루어지고 있다. 이는 전기차의 배터리산업과 연계되어 자율주행자동차는 자동차 시장의 또 다른 패러다임을 제공하고 있고, 독일과 우리나라를 비롯한 자동차 강국들이 경쟁체제에 들어가고 있다. 자율주행자동차의 의미는 앞서 언급한 노동시장과 연계되어 이야기하면 운전기사의 소멸을 의미한다. 예를 들어 택시 운전수나 트럭 운전수와 같은 전통적인 운송산업 역군들의 퇴장을 예고하고 있다. 이미 여러 차례 실험을 통해서 여객운송뿐만 아니라 물류 유통에도 운전수가 없는 운행을 예고하고 있다. 이러한 현상은 운수산업에서 변화가 예상되는데, 이는 운수사업이 인간노동행위에 더 이상 의존하지 않아도 된다는 의미를 내포하고 있다.

그리고 지식재산권과의 연계되어 우리에게 시사점을 주는 현상은 3D프린팅의 출현이다. 미국의 오바마대통령이 3D프린팅을 미래산업으로 규정하여 세계적 관심을 끌게 되었는데 이로 인하여 산업구조의 변화도 예상된다. 그동안은 대량생산, 대량판매, 대량으로 물품을 저장할 수 있는 장소의 마련 등이 기업의 우열을 가져왔다. 그런데 3D프린팅은 이러한 현상과는 반대로 가는 것이다. 3D프린팅은 자기가 필요한 것을 필요한 만큼만 생산할 수 있다는 의미를 가진다. 이러한 현상은 현재의 산업구조와 맞지 않는 면이 있지만 일정한 트렌드나 방향성을 제시하고 있다. 3D 프린팅과 관련해서는 앞으로 소프트웨어나 모형을 구현하는 구체적인 재료가 중요할 것으로 보인다.

또한 산업구조적인 면에서 3D프린팅의 등장은 구매를 통한 수요를 충족시키는 것이 아니라 자가생산을 통해서 필요한 것을 만들어낼 수 있다는 것을 의미한다. 따라서 산업구조의 변화도 예상되고, 이를 더 정교화하기 위한 컴퓨터프로그램개발이나 재료 개발이 중심이 될 수 있다. 예를 들면 자동차의 타이어가 고장이 났을 때 지금은 대부분 고장나지 않은 다른 타이어도 함께 교체하지만, 3D프린팅을 통해서는 자기가 필요한 타이어를 자가로 생산하여 교체하여 사용할 수 있는 것이다. 이러한 것은 단순한 예에 지나지 않지만, 생활영역의 다양한 방면에서 다양한 제품에 적용된다고 생각해 보면 다양한 산업구조의 변화를 불러일으킬 것이다.

3. 인간 규범의 인공지능에의 적합성

앞에서 논의한 대로 인공지능이 우리 인간 사회에서 일정한 역할을 할 경우에, 특히 인간과 유사한 역할을 하는 인공지능에게 인간의 규범을 적용할 수 있을 것인지 또는 규범의 수정을 통해서 인공지능에게 적합한 법규범을 발견할 수 있을 것인가 하는 의문이 들 수 있다. 최소한 지금까지의 시간에 따른 법규범은 인간 중심[134]의 규범 형성과 내용을 가지고 있다. 이미 다른 책[135]에서 언급하였다시피 현행의 우리나라 법규범에 따르면 인공지능 자체, 인공지능이 창출한 제작물 등에 관한 법규범을 정의할 수 없다. 인공지능은 권리의 주체가 기본적으로 될 수 없다. 우리 법제상 권리주체는 오로지 인간만이 될 수 있기 때문이다. 그리고 인공지능이 창출한 제작물을 인간이 아닌 기계가 만든 것이기 때문에 현재로서는 권리의 대상이 되는지 여부에 대해서도 의문이 든다.

기존의 법규범에서는 인간의 행위를 통한 의사의 합치 등을 전제로 하여 규범이 형성되어 왔다. 법률행위 개념과 책임주의 개념에 대한 변화 가능성이 있어야 한다. 그리고 현행 행위이론에서 유추 가능한 법이론을 적용하여 해결하는 방안도 강구하여야 한다. 그리고 인간의 행위에 따른 책임주의는 인간의 자유로운 판단능력을 전제로 하는 이론 또는 원칙인데 이러한 원칙을 수정하거나 인공지능의 등장에 따른 새로운 이론을 창설하여야 한다.

다른 말로 표현하면, 그동안 인간을 중심으로 하는 규범내용은 인공지능을 비롯한 어떠한 다른 존재가 법규범의 주체로 등장할 것이라고 예상하지 않았다는 점이다. 앞서 언급하였다시피 인공지능은 마치 인간이 행하는 것처럼 하고 있기 때문에 규범의 공백을 만들고 있다. 그런데 인공지능이 행한 것을 마치 없는 것처럼 할 수는 없다. 인공지능이 작성한 일기예보, 증권분석 등을 인간이 실생활에서 이미 많이 이용하고 있기 때문이다. 인공지능의 등장과 함께 인간 규범과의 충돌이 발생하고 있고 규범의 공백도 생기고 있다.

이러한 경향은 인공지능의 등장에 따른 새로운 규범의 형성 가능성을 시사하는 것이다. 앞서 언급한 노동시장에 인공지능로봇이 등장함에 따라 노동 질서의 변화 가능성이 감지되고, 이러한 변화 가능성은 노동 규범의 변화를 불러일으킬 것이다. 인공지능로봇이 인간의 일자리를 대체하면서 유휴노동력이 증가하고, 인간의 노동권을 사실상 박탈할 수 있다. 이에 따라 새로운 법규범을 만들어내지 않을까 하는 생각이 들 수 있다.

새로운 규범 형성 가능성에는 반드시 법규범만을 의미하는 것은 아니다. 이미 법규범의 영역에서 벗어나 있는 윤리규범의 재등장과 공동체의 붕괴를 막고자 하는 인식의 중요성이 시간이 지날수록 더욱더 강조될 수 있다.

4. 인공지능과 새로운 규범의 형성 가능성

규범의 형성은 보통 사회생활을 전제로 하고 있다. 이를 대표하는 법격언으로서 "사회가 있는 곳에 법이 있다(Uni societas ibi ius)"가 있다. 그동안 도덕규범, 윤리규범 등이 종교규범 등과 결합되어 인간 사회에 행위규범을 제공해 온 것은 사회가 있었기 때문이다. 인공지능이 등장하게 되면 인간이 신이 되고 인공지능이 인간의 부속적 존재로 되어 인간규범에 영향을 미칠 것으로 예상될 수도 있다. 따라서 인공지능에 대한 규범, 또는 인공지능의 제작, 인공지능이 산출하는 제작물, 그 외 인공지능 행동 자체에 대한 규범이 형성될 가능성이 크다고 볼 수 있다.

인공지능과 관련된 규범 형성에서 앞서 언급한 인공지능의 기능적, 기술적인 면을 어떻게 다루어야 하는지는 인간 행위에 관한 규범일뿐만 아니라 인공지능에 대해서 인간이 어떻게 행위하여야 하는가 하는 근본적인 질문에 대한 윤리적, 도덕적 행위규범을 제시할 가능성이 높다. 이렇게 함으로써 도덕규범이나 윤리규범이 비록 기계류에 관한 것이기는 하지만 다시 환생할 가능성이 있다. 기술윤리, 공학윤리, 기술윤리, 로봇윤리, 창작윤리 등의 용어로 인간의 각 전문적인 직업이나 학문적 영역에 인공지능 활용과 관련하여 등장하고 있다.

예를 들면 최근에는 로봇와 관련된 공학적 윤리규범이 형성되고 있고, 인공지능이 장착된 섹스로봇에 대한 찬반 논의가 진행 중이다. 그리고 법규범과 관련해서는 자율주행자동차가 실제 도로에서 운행될 경우를 대비해서 미국과 독일, 우리나라, 일본 등에서 도로교통법이 개정되고 있다.

5. 인공지능과 관련된 새로운 개념들

1) 권리주체와 권리객체 경계선의 불분명

권리객체는 피동적 대상 또는 소유의 대상을 의미하는 것이었는데, 인공지능이 기계류이기는 하지만, 만약 권리주체로 인정되거나 최소한 권리주체에 준하는 것으로 인정될 경우에는 기존의 법규범에서 논의되었던 권리주체와 권리객체가 명확하게 구분되지 않는 첫 사례가 될 수 있다. 법규범에서 객체는 주체가 행하는 일을 할 수 없다고 보았다. 기존에 논의되었던 논리를 따르면 주체와 객체가 분명하지만, 인간의 행위와 유사한 행위를 수행하는 인공지능의 등장은 그러하지 않을 것이다. 왜냐하면 이 글에서 말하는 인공지능은 인간의 수단 또는 도구로 사용되는 것이 아니라, 인공지능이 스스로 판단하여 어떠한 행위를 하는 것으로 이해하기 때문이다. 그리고 인공지능이 예술 작품, 문학 작품과 같이 이 세상에 존재하는 자체만으로 중요성이 있는 것도 아니기 때문이다.

2) 로봇학대

기존에 알려진 학대의 사전적 의미는 "몹시 괴롭히거나 가혹하게 대우함. 또는 그런 대우."[136]를 의미한다. 학대의 대상은 대부분 인간을 의미하겠지만, 동물도 여기에 해당된다. 대표적인 표현으로는 아동학대, 노인학대, 여성학대, 종업원 학대, 외국인 학대 등이 있다.

최근에는 정치적인 공격 수단의 하나인지 모르겠지만 '로봇학대'라는 개념이 등장하였다. 특정 정당의 대통령 후보가 행사장에서 시연 로봇을 뒤집어엎는 모습에 대해서 온라인 게시판 의견 등에서 불편하다고 하면서 이슈가 된 적이 있다.[137] 새로운 법감정 또는 로봇의 사회적 유용성 또는 친근감의 표현인지 또는 학대라는 행위에 대해서 인간의 감정 표현인 '너무하다', '심하다', '저렇게 행동하면 안된다'로 표현한 개념인지는 모르겠지만 기계에 지나지 않고 고통을 느끼지 않는 로봇의 행동에 대해서 학대라는 용어를 사용한 것은 다소 의아한 면도 있다.

최근에는 기계인 로봇이라고 하더라도 인간처럼 행동하거나 인간과 소통하는 경우에는 인간과 유사하다는 느낌이 우리의 인식 속에 점점 더 자라고 있는 것은 아닌가 한다. 즉, 로봇이 인간 생활의 영역에 들어와 있거나 인간 행위와 연관성을 가지고 있다고 생각되면서 로봇에게 이상한 행동을 하는 경우에는 이것 역시 우리 인간을 불쾌하게 하는 행위라고 느끼거나 판단하는 것으로 보인다. 다음 장에서는 법규범과 윤리규범으로 나누어서 인공지능과 관련된 규범의 형성 과정을 살펴보고자 한다.

제 8 장

인공지능과 규범의 형성

1. 인공지능 규범의 맹아(萌芽)

인공지능의 등장은 인간생활에도 영향을 미치고 있지만 규범의 영역에도 서서히 영향을 미치고 있다. 아직까지는 전반적으로 나타나고 있지는 않지만 조금씩 규범의 영역으로, 특히 법규범의 영역으로 조금씩 등장 여부를 타진하고 있다는 생각이 든다. 인공지능과 관련된 규범이 새로운 싹을 틔우고 있다고 말하여도 과언이 아니며, 규범학에서 새로운 연구주제라고 말하여도 크게 틀린 말은 아니다.

이러한 경향은 현재까지의 법규범은 인간만이 행위의 주체이며, 권리의 주체이고, 책임의 주체였는데, 이에 인간과 유사하게 행위할 수 있거나 행위하는 인공지능이 나타났기 때문이다. 앞으로 규범의 영역에서 인공지능이나 인공지능 로봇, 인공지능이 장착된 자율주행자동차 등이 어떠한 법률적 지위를 가질 수 있을

지 또는 법규범은 아니라고 하더라도 윤리규범, 특히 지능형 로봇과 관련된 로봇윤리(roboethics)[138]나 공학과 관련된 영역에서 기술과 관련된 윤리규범의 형태로 나타나서 어떠한 내용을 가질 수 있을지가 관심의 대상이 된다.

이하에서는 현시점에서 인공지능과 관련된 국내 규범과 독일의 자율주행자동차와 관련된 법률 규정의 도입에 대해서 간략히 소개하고자 한다. 여기서 규범이라는 것에는 법규범 이외에 윤리적 성격을 가지는 규범도 포함된다.

2. 인공지능 관련 규범의 등장

기술공학이라고 하여야 할지 또는 기술공학윤리라고 하여야 할지 그 명칭이 불분명한 점이 있기는 하지만 최근 로봇이나 인공지능로봇 등 인공지능 설계나 알고리즘을 형성할 때에 회피하여야 할 사항에 대한 기준을 제시하거나 인간과 상생하도록 하는 기술규범적인 내용의 지침이나 가이드라인이 형성되고 있다. 이러한 점은 인공지능과 관련된 규범의 등장 가능성을 시사하는 것이다.

인공지능만을 위한 설계나 동작을 할 경우, 또는 인공지능을 통해서 어떠한 물건을 생산할 때에 기술적 기준을 제시할 수 있는데, 이것은 기술표준에 해당되는 것이다. 인공지능 설계나 알고리즘을 형성할 때에 회피하여야 할 사항에 대한 기준을 제시하거나 인간과 상생하도록 하는 기술내용은 사실 사회적 규범 내용을 형성할 뿐만 아니라 궁극적으로는 인공지능과 관련된 인간에 대한 규범이거나 또는 인공지능과 인간과의 규범이 될 수 있다.

3. 유럽연합의 인공지능 규범

유럽연합은 최근 우리나라를 비롯한 동북아시아의 경제 발전과 미국을 중심으로 하는 북미권에 비해서 점점 경제력이나 기술 수준이 뒤쳐진다고 판단하여 경제력을 비롯한 유럽연합 자체를 하나의 단일시장으로 만들려고 노력하였고, 점점 그 성과가 보이고 있다. 우선 통화를 유로화로 통일하였고, 여러 가지 입법적인 조치를 통해서 유럽연합을 하나의 국가처럼 만들려고 노력 중에 있다. 최근에는 유럽연합은 디지털 단일시장 형성(European Commission, A Digital Single Market Strategy for Europe, COM(2015) 192 final (Brussels, 6.5.2015); DIRECTIVE 2019/790 OF THE EUROPEAN PARLIAMENT AND OF THE COUNCIL of 17 April 2019 on copyright and related rights in the Digital Single Market and amending Directives 96/9/EC and 2001/29/EC)을 위하여 노력하고 있다.

유럽연합도 인공지능과 로봇을 중요한 자산의 한 요소로 보고 있음은 분명하고 가능하면 세계를 주도하려고 노력하고 있다. 유럽연합은 인공지능 규범의 창설 및 가이드라인을 제시하는 점에 있어서 선도적 역할을 하고 있다. 그리고 유럽연합에서는 로봇에게 사람으로서의 지위, 즉 인격(personhood)을 부여하고자 한다.[139]

유럽연합에서 인공지능과 관련된 입법의 변천을 살펴보면 다음과 같다.[140]

동산 또는 물건의 관점에서 로봇에 관한 유럽연합의 규정은 하자있는 제품에 대한 책임에 관한 회원국의 법률규정과 행정규정의 조정을 위한 유럽연합위원회의 1985년 7월 25일 지침(RICHTLINIE DES RATES vom 25. Juli 1985 zur Angleichung der Rechts- und Verwaltungsvorschriften der Mitgliedstaaten über die Haftung für fehlerhafte Produkte; Council Directive 85/374/EEC of 25 July 1985 on the approximation of the laws, regulations and administrative provisions of the Member States concerning liability for defective products)이 있었다.

로봇을 기계와 관련해서는 기계와 95/16/EG 지침개정에 관한 2006년 5월 17일 유럽연합의회와 유럽연합 위원회의 2006/42/EG 지침[RICHTLINIE 2006/42/EG DES EUROPÄISCHEN PARLAMENTS UND DES RATES vom 17. Mai 2006 über Maschinen und zur Änderung der Richtlinie 95/16/EG (Neufassung); Directive 2006/42/EC of the European Parliament and of the Council of 17 May 2006 on machinery, and amending Directive 95/16/EC.]이 발령되었다.

수술 로봇과 관련해서는 '의료기기 지침'(COUNCIL DIRECTIVE 93/42/EEC of 14 June 1993 concerning medical devices)이 있었고, 인공기관 삽입과 관련해서는 '능동 이식형 의료기기 지침'[COUNCIL DIRECTIVE of 20 June 1990 on the approximation of the laws of the Member States relating to active implantable medical devices (90/385/EEC)]이 있었다.

2012년 3월 1일부터 2014년 9월 22일까지 연구가 이루어지고 그 결과를 기술한 보고서가 공표된 '로봇법(RoboLaw) 프로젝트'이다. 이 프로젝트의 정식 명칭은 유럽에서 최근에 나타난 로봇기술에 관한 규제:로봇공학이 직면한 법과 윤리(Project title: Regulating Emerging Robotic Technologies in Europe: Robotics facing Law and Ethics)이다. 이 프로젝트의 결과물이 '로봇 규제에 관한 가이드라인'(Guidelines on Regulating Robotics)이다.

유럽연합에서는 전자인간(electronic personhood)을 포함하여 로봇과 인공지능을 만들어내고 이용에 관한 초안이 나오고 있다. 그런데 초안의 특색은 전자인간은 권리가 있고 또한 책임을 부담한다는 점이다. 유럽의회의 법사위원회(The European Parliament's Legal Affairs Committee)에서 2명의 기권과 함께 17-2의 표결로 결의안(European Parliament of 16 February 2017 Resolution with Recommendations to the Commission on Civil Law Rules on Robotics)을 통과시켰다. 이 보고서의 책임자인 메디 델보(Mady Delvaux)[141]는 "우리의 일상생활에서 로봇의 영향력은 점점 더 커지고 있다. 이러한 현실을 인식하고 로봇이 인간에 대한 서비스를 하고 있고 앞으로도 하도록 하기 위하여 유럽연합의 법률 구조를 탄탄하게 할 필요가 있다."고 말하였다. 그리고 이 보고서에는 인공지능 로봇과 관련된 책임, 윤리적 기준, 안전, 노동시장의 변화와 대응 방향 등에 관하여 언급하고 있다.[142]

이 권고를 위주로 하는 결의안에는 소위 자율적인 결정을 할 수 있는 지능형 로봇인 경우에는 전자인간으로 지위를 부여한다는 점이 주의를 끌고 있다. 전자인간이라는 것은 법적으로 인격체를 의미하는 것이다. 이러한 전자적 인격체는 스스로 책임을 부담하도록 한다는 점이 특징이다.

결의안의 목적은 로봇기술이 응용됨에 따라 나타날 수 있는 윤리적·법률적 문제를 깊이 있게 분석하여 제공하고, 유럽연합과 유럽연합 회원국의 입법자들에게 지침을 제공하기 위한 것이다.

유럽연합 집행위원회는 2018년 4월에 로봇과 인공지능에 대한 포괄적인 정책안을 담은 '유럽을 위한 인공지능 [COMMUNICATION FROM THE COMMISSION TO THE EUROPEAN PARLIAMENT, THE EUROPEAN COUNCIL, THE COUNCIL, THE EUROPEAN ECONOMIC AND SOCIAL COMMITTEE AND THE COMMITTEE OF THE REGIONS Artificial Intelligence for Europe (SWD(2018) 137 final)]을 제시하였다. 이 안에서 유럽연합의 독자적인 인공지능에 대한 필요성과 인공지능이 인간 사회에 미칠 영향과 인간 사회와의 조화로운 접근을 강조하고 있다.

이에 대하여 유럽연합 유럽의회는 인공지능과 로봇기술에 대한 기술정책에 관한 포괄적인 내용을 담은 보고서 [A comprehensive European industrial policy on artificial intelligence and robotics European Parliament resolution of 12 February 2019 on a comprehensive European industrial policy on artificial intelligence and robotics (2018/2088(INI))]를 제출하였다.

그리고 유럽연합 집행위원회는 2019년 4월에 인간 중심의 인공지능에서 신뢰구축(COMMUNICATION FROM THE COMMISSION TO THE EUROPEAN PARLIAMENT, THE COUNCIL, THE EUROPEAN ECONOMIC AND SOCIAL COMMITTEE AND THE COMMITTEE OF THE REGIONS,

Building Trust in Human-Centric Artificial Intelligence Brussels, 8. 4. 2019 COM(2019) 168 final)에서 윤리적 지침의 필요성과 중요성을 강조하고 있다. 집행위원회는 또한 신뢰할 가치가 있는 인공지능에 대한 윤리 지침(ETHICS GUIDELINES FOR TRUSTWORTHY AI, High-Level Expert Group on Artificial Intelligence)을 인공지능 고위전문가 그룹(High-Level Expert Group on AI)이 작성하여 제출하였다. 이 보고서에는 윤리원칙, 인공지능 기술이 필수적으로 충족시켜야 하는 7가지 기술과 7가지 기술이 충족된 인공지능을 구체적이고 비소진적으로 신뢰할 가치가 있는지를 평가하는 목록과, 의도하지 않게 발생시킨 피해에 대한 사회적, 기술적 의견을 제시하고 있다.

4. 우리나라의 인공지능 관련 규범

우리나라에서도 인공지능, 인공지능 로봇, 자율주행자동차 등과 관련된 법규범이 최근에 제정되기 시작하였다. 그리고 윤리적 성격의 로봇공학윤리 등 강제성이 없더라도 공학자들에게 지침이나 방향성을 제시하는 기술규범이 제정되고 있다. 이하에서 현시점까지 제정된 법규범과 윤리규범을 살펴보고 그 의미를 되새기고자 한다. 우선 지능형 로봇과 관련된 법률을 소개하고, 이어서 로봇윤리헌장의 의미와 내용을 살펴보고자 한다. 그리고 자율주행자동차와 관련된 「자율주행자동차 상용화 촉진 및 지원에 관한 법률」의 제정에 따른 내용을 살펴보고 「도로교통법」에서 개정된 내용을 소개하고자 한다.

1) 지능형 로봇과 관련된 법규범

2008년 3월 28일에 제정된 지능형 로봇법이라고 약칭되는 「지능형 로봇 개발 및 보급 촉진법」은 지능형 로봇의 개발과 보급을 촉진하고 그 기반을 조성하여 지능형 로봇산업의 지속적 발전을 위한 시책을 수립·추진함으로써 국민 삶의 질 향상과 국가 경제에 이바지함을 목적으로 하고 있다.

지능형 로봇법이 제정된 입법 이유를 이유서에서 다음과 같이 밝히고 있다.

> "첨단기술의 융합체인 지능형 로봇에 대하여 국가가 체계적으로 연구·개발하고, 초기시장의 창출과 보급 확대를 위한 정책으로 로봇랜드를 조성하며, 로봇품질의 인증에 필요한 근거를 마련하고, 로봇윤리헌장의 제정과 보급을 통하여 로봇이 반사회적으로 개발·이용되는 것을 방지하도록 하는 등 차세대 성장 동력산업인 지능형 로봇을 미래 국가핵심 전략산업으로 육성하기 위한 제도적 기반을 구축함으로써 국가경제의 발전과 국민 삶의 질 향상에 이바지하려는 것임."

그리고 제3조에서 국가와 지방자치단체에게 지능형 로봇의 개발 및 보급을 촉진하기 위하여 필요한 예산을 확보하고 관련 시책을 종합적이고 효과적으로 수립·추진하도록 법률상의 책무를 부여하고 있다. 이러한 책무를 부실하게 하거나 게을리하더라도 이에 따른 벌칙이나 부과되는 제재가 존재하지는 않는 선언적인 내용이지만 국가와 지방자치단체가 산업으로서의 지능형 로봇에 관심을 가지고 발전시키도록 사회적 인프라를 조성하도록 한 것은 의미가 있다. 이 지능형 로봇법은 지능형 로봇에 대한 연구·개발, 로봇랜드 조성, 로봇윤리헌장 제정, 로봇산업 육성, 로봇진흥원설립 등 지능형 로봇산업의 육성을 위한 것이다.

즉 이 지능형 로봇법은 로봇기술과 관련하여 국가에게 부과된 행정행위를 어떻게 하여야 하는가에 대한 내용을 담고 있고, 지능형 로봇 자체의 행위에 대한 법규범은 아니다. 지능형 로봇이 재산권의 주체라든지 행위에 따른 책임을 묻는 법체계적인 내용은 아니다.

지능형 로봇의 개념에 대해서 초기의 제정법에서는 제2조 제1호에서 외부환경을 스스로 인식하고 상황을 판단하여 자율적으로 동작하는 기계장치를 의미한다고 규정하였다. 그런데 2018년 6월 12일에 법률 개정을 통해서 지능형 로봇의 개념에 포함되어 있던 "기계장치"를 "기계장치(기계장치의 작동에 필요한 소프트웨어를 포함한다)"로 개정하였다. 지능형 로봇에 외형적으로 로봇의 형태를 가지고 있는 것 이외에 눈에는 보이지 않더라도 기계장치 또는 외형적으로 눈에 보이는 로봇이 작동하거나 어떤 행위를 할 수 있도록 하는 소프트웨어도 지능형 로봇에 포함되도록 하고 있다. 로봇이라는 의미에서 외형적인 하드웨어가 갖추어지는 것 이외에 이러한 하드웨어를 움직이게 하는 시스템도 지능형 로봇의 하나로 보고 있다. 이러한 입법 태도는 옳은 것이라고 말할 수 있다. 4차산업혁명시대에는 눈에 보이는 유체물의 형태를 가지고 있는 것의 거래보다 눈에 보이지 않는 무체물 형태의 것이 더 재산적 가치가 높고, 사회적 부가가치가 높다고 말할 수 있기 때문이다. 따라서 "외부환경을 스스로 인식하고 상황을 판단하여 자율적으로 동작하는 것"이 지능형 로봇인 것이다. 기계장치는 이러한 상황 인식을 하여 자율성을 가지고 스스로 동작하는 것이 나타나는 매개체에 지나지 않는다. 그 이유는 기계장치를 상황을 판단하여 자율적으로 움직이게 하는 시스템이 지능형 로봇의 본질로 보아야 하기 때문이다.

2) 지능형 로봇과 윤리헌장

지능형 로봇법 제18조에서 지능형 로봇윤리헌장의 제정을 하도록 규정하고 있다. 정부는 지능형 로봇 개발자·제조자 및 사용자가 지켜야 할 윤리 등 대통령령으로 정하는 사항을 포함하는 지능형 로봇 윤리헌장(이하 "헌장"이라 한다)을 제정하여 공표할 수 있다고 제1항에서 규정하고 있다. 그리고 제2항에서 헌장이 제정되면 정부는 대통령령으로 정하는 바에 따라 헌장의 보급 및 확산을 위한 필요한 조치를 마련하여야 한다. 이를 위한 구체적인 정부부처는 산업통상자원부장관으로서 법 제18조 제2항에 따라 헌장의 보급 및 확산을 위한 시책을 수립·시행해야 하며, 이를 위하여 필요한 경우에는 관계 중앙행정기관의 장에게 협조를 요청할 수 있다고 시행령 제11조 제3항에서 규정하고 있다.

지능형 로봇법 제18조 제1항에서는 지능형 로봇 윤리헌장에 대해 재량규정의 형식으로 규정하고 있지만 제2항에서는 헌장의 보급 및 확산을 위한 조치를 마련하여야 한다는 의무규정의 내용을 가지고 있다. 그리고 제3항에서는 관계 중앙행정기관의 장은 헌장의 효율적인 운영을 위하여 필요한 경우에는 다른 중앙행정기관의 장에게 관련 자료의 제출이나 그 밖에 필요한 협조를 요청할 수 있다고 규정하여 정부 부처 사이에 로봇 윤리헌장 제정을 위하여 자료 제공 등의 협조를 요청할 수 있도록 규정하고 있다. 로봇 윤리헌장의 제정·개정에 관한 절차, 홍보, 그 밖에 필요한 사항은 하위 법령인 대통령령으로 정하도록 하고 있다.

지능형 로봇법에서 윤리헌장을 제정하도록 유도하고 있는 것이 특징이다. 그런데 제정주체를 정부로 하고 있다. 물론 제1항에서 "제정하여 공표할 수 있다"라고 규정하여 윤리헌장 제정을 할 수도 있고, 하지 않을 수도 있도록 하는 재량의 여지가 있기는 하지만 법규정에서 윤리헌장이라는 용어를 사용하면서 비교적 구체적인 절차와 내용을 규정하고 있는 것도 의미가 있다.

위 법률의 위임에 따라 시행령 제11조 제1항에서 법 제18조 제1항에서 말하는 "지능형 로봇 개발자·제조자 및 사용자가 지켜야 할 윤리 등의 내용은 1. 로봇기술의 윤리적 발전방향, 2. 로봇의 개발·제조·사용 시 지켜져야 할 윤리적 가치 및 행동 지침으로 구체적인 내용을 적시하고 있지만 너무 단순하고 추상적이며 만연하다는 인상을 지울 수 없다.

(1) 로봇기술의 윤리적 발전 방향

간단하지만 중요한 질문은, 로봇기술 자체의 윤리적 발전 방향과 로봇의 개발·제조·사용이 어떠한 기술적 차이가 있는지 이다. 아직은 명확하게 판단하기가 어렵다. 우리가 법조문 그대로 해석하자면 로봇기술 그 자체, 특히 지능형 로봇기술 그 자체도 사회의 일반인의 건전한 평균적인 도덕관념과 부합하여야 한다는 것이다. 법조문에서 말하고 있는 윤리적 발전 방향이라고 하는 것이 어떠하여야 한다는 것인지 궁금하다. 시대가 흐름에 따라 사회적인 윤리 내용이 달라지거나 변화되어 온 예를 얼마든지 찾을 수 있다. 특히 성적인 것에서 그 예를 찾기가 쉽다. 우리나라에서도 동성애라든지 성소수자의 목소리가 높아지고 있고 동성혼에 대한 찬반 여론이 충돌하고 있지만, 그동안의 논의 경과를 보면 소수자의 목소리가 점점 더 커져가고 있다. 따라서 로봇기술과 관련된 윤리적 발전 방향이라는 추상적이고, 개괄적이고, 관념적인 개념은 기술 발전과 함께 법학자, 신학자, 윤리학자, 공학자 등이 함께 모여서 논의를 지속적으로 해야 할 사항이 된 것이다.

이미 널리 알려져 있는 아이작 아시모프(Isaac Asimov)의 로봇법 3원칙[143]을 소개하면 다음과 같다.

> "자넨 로봇법 3대 원칙을 알고 있지?"
> "그런 건 바보라도 알고 있어."
> 그레고리는 분개하여 쏘아붙였다.
> 로봇법 3대 원칙이란 다음과 같은 것이다.
> 제1조 로봇은 인간을 위험에 처하게 해서는 안 된다.
> 제2조 로봇은 인간의 명령에 복종하여야 한다.
> 제3조 로봇은 자신의 몸을 지켜야 한다.

그리고 이 3가지 원칙 중에서 제일 중요한 원칙은 제1조라고 강조한다.

> "알겠나, 제1조의 규칙을 인간을 위험하게 해서는 안 된다는 거야. 이것은 세 가지 규칙 중에서 가장 중요한 규칙이야. 로봇은 제2조, 제3조의 규칙을 지키기 전에 우선 제1조의 규칙을 지키지 않으면 안 되는 거지."

이 로봇법 원칙은 후에 많은 사람들에게 흥미와 관심, 상상력에 자극을 주었다. 이 원칙에서도 로봇이 수성(水星, Mercury)에 있는 아주 뛰어난 지능형 로봇임에도 불구하고 인간을 위한 로봇이어야 한다는 점을 강조하고 있다. 인간의 보조수단 또는 인간의 명령에 복종하는 수동적인 형태의 로봇을 상정하고 있다.

그리고 영국의 EPRSC(Engineering and Physical Sciences Research Council)과 AHRC(Arts and Humanities Research Council)가 공동으로 로봇윤리에 대한 기본원칙(The Principles of Robotics)을 2010년도에 제시하였다.[144] 그 내용을 간단히 소개하면 다음과 같다.

① 로봇은 다양하게 사용될 수 있는 도구이다. 국가 안보와 관련된 이익이 있는 경우 이외에는 인간을 살해하거나 해를 끼칠 수 있도록 유일하게 또는 일차적으로 설계되어서는 안 된다(Robots are multi-use tools. Robots should not be designed solely or primarily to kill or harm humans, except in the interests of national security).
② 로봇이 아닌 인간이 책임을 지는 기관이다. 로봇은 개인의 실행 가능한 한도에서 사생활을 포함하여 현행 법률과 기본적 인권, 자유를 준수하도록 설계·운영되어야 한다(Humans, not robots, are responsible agents. Robots should be designed & operated as far as is practicable to comply with existing laws & fundamental rights & freedoms, including privacy).
③ 로봇은 제품이다. 제품은 안전과 보안을 보장하는 과정을 이용하여 설계되어야 한다(Robots are products. They should be designed using processes which assure their safety and security).
④ 로봇은 제조된 인공물이다. 인공물은 정서적으로나 육체적으

로 취약한 이용자를 착취하는 기만적 방식으로 설계되어서는 안 된다. 대신에 인공물의 기계적 본질은 투명해야 한다(Robots are manufactured artefacts. They should not be designed in a deceptive way to exploit vulnerable users; instead their machine nature should be transparent).

⑤ 로봇에 대한 법률 책임을 부담하는 사람이 분명해야 한다(The person with legal responsibility for a robot should be attributed).

①의 의미는 죽은 생선도 인간에 의해서 무기로 활용될 수 있는 것과 같이, 자율성을 가진 로봇을 창조하고 이용하는 인간에 의해서 로봇이 무기로 사용되는 것을 우려한다는 것이다.[145]

② 개인, 기업, 정부 등이 로봇윤리와 관련하여 자신들을 설계자, 이용자, 구매자로서의 지위에서 부담하여야 할 책임을 완전히 폐기 또는 부정할지도 모른다는 점을 매우 우려하는 것이다. 그리고 인간이 무엇인가를 창조했다는 우월감보다 사회를 의식하고 책임감을 느끼는 이러한 우려가 더 높이 평가되어야 한다는 점을 강조한다.[146] 이러한 의견은 정당하다. 인공지능이 장착된 로봇을 개발, 구매, 이용할 때에 누구나 사회적 윤리가치를 준수하여야 하는데, 특히 기업이나 정부 등이 이러한 책임을 스스로 부정할지도 모른다는 점에 대해 경종을 울려주는 것이다. 또한, 여기에 기업과 정부 등, 우리나라의 법률에 비추어 살펴보면 법인에 해당되는 법인격들을 명시적으로 언급한 것은 적절해 보인다.

③은 창조자로서 인간의 책임을 다시금 음미하게 하는 것이고, 로봇 자체의 책임을 말하는 것은 아니다. 그리고 로봇은 아무

런 손해를 끼치지 않는다는 점을 확인하고자 하는 것이다.[147] 책임의 주체가 인간이라는 점을 재강조하는 의견이다. 인간은 로봇을 하나의 도구 또는 수단으로서 의미를 가지는 것이지 로봇 자체가 인간에게 해를 끼치는 행위를 하거나 책임을 부담하여야 할 행위를 의식적으로 하지는 않는다는 점을 재확인하고 있다.

④의 의미는 로봇을 소유하는 사람은 로봇이 살아 있거나 고통을 받고 있지 않다는 것을 알아야 한다는 것이지만 로봇의 인간 삶에 대한 기망과 감정 개입은 세밀한 치료법 또는 장난감 로봇의 목적만으로 이루어져야 한다는 것이다. 우리는 로봇을 구매하는 책임 있는 개인이 로봇의 "마음"이 어떻게 작동하는지에 대한 정보에 간접적으로, 예를 들어 인터넷문서를 통해서 접근할 수 있는 한, 사람들이 착취당하지 않도록 충분한 정보를 가진 인구에게 충분하게 정보를 제공할 것이라고 결정했다고 보는 것이다.[148]

⑤의 의미는 개인이 소유하고 있는 자동차의 소유주가 누구인지를 항상 확인할 수 있듯이 로봇을 소유하고 있는 사람이 누구인지를 항상 확인할 수 있어야 한다는 것이다. 이렇게 확인할 수 있어야 하는 이유는 로봇이 어떠한 행동을 하든, 로봇의 행동에 대해서 책임을 지는 존재는 인간이어야 한다는 점이다. 여기에 인간에는 자연인뿐만 아니라 법인도 포함되는 개념이다.[149]

(2) 로봇의 개발·제조·사용 시 윤리 가치 및 행동 지침

지능형 로봇을 개발할 때, 제조할 때, 사용할 때 지켜야 할 윤리 가치 및 행동 지침 역시 그 내용을 파악하기에는 부족한 면이 많이 있다. 로봇을 개발할 때 지켜야 할 윤리적 가치나 행동 지침, 예를 들면 인간을 살해하는 로봇을 개발하면 안되는 것이다. 그렇다면 동물을 도축하거나 살상하는 로봇은 허용되는 것인가 하는 의문이 들 수 있다. 더 나아가서 군인을 대신할 로봇군인을 양성하여 전쟁에 투입하여 적국의 군인을 살상하도록 만드는 것은 허용되어야 하는지에 관한 논의도 필요하다. 마치 인간을 대체하는 느낌이어서 어떠한 것이 윤리적 가치에 부합하는 것인지에 관하여 의견이 다양할 수밖에 없다.

그리고 로봇을 제조할 경우 그 용도가 반사회적인 경우가 있을 수 있다. 예를 들면 섹스로봇(sex robot)이 그것이다. 이러한 경우 섹스로봇을 인간 성행위의 보조수단으로 할 수 있거나 성행위의 동반자로서의 기능할 수 있도록 하는 것은 허용되는 것인가 하는 점이다. 이에 관한 논의는 마치 앞서 저작권 분야에서 음란물을 저작권의 보호대상으로 보아야 하는지 여부와도 연관성을 가지고 있는 논의이다. 이에 관해서는 장을 나누어 논의를 진행하고자 한다.

(3) 섹스로봇과 윤리

먼저 섹스로봇과 구별하여야 하는 개념으로서 섹스 토이(sex toy)와 섹스 인형(sex doll)이 있다. 섹스 토이는 인간의 특정 생식기관을 모형으로 만든 것이고, 섹스 인형은 인간의 모습을 모형으로 만든 것이다. 그런데 섹스로봇은 인간의 모습을 하고 있으면서 인공지능이 내재되어 있으므로 인간과 상호교감을 할 수 있다는 점, 즉 상호작용(interaction)이 된다는 점에서 섹스 인형과 구별이 된다.[150]

그리고 섹스로봇 산업이 현실화되어 주문과 제작을 받고 있고, 이미 세계적으로 알려져 있다. 미국 리얼보틱스사의 하모니(Harmony), 트루컴패년사의 록시(Roxxi) 등 이미 상용화[151]가 진행 중에 있다.

로봇기술은 중립적 가치를 가지고 있는 것으로서 어떤 목적을 구현하는 수단으로서의 성격을 가진다. 또한 성행위 역시 인간 상호 간 교감의 한 수단이고, 감정을 느끼고 인간의 생리적 욕구의 하나로서 애정의 한 표현이기도 하다. 인간 간의 소통의 하나로서 사회적 관계가 형성되기도 한다. 그리고 생식의 방법이기도 하다. 이러한 의미의 성행위에 대해서 섹스로봇은 어떠한 역할을 할 것인가가 문제가 된다.

가. 섹스로봇을 지지하는 견해

섹스로봇을 옹호하는 견해는 데이비드 레비(David Levy)이다. 레비는 2007년도에 출간한 「로봇과의 사랑과 성(Love & Sex with Robots)」라는 책에서 로봇과 인간 사이의 성적인 관계가 가능하다는 점을 시사하고 있다.[152]

레비는 로봇과 사랑을 할 수 있는 방법을 세 가지로 제시하고 있다. 첫 번째, 로봇이 인간의 외모나 캐릭터와 비슷하게 되면서 인간이 로봇을 인간과 비슷하다고 생각하여 로봇을 사랑하는 것이다. 두 번째, 기계와 기술 자체를 사랑하는 것이다. 기술 자체를 좋아하거나 기술 자체에 애착이 있는 사람은 소프트웨어나 인공지능을 통해서 컴퓨터를 자신이 원하는 방향으로 제어, 조작할 수 있는 것에서 일종의 쾌감을 느끼는데, 레비는 이러한 것을 섹스와 유사하다고 본다. 자신이 바라는 대로 소프트웨어를 구성하거나 프로그래밍을 하는 것을 섹스에 비유한다. 세 번째는 인터넷에 형성되어 있는 것과 유사한 감정으로부터 로봇과의 사랑이 진화하는 것이다. 인간은 인터넷에서 자아의 특성을 은폐한 채 다른 모습으로 보이게 하여 인터넷에서 누군가와 친밀감을 형성하게 되는데, 로봇과의 친밀성은 바로 이러한 면에서 출발한다는 것이다.[153]

그리고 섹스로봇이 등장하면 매춘산업과 소아성애자들의 범죄가 줄어들 것이라는 점을 강조하기도 한다.

나. 섹스로봇을 반대하는 입장

이에 대하여 섹스로봇을 반대하는 입장은 인터넷의 등장으로 오히려 매춘과 포르노가 더욱 번창하고 있다고 반론을 제기한다. 섹스로봇은 오히려 성을 왜곡시키고 반사회적인 성적 취향을 부추길 것이라고 판단한다.

그리고 문제는 섹스로봇이 대부분 매춘, 강간, 포르노에서 연상되는 여성의 몸을 객체화 또는 대상화하여 성을 상품화할 것이라는 점을 강조한다. 섹스로봇은 마치 인간의 몸을 구매하는 주체와 상품의 대상으로 파악되는 불평등한 관계를 상징한다고 본다. 사물에 지나지 않은 로봇과의 섹스는 공감이나 동의가 필요 없기 때문에 쾌락의 수단 또는 도구로서의 섹스로봇이 여성에 대한 부정적 이미지를 부여한다는 것이다. 즉 여성을 순종적이고 차별적, 신체적 성적 착취의 대상으로 보게 된다는 것이다. 도구로서의 섹스로봇은 여성에 투영되어 일방적인 인간상을 제시한다는 점을 강조한다. 섹스로봇은 특히 여성을 대상으로 할 것이기 때문에 글래머러스하거나 비현실적인 외모를 가지도록 하여 여성에 대한 고정관념을 가지게 하고, 이러한 생각은 여성에게 환원된다는 것이다.

다. 섹스로봇에 대해 규제를 하자는 견해

이 견해는 로봇기술을 무시할 수 없고 섹스로봇에 따른 이익을 누리는 사람도 있기 때문에 섹스로봇에 규제를 가하자는 견해[154]이다. 어린이 모습을 한 섹스로봇과 강간에 대한 환상을 심어주는 행위를 할 수 있기 때문에 섹스로봇의 구매 연령을 제한하고 특정인의 외모를 연상하게 하는 섹스로봇을 만들지 못하도록 하자는 견해이다. 특히 소아성애나 소아성착취, 강간에 대한 욕망을 불러일으킬 수 있는 것은 심각한 사회적 유해성이기 때문에 이에 대해서 법적 규제를 가하자는 입장이다.

라. 섹스로봇과 윤리적 가치의 충돌

섹스로봇은 다음과 같은 점에서 인간 사회의 윤리적 가치와 충돌될 수 있다. 우선 쉽게 생각할 수 있는 것은 섹스로봇의 잘못된 작동을 통해서 인간의 신체를 해칠 가능성이 있다는 점이다. 그리고 섹스로봇에 저장된 특정인의 정보 등이 노출될 수 있어서 개인의 사생활 침해가 우려될 수 있다.

그리고 섹스로봇이 가지는 특징은 가상현실도 아니고 인간의 신체와 유사한 외형과 접촉이 될 수 있는 물질성을 가지고 있다는 점이다. 또한 섹스로봇이 인공지능을 장착하고 있기 때문에 어느 정도 인간을 대체할 수 있는 가능성이 있다. 즉 섹스 파트너로서의 대체 가능성이 있다는 것이다. 사용자의 취향 등에 맞추어 섹스로봇을 이용하게 되면, 사용자는 섹스로봇의 이러한 모습이 인간에게 투영되어 왜곡된 인간상 또는 인간관계를 형성하게 될 우려가 있다. 이러한 현상을 게임에 빠져 있는 어린이들이 가상세계와 현실세계를 구별하지 못하여 폭력성을 현실 사회에서 드러내는 것과 비슷한 예로 들 수 있다.

더 나아가서 법학적인 관점에서 살펴보면 인간의 존엄과 가치를 훼손하는 것은 아닌가 하는 의문이 들 수 있다. 섹스로봇이 매춘을 대체할 것이라는 점, 매춘이 줄어들게 할 것이라는 주장에 대하여, 섹스로봇은 도구로서 성착취와 성학대로 이어질 수 있으며, 성산업은 인간의 성문화를 왜곡하고 강간이나 아동성학대가 오히려 조장될 수 있다고 본다.[155]

그리고 섹스로봇은 인간을 권리의 주체인 인격체가 아니라 물건으로 보도록 유도한다고 주장한다. 따라서 섹스로봇은 성매매를 줄어들게 하지 않고 섹스산업의 대안이 될 수 없다고 본다.

(4) 성규범과 섹스로봇

법규범에서 윤리와 도덕규범과 가장 밀접한 접점을 가지고 있는 것은 성과 관련된 분야이다. 성, 성행위 등은 인간 본능의 하나이고 종족 번식의 수단이기도 하다. 다른 한편, 인간에게 있어서는 성은 하나의 거래의 대상이 되기도 한다. 우리가 흔히 성매매라고 부르는 것이다. 이전에는 윤락(淪落)이라고 부르기도 했다. 윤락의 사전적 의미를 표준국어대사전에서는 “여자가 타락하여 몸을 파는 처지에 빠짐.”이라고 정의하고 있다. 지금은 윤락이라는 용어보다는 성매매라는 용어로 사용하고 있다. 이전에는 우리나라에도 「윤락행위방지법」이라는 법률이 있었다. 이 법률은 2004년 3월 22일에 폐지가 되고 「성매매알선 등 행위의 처벌에 관한 법률」로 대체되었다.

우선 논의를 위해서 위 두 법률에서 성과 관련된 문제를 어떻게 바라보고 있는지를 살펴보고자 한다.

「윤락행위방지법」의 목적은 제1조에서 “선량한 풍속을 해치는 윤락행위를 방지하고 윤락행위를 하거나 할 우려가 있는 자를 선도함을 목적으로 한다”라고 정의하고 있다. 목적조항에서 등장하고 있는 개념은 선량한 풍속이라는 것과 윤락행위방지, 윤락행위를 하거나 할 우려가 있는 사람의 선도, 즉 이 세 가지가 윤락행위방지법의 입법목적임을 밝히고 있다. 선량한 풍속이라는 개념은 우리 법체계 전체에서 항상 문제가 되는 개념이다. 이후에 따로 논의를 해보고자 한다.

윤락행위에 대해서는 제2조 제1호에서 불특정인을 상대로 하여 금품 기타 재산상의 이익을 받거나 받을 것을 약속하고 성행위를 하는 것을 말한다고 규정하고, 제2호에서는 “요보호자”에 대해서 윤락행위의 상습이 있는 자와 환경 또는 성행으로 보아 윤락행위를 하게 될 현저한 우려가 있는 자를 말한다고 정의하고 있다. 그리고 제4조에서 1. 윤락행위, 2. 윤락행위의 상대자가 되는 행위, 3. 윤락행위를 하도록 권유·유인·알선 또는 강요하거나 그 상대자가 되도록 권유·유인·알선 또는 강요하는 행위, 4. 윤락행위의 장소를 제공하는 행위, 5. 윤락행위를 한 자 또는 윤락행위의 상대자에게 금품 기타 재산상의 이익을 요구하거나, 받거나 또는 받을 것을 약속하는 행위를 금지하고 있다. 이를 위반하는 경우에는 제24조부터 제28조까지에 벌칙규정과 과태료 규정이 있었다.

이에 대하여 성매매처벌법으로 약칭되는 「성매매알선 등 행위의 처벌에 관한 법률」의 입법목적을 제1조에서 성매매, 성매매알선 등 행위 및 성매매 목적의 인신매매를 근절하고, 성매매 피해자의 인권을 보호함을 목적으로 한다고 규정하여, 성매매 등의 근절, 피해자의 인권보호 두 가지로 함을 밝히고 있다. 입법에는 어떠한 가치판단이나 윤리적 판단이 들어가 있지는 않다. 성매매, 성매매알성, 성매매를 위한 인신매매를 형사적으로 처벌함으로써 성매매가 우리 사회에서는 최소한 법률적으로 허용되지 않음을 밝히고 있다. 그리고 성매매처벌법에 성윤리라든지 선량한 풍속이라는 개념은 등장하지 않는다.

그리고 성매매처벌법에서 금지하고 있는 행위는 제4조에서 1. 성매매, 2. 성매매알선 등 행위, 3. 성매매 목적의 인신매매, 4. 성을 파는 행위를 하게 할 목적으로 다른 사람을 고용·모집하거나 성매매가 행하여진다는 사실을 알고 직업을 소개·알선하는 행위, 5. 제1호, 제2호 및 제4호의 행위 및 그 행위가 행하여지는 업소에 대한 광고행위이다. 성매매에 대한 정의는 제2조 제1호에서 불특정인을 상대로 금품이나 그 밖의 재산상의 이익을 수수(收受)하거나 수수하기로 약속하고 성교행위를 하거나 유사성교행위, 즉 구강, 항문 등 신체의 일부 또는 도구를 이용한 행위를 하거나 그 상대방이 되는 것을 말한다. 성매매의 알선, 소개 또는 유사성교행위도 처벌의 대상이 된다. 그리고 성매매알선 등의 행위는 성매매를 알선, 권유, 유인 또는 강요하는 행위, 성매매의 장소를 제공하는 행위, 성매매에 제공되는 사실을 알면서 자금, 토지 또는 건물을 제공하는 행위를 말한다.

윤락행위방지법이나 성매매처벌법은 조문에서 명확히 알 수 있듯이 인간을 대상으로 한다. 「윤락행위방지법」에서 규정하고 있는 불특정인, 요보호자, 상대자 그리고 성매매처벌법에 규정하고 있는 불특정인, 사람, 제3자, 성매매피해자 등 역시 인간을 전제로 하고 있다. 그런데 과거 「윤락행위방지법」 적용의 주대상이 윤락이라는 단어의 의미에서 알 수 있듯이 여성이라는 점에서 차별적 입법이었다.

그리고 풍속영업규제법이라고 약칭되는 「풍속영업의 규제에 관한 법률」에서도 성과 관련된 내용이 규정되어 있다. 이 법의 목적은 제1조에서 풍속영업(風俗營業)을 하는 장소에서 선량한 풍속을 해치거나 청소년의 건전한 성장을 저해하는 행위 등을 규제하여 미풍양속을 보존하고 청소년을 유해한 환경으로부터 보호함을 목적으로 한다고 규정하고 있다. 미풍양속, 선량한 풍속을 해친다는 내용은 다소 추상적이고 가치판단 또는 사회적 인식의 변화를 염두에 두어야 하는 불확정개념, 관념적 개념이다.

성을 매개로 한 법률적 평가 또는 윤리적 평가는 시간이 흐름에 따라 확실하게 변화가 많이 느껴지는 분야이기도 하다. 시간의 흐름만이 아니라 공간과 관련해서도 성과 관련된 음란성이나 선정성의 개념이 다르기도 하다.

이하에서는 우리나라의 판결문을 통해서 나타난 성과 관련된 인식의 변화에 대해서 간략히 살펴보고자 한다. 이러한 인식의 변화를 바탕으로 섹스로봇이나 로봇과의 성문화를 어떻게 정립할 것인가를 생각해볼 수 있다.

가. 간통죄의 폐지

우선 우리 사회에서 성풍속과 관련된 가장 큰 변화는 간통죄의 폐지라고 말할 수 있다. 우리나라의 헌법재판소는 1990년부터 2008년까지 간통죄에 대해서 네 차례 합헌 결정을 내렸다.

그 이유는 가정의 보호와 사회적 법익인 사회 미풍양속의 유지를 위해 개인의 성적 자기결정권을 다소 제한할 수 있다는 입장이었다. 그동안 1990년에는 6:3으로, 1993년에도 6:3으로, 2001년에는 8:1로 모두 합헌 의견이 우세하였으나, 2008년 여배우 사건에서는 4대 5로 위헌(헌법불합치 포함) 의견이 더 많았다. 위헌결정 정족수인 6명에 1명이 부족하여 간통죄는 위헌판결을 받지는 않았다.

그런데 헌법재판소는 2015년 2월 26일 형법에서 규정하고 있는 간통죄에 대해서 헌법재판관 중에서 7대 2의 의견으로 간통죄에 대해서 위헌결정을 내리고 그 효력을 정지시켰다. 1953년 제정된 간통죄는 드디어 62년 만에 역사적 유물이 되었다.

간통죄에 대한 위헌판결문[156]을 살펴보도록 한다. 위헌이라고 판단한 다수의견의 대강은 다음과 같다.

다수의견은,

> 사회 구조 및 결혼과 성에 관한 국민의 의식이 변화되고, 성적 자기결정권을 보다 중요시하는 인식이 확산됨에 따라 간통행위를 국가가 형벌로 다스리는 것이 적정한지에 대해서는 이제 더이상 국민의 인식이 일치한다고 보기 어렵고, 비록 비도덕적인 행위라 할지라도 본질적으로 개인의 사생활에 속하고 사회에 끼치는 해악이 그다지 크지 않거나 구체적 법익에 대한 명백한 침해가 없는 경우에는 국가권력이 개입해서는 안 된다는 것이 현대 형법의 추세여서 전 세계적으로 간통죄는 폐지되고 있다. 또한 간통죄의 보호법익인 혼인과 가정의 유지는 당사자의 자유로운 의지와 애정에 맡겨야지, 형벌을 통하여 타율적으로 강제될 수 없는 것이며, 현재 간통으로 처벌되는 비율이 매우 낮고, 간통행위에 대한 사회적 비난 역시 상당한 수준으로

> 낮아져 간통죄는 행위규제규범으로서 기능을 잃어가고, 형사정책상 일반예방 및 특별예방의 효과를 거두기도 어렵게 되었다. 부부 간 정조의무 및 여성 배우자의 보호는 간통한 배우자를 상대로 한 재판상 이혼 청구, 손해배상청구 등 민사상의 제도에 의해 보다 효과적으로 달성될 수 있고, 오히려 간통죄가 유책의 정도가 훨씬 큰 배우자의 이혼수단으로 이용되거나 일시 탈선한 가정주부 등을 공갈하는 수단으로 악용되고 있기도 하다.
> 결국 심판대상조항은 과잉금지원칙에 위배하여 국민의 성적 자기결정권 및 사생활의 비밀과 자유를 침해하는 것으로서 헌법에 위반된다.

라고 판시하였다. 즉, 간통에 대한 사회인식의 변화를 바탕으로 성적 자기결정권이라고 하는 기본권이 더 사회적으로 보호되어야 하는 법익보다 우위에 있다고 본 것이다. 이 외에도 형사정책적으로 간통죄를 처벌하는 것이 실효성이 없고, 오히려 유책배우자에게 유리한 상황을 전개시킨다는 점을 들고 있다. 여기서 무엇보다도 사회인식의 변화와 성적 자기결정권 존중이라고 하는 새로운 개념을 근거로 들고 있다.

이 점에 대해서 결정문에서는 다음과 같이 설시하고 있다.

> 우리 사회에서 혼인한 남녀의 정조유지가 전통윤리로 확립되어 있었고, 일부일처제의 유지와 부부간의 정조의무 역시 도덕기준의 하나로 정립되어 왔다. 그러나 최근 전통적인 가족 구조 및 가족 구성원의 역할이나 지위에 대한 인식이 변화하고 있고, 급속한 개인주의 및 성개방적 사고가 확산됨에 따라 결혼과 성에 대한 인식도 바뀌어가고 있다. 성과 사랑은 형벌로 통제할 사항이 아닌 개인에게 맡겨야 하는 문제로서 부부간의 정조의무를 위반한 행위가 비도덕적이기는

하나, 법으로 처벌할 사항은 아니라는 것이다. 또한 오늘날 우리 사회는 가치판단에 있어서 전통적인 성 도덕의 유지 내지 부부간 정조의무 보호라는 법익 못지않게 성적 자기결정권을 자유롭게 행사하는 것이 개인의 존엄과 행복추구의 측면에서 더한층 중요하게 고려되는 사회로 변해가고 있다는 점도 무시할 수 없다.

이러한 사회 구조의 변화, 결혼과 성에 관한 국민의 의식 변화, 그리고 성적 자기결정권을 보다 중요시하는 인식의 확산에 따라, 배우자 있는 사람이 배우자 아닌 사람과 성관계를 하였다고 하여 이를 국가가 형벌로 다스리는 것이 적정한지에 대해서는 이제 더이상 국민의 인식에 일치한다고 보기 어렵게 되었다.

나. 음란성 판단 기준

앞에서 형법상의 간통행위에 대한 것과 대비되는 개념으로 형법에는 음란성이라는 개념이 있다. 음란의 사전적 의미는 음탕하고 난잡한 내용을 가진 성질이라고 정의되어 있다. 그런데 법에서는 다소 다른 측면에서 접근하고 있다. 1990년대에는 다소 이해가 되지 않는 판결도 있기는 하다. 예를 들면 소위 '마광수교수사건'이라고 말하는 판결이다. 우리나라의 법원[157]은 마광수 교수가 작성한 '즐거운 사라'라는 소설은 문학작품이 아니고 음란물이라고 본 것이다.

소설 "즐거운 사라"는 때와 장소, 상대방을 가리지 않은 각종의 난잡하고 변태적인 성행위를 선동적인 필치로 노골적, 구체적으로 상세하게 묘사하고 있는 데다가 나아가 그러한 묘사부분이 양적, 질적으로 문서의 중추를 차지하고 있을 뿐만 아니라 그 구성이나 전개에 있어서도 문예성, 예술성, 사상성 등에 의한 성적 자극 완화의 정도가 별로 크지 아니하여 주로 독자의 호색적 흥미를 돋구는 것으로밖에 볼 수 없는 점 등을 종합 고찰하여 볼 때 위 소설은 문학작품에 있어서의 표현의 자유의 최대한 보장이라는 명제와 오늘날의 개방된 성문화 및 작가가 주장하는 '성 논의의 해방'이라는 전체적인 주제를 고려한다 하더라도 형법 제243조, 제244조에서 말하는 음란한 문서에 해당된다.

라고 판시하면서 구체적인 기준을 제시하지 않고 있는 사례도 있다. 당시 대법원[158]은

형법 제243조에 규정된 음란한 문서 또는 도화라 함은 성욕을 자극하여 흥분시키고 일반인의 정상적인 성적정서와 선량한 사회풍속을 해칠 가능성이 있는 도서를 말하며 그 음란성의 존부는 작성자의 주관적 의도가 아니라 객관적으로 도서자체에 의하여 판단되어야 할 것이고…, 오늘날 잡지를 비롯한 대중매체가 민주화와 개방의 바람을 타고 자극적이고 선정적인 방향으로 흐르고 있는 것이 일반적인 추세라고 하여도 정상적인 성적정서와 선량한 사회풍속을 침해하고 타락시키는 정도의 음란물까지 허용될 수 없는 것이다.

라고 판시하였고, 음란성은 성욕을 자극하여 흥분시키고 일반인의 정상적인 성적정서와 선량한 사회풍속을 해칠 가능성이 있는 것이라고 정의하고 있다. 그런데 이후에는 음란성을 평가할 때에 더 구체적인 판단 기준[159]을 제시하고 있다.

형법 제245조의 공연음란죄에 규정한 음란한 행위라 함은 일반 보통인의 성욕을 자극하여 성적 흥분을 유발하고 정상적인 성적 수치심

을 해하여 성적 도의관념에 반하는 것을 가리키는바, 연극공연행위의 음란성의 판단에 있어서는 당해 공연행위의 성에 관한 노골적이고 상세한 묘사·서술의 정도와 그 수법, 묘사·서술이 행위 전체에서 차지하는 비중, 공연행위에 표현된 사상 등과 묘사·서술과의 관련성, 연극작품의 구성이나 전개 또는 예술성·사상성 등에 의한 성적 자극의 완화의 정도, 이들의 관점으로부터 당해 공연행위를 전체로서 보았을 때 주로 관람객들의 호색적 흥미를 돋구는 것으로 인정되느냐 여부 등의 여러 점을 검토하는 것이 필요하고, 이들의 사정을 종합하여 그 시대의 건전한 사회통념에 비추어 그것이 공연히 성욕을 흥분 또는 자극시키고 또한 보통인의 정상적인 성적 수치심을 해하고, 선량한 성적 도의관념에 반하는 것이라고 할 수 있는가 여부에 따라 결정되어야 한다.

음란성의 핵심개념으로서 정상적인 사람의 성적 수치심을 유발하거나 해하고 선량한 성적 도의관념에 반하는 것으로 보고 있다. 이후에는 이러한 태도는 계속되었다. 그런데 최근에 와서는 음란성 개념을 더 구체화하였다고 할 수 있거나 아니면 완화하였다고 말할 수 있을 정도로 상세한 기준을 설시한 판결[160]이 나왔다.

사실관계를 살펴보면 다음과 같이 요약할 수 있다.

방송통신심의위원회 심의위원인 피고인이 자신의 인터넷 블로그에, 방송통신심의위원회에서 음란정보로 의결한 남성의 발기된 성기 사진을 게시함으로써, 정보통신망을 통하여 음란한 화상 또는 영상인 사진을 공공연하게 전시하였다.

피고인이 인터넷 블로그에 2011. 7. 20. 게시한 이 사건 게시물은, "검열자 일기#4 이 사진을 보면 성적으로 자극받거나 성적으로 흥분되나요?"라는 제목 아래 "18차 전체회의에서 여기의 블로그 사진들이 음란물이라며 차단되었다"라는 문구로 본문이 시작한다. 그리고 곧바로 다른 블로그의 화면 다섯 개를 갈무리하여 옮겨온 남성의 발기된 성기 사진 8장과 벌거벗은 남성의 뒷모습 사진 1장을 전체 게시면의 절반을 조금 넘는 부분에 걸쳐 게시하고 있다. 이어서, 정보통신에 관한 심의규정제8조 제1호를 소개한 후 '성행위에 진입하지 않은 그리고 성행위에 관한 서사가 포함되지 않은 성기 이미지 자체를 음란물로 보는 것은 표현의 자유나 심의규정에 비추어 부당하다'라는 취지로 피고인의 의견을 덧붙이고 있다.

이러한 사실관계를 바탕으로 음란성에 관한 법리를 다음과 수정하여 제시하고 있다.

여기서 '음란'이라 함은 사회통념상 일반 보통인의 성욕을 자극하여 성적 흥분을 유발하고 정상적인 성적 수치심을 해하여 성적 도의관념에 반하는 것을 말한다. 음란성에 관한 논의는 자연스럽게 형성·발전되어 온 사회 일반의 성적 도덕관념이나 윤리의식 및 문화적 사조와 직결되고, 아울러 개인의 사생활이나 행복추구권 및 다양성과도 깊이 연관되는 문제로서, 국가 형벌권이 지나치게 적극적으로 개입하기에 적절한 분야가 아니다. 이러한 점을 고려할 때, 특정 표현물을 형사처벌의 대상이 될 음란 표현물이라고 하기 위하여는 그 표현물이 단순히 성적인 흥미에 관련되어 저속하다거나 문란한 느낌을 준다는 정도만으로는 부족하다. 사회통념에 비추어 전적으로 또는 지배적으로 성적 흥미에만 호소할 뿐 하등의 문학적·예술적·사상적·과학적·의학적·교육적 가치를 지니지 아니한 것으로서, 과도하고도 노골적인 방법에 의하여 성적 부위나 행위를 적나라하게 표현·묘사함으로써, 존중·보호되어야 할 인격체로서의 인간의 존엄과 가치를 훼손·왜곡한다고 볼 정도로 평가될 수 있어야 한다. 나아가 이를 판단할 때에는 표현물 제작자의 주관적 의도가 아니라 사회 평균인의 입장에서 그 전체적인 내용을 관찰하여 건전한 사회통념에 따라 객관적이고 규범적으로 평가하여야 한다(대법원 2008. 3. 27. 선고 2006도6317 판결 등 참조).

한편 음란물이 그 자체로는 하등의 문학적·예술적·사상적·과학적·의학적·교육적 가치를 지니지 아니하더라도 앞서 본 음란성에 관한 논의의 특수한 성격 때문에, 그에 관한 논의의 형성·발전을 위해 문학적·예술적·사상적·과학적·의학적·교육적 표현 등과 결합되는 경우가 있다. 이러한 경우 음란 표현의 해악이 이와 결합된 위와 같은 표현 등을 통해 상당한 방법으로 해소되거나 다양한 의견과 사상의 경쟁메커니즘에 의해 해소될 수 있는 정도라는 등의 특별한 사정이 있다면, 이러한 결합표현물에 의한 표현행위는 공중도덕이나 사회윤리를 훼손하는 것이 아니어서, 법질서전체의 정신이나 그 배후에 놓여 있는 사회윤리 내지 사회통념에 비추어 용인될 수 있는 행위로서, 형법 제20조에 정하여진 '사회상규에 위배되지 아니하는 행위'에 해당된다.

그러므로 이 사건 게시물은 이 사건 사진들과 음란물에 관한 논의의 형성·발전을 위한 학술적, 사상적 표현 등이 결합된 결합표현물이다.

확실하게 이전과는 다른 관점에서 음란성을 판단하고 있고, 구체적으로 음란성에 해당되지 않는 사안에 대해서도 설시하고 있다. 음란성이라는 개념이 비록 도덕과 윤리와 관련되고 사회적 인식과 관련성이 있지만, 여러 가지 학문적인 관점이나 예술적인 관점뿐만 아니라 다양한 관점에서 바라보아야 한다는 점을 부각

시키고 있다. 예전에는 음란성 자체를 규정하고 성적 수치심과 도의적 관념을 중심으로 하여 논의를 하였다면 이 판결은 국가 형벌권의 대상이 되기 위해서는 과도하고도 노골적인 방법에 의하여 성적 부위나 행위를 적나라하게 표현·묘사함으로써, 존중·보호되어야 할 인격체로서의 인간의 존엄과 가치를 훼손·왜곡한다고 볼 정도로 평가될 수 있어야 한다는 점을 강조하고 있다. 그리고, 예를 들어 문학적·예술적·사상적·과학적·의학적·교육적 표현 등과 결합되는 경우에는 음란성이 상쇄되거나 또는 사회적으로 정당한 행위로 보고 있다. 또한 사회 평균인의 입장에서 그 전체적인 내용을 관찰하여 건전한 사회통념에 따라 객관적이고 규범적으로 평가하여야 한다는 태도는 판단 주체에 대한 생각에 변화가 있음을 알 수 있다.

이러한 음란성에 대한 판단을 누구를 기준으로 할 것인에 관해서는 초기에 법원 또는 해당 재판부의 법관으로 보고 있었다.[161]

> 형법 제243조 소정의 "음란"이라는 개념 자체가 사회와 시대적 변화에 따라 변동하는 상대적이고도 유동적인 것이고, 그 시대에 있어서 사회의 풍속, 윤리, 종교 등과도 밀접한 관계를 가지는 추상적인 것이므로 결국 구체적인 판단에 있어서는 사회통념상 일반 보통인의 정서를 그 판단의 규준으로 삼을 수밖에 없다고 할지라도, 이는 법관이 일정한 가치판단에 의하여 내릴 수 있는 규범적인 개념이라 할 것이어서 그 최종적인 판단의 주체는 어디까지나 당해 사건을 담당하는 법관이라 할 것이니, 음란성을 판단함에 있어 법관이 자신의 정서가 아닌 일반 보통인의 정서를 규준으로 하여 이를 판단하면 족한 것이지 법관이 일일이 일반 보통인을 상대로 과연 당해 문서나 도화 등이 그들의 성욕을 자극하여 성적 흥분을 유발하거나 정상적인 성적 수

치심을 해하여 성적 도의관념에 반하는 것인지의 여부를 묻는 절차를 거쳐야만 되는 것은 아니라고 할 것이다.

그러나 최근에 와서는 판단 주체를 사회 평균인으로 보자는 판결을 내리고 있다.[162]

'음란'이라는 개념 자체는 사회와 시대적 변화에 따라 변동하는 상대적이고도 유동적인 것이고, 그 시대에 있어서 사회의 풍속, 윤리, 종교 등과도 밀접한 관계를 가지는 추상적인 것이므로, 결국 음란성을 구체적으로 판단함에 있어서는 행위자의 주관적 의도가 아니라 사회 평균인의 입장에서 그 전체적인 내용을 관찰하여 건전한 사회통념에 따라 객관적이고 규범적으로 평가하여야 한다.

다. 선정성

선정성이라는 개념은 주로 아동 또는 청소년의 성관념의 건전한 형성과 연관성을 가지는 규정에 많이 등장하고 있다. 선정성의 국어사전적 의미는 "어떤 감정이나 욕정을 북돋워 일으키는 성질"이라고 정의하고 있다. 선정성(煽情性)이라는 한자어 자체에서 알 수 있듯이 욕정을 부채질하는 것을 의미한다.

선정성이라는 개념이 등장하는 법규범은 영화비디오법이라고 약칭되는 「영화 및 비디오물의 진흥에 관한 법률」과 게임산업법이라고 약칭되는 「게임산업진흥에 관한 법률」 등이다. 영화비디오법에서 상영등급분류와 관련하여 선정성이라는 개념이 나타나고, 게임산업법에서는 게임내용 정보와 게임과몰입을 방지하기 위한 장치로서 선정성이라는 개념이 등장한다.

영화비디오법 제2조 제20호에서 내용 정보라는 용어는 영화·비디오물의 내용에 대한 주제, 선정성, 폭력성, 대사, 공포, 약물, 모방위험 등의 정도, 그 밖에 이에 관련된 정보를 말한다. 영화나 비디오물의 내용 중에 선정성의 유무를 판단하도록 하는 것이다. 그리고 제29조에서 영화상영등급을 분류하는데 제2항에서,

1. 전체관람가 : 모든 연령에 해당하는 자가 관람할 수 있는 영화
2. 12세 이상 관람가 : 12세 이상의 자가 관람할 수 있는 영화
3. 15세 이상 관람가 : 15세 이상의 자가 관람할 수 있는 영화
4. 청소년 관람불가 : 청소년은 관람할 수 없는 영화
5. 제한상영가 : 선정성·폭력성·사회적 행위 등의 표현이 과도하여 인간의 보편적 존엄, 사회적 가치, 선량한 풍속 또는 국민 정서를 현저하게 해할 우려가 있어 상영 및 광고·선전에 일정한 제한이 필요한 영화

로 분류하고 있는데, 제5항에서는 "누구든지 제2항 제4호 또는 제5호의 규정에 의한 상영등급에 해당하는 영화의 경우에는 청소년을 입장시켜서는 아니 된다."라고 규정하여 청소년 관람불가라든지 제한상영가인 경우에는 청소년의 입장이 허락되지 않는다. 그리고 상영등급을 분류할 때에는 제7항에 따르면 다음과 같은 점을 고려하도록 하고 있다.

1. 「대한민국헌법」의 민주적 기본질서의 유지와 인권존중에 관한 사항
2. 건전한 가정생활과 아동 및 청소년 보호에 관한 사항
3. 사회윤리의 존중에 관한 사항

4. 국가정체성 및 외교관계의 유지에 관한 사항
5. 주제 및 내용의 폭력성·선정성·반사회적 행위 등에 관한 사항
6. 인간의 보편적 존엄과 사회적 가치, 선량한 풍속 및 국민정서에 관한 사항

여기에 다소 추상적이고 일반적인 개념인 기본질서 유지, 사회윤리의 존중, 선정성, 반사회적 행위 등이 규정되어 있다. 물론 구체적인 사안에서 구체적이고 개별적으로 정해질 수 밖에 없는 내용이기는 하지만 우리가 해석을 통해서 가능하면 그 범위를 정할 필요가 있다.

영화 내용 중에서 선정성이 있으면 제한상영가가 된다. 따라서 제한상영가로 분류된 영화는 일반 상영관에서 상영할 수 없고, 제33조에 따르면 제한상영가 영화의 광고·선전 제한이 되는데, 제한상영가 영화에 관한 광고 또는 선전을 하는 자는 그 광고 또는 선전물을 제한상영관 안에 게시하여야 한다. 이 경우 해당 게시물이 제한상영관 밖에서 보이도록 하여서는 아니 된다고 규정하고 있다. 영화제작자의 입장에서는 영화제작에 따른 투자를 회수할 기회를 상당히 제한당하거나, 경우에 따라서는 회수할 기회를 상실할 가능성이 있다. 즉, 영화등급분류는 영화제작자의 입장에서는 영화상영시장에 진입할 때 상당한 규제를 받는 셈이다. 이와 관련된 구체적 사례를 살펴 보고자 한다.

'숏버스'사건으로 불리는 영화가 제한상영가로 판정받은 사안에 대해서 다툼이 생겼다. 문제가 된 영화는 다음과 같은 내용을 가지고 있었다.

이 사건 영화는 제59회 칸 국제영화제 비경쟁부문 초청작, 제12회 부산국제영화제, 제7회 서울유럽영화제 공식상영작으로서, 성상담 치료사(Sex Therapist)라는 직업을 가지고 있음에도 불구하고 정작 자신은 남편과의 섹스에서 오르가즘을 느끼지 못해 고민하는 소피아, 남창(男娼)이자 동시에 수영장안전요원으로서 자신을 열렬히 사랑하는 동성연인 제이미의 마음을 알면서도 혼자만의 세계에 빠져 자살을 꿈꾸는 제임스, 성적인 흥분만큼 사랑과 관계에 대해서는 익숙하지 못한 자신을 자책하는 SM플레이어(Sadomasochism Player) 세브린 등이 뉴욕의 섹스 클럽 '숏버스'(이 영화의 제목 겸 섹스클럽의 상호이다. 이는 통학용 버스를 이용한 등하교가 일반화된 미국에서 통학용 버스를 탈 수 없는 장애를 가진 사람들이 이용하는 버스로서, 무엇인가 모자라거나 부족한 사람을 뜻하는 은어이기도 하다)를 무대로 성적 고민과 성을 통한 교감에 초점을 맞춘 영화이다.

이 사건 영화에는 남성배우가 자위하면서 정액이 분출되고 이를 자신이 마시는 장면, 남성 배우 3명이 계간(鷄姦)을 하는 장면, 여성배우가 자위기구를 이용하여 자위하는 장면, 남녀배우가 다양한 체위로 성행위를 하는 장면, 여성배우가 남성배우를 채찍질하는 장면, 남성과 여성·남성과 남성·여성과 여성 등이 집단으로 성행위를 하는 장면 등이 등장한다. 그러나 위와 같은 장면에서 성기는 가림처리로 되어 있고, 성기의 결합장면을 클로즈업하는 장면은 존재하지 아니하며, 혼음 장면도 숏버스를 소개하는 배경화면으로 등장할 뿐, 특별히 성교장면을 집중적으로 묘사하는 부분은 존재하지 아니하며, 성행위를 직접적으로 묘사하는 부분이 차지하는 시간의 비율도 그다지 높지 아니하다.

이에 대해서 우리나라 행정법원[163]은 다음과 같이 판시하고 있다.

> 영화가 제한상영가 등급을 받게 되면, 제한상영관이 1곳밖에 없는 우리나라에서는 일반 국민이 그 영화를 감상할 수 있는 권리가 심하게 제한되고, 영화제작자 등은 제한상영가 등급분류를 피하기 위하여 영화내용을 수정하거나 문제가 될 수 있는 부분을 삭제하는 등 영화에 관련된 기본권이 간접적으로 제한될 수 있으므로, 피고로서는 제한상영가 등급분류에 관한 규정을 엄격하게 해석하여야 하고, 등급분류에 관한 재량권을 일탈·남용하여서는 아니될 것이다.
>
> 이 사건 영화에 피고가 지적하는 바와 같이, 집단성교, 혼음, 남녀자위, 도구이용 새디즘, 정액분출, 동성애, 항문성교 장면 등이 등장하기는 하나, 이러한 장면은 영화감독이 이 영화의 주제와 전개상 필요하다고 판단하여 배치한 것으로서 그 필요성을 쉽사리 부정할 수 없을 것으로 보이고, 위 인정사실에서 본 바와 같이 성기의 결합장면이나 성기를 클로즈업한 장면은 존재하지 아니한 점, 대다수의 외국에서도 이 사건 영화에 대하여 15세 내지 18세 이상 관람가 등급분류를 한 점, 이 사건 영화가 다수의 영화제에서 공식 상영되었고, 영화평론가들로부터 음악·영상 등 예술성을 인정받은 점 등에 비추어 보면, 이 사건 영화는 인간의 존엄 내지 인간성을 왜곡하는 노골적이고 적나라한 성표현으로 오로지 성적 흥미에만 호소할 뿐 전체적으로 보아 하등의 문학적·예술적·과학적·정치적 가치를 지니지 아니한 음란영화라고 볼 수 없다.
>
> 따라서 이와 결론을 달리하여 이 사건 영화에 대하여 18세 이상의 국민들의 접근 자체를 심하게 제한하는 제한상영가 등급분류결정을 한 피고의 이 사건 처분은 재량권을 일탈·남용한 것으로서 위법하다.

원고의 청구를 인용하면서 영상물등급위원회가 재량을 일탈하였음을 인정한 판결이다. 또한 '친구사이'라고 불리는 사례[164]가 있다.

[사실관계]

- 원고(영화를 제작한 회사)가 피고(영상물등급위원회)에게 '친구사이'라는 영화를 '15세 이상 관람가'로 신청
- 피고는 '영상의 표현에 있어서 신체노출과 성적 접촉 등의 묘사가 구체적이고 직접적이어서 청소년에게 유해하다'라고 판단하고 '청소년 관람불가'로 등급분류결정
- 이에 원고가 피고를 상대로 "청소년관람불가등급분류결정처분"을 취소하여 달라는 소를 제기

[판결요지]

영상표현의 선정성에 관한 청소년 관람불가 기준에는 15세 이상 관람가 기준과 달리 그 문언상 성적 욕구의 자극을 요건으로 하지 않는 점, 영상표현의 선정성에 관하여 세부적인 등급분류기준을 둔 취지는 청소년이 아직 인격적으로 성숙하지 않아 성인보다 상대적으로 성적 자극에 예민하고 성충동을 억제하거나 조절하는 능력이 부족한 점을 고려하여 영상표현을 통해 청소년의 성적 상상이나 호기심을 불필요하게 부추기거나 성에 관하여 그릇된 인식을 갖게 하는 부작용을 미리 방지함으로써 청소년으로 하여금 진정한 인격체로 성장할 수 있도록 하기 위한 것인 점, 구 청소년보호법(2011. 9. 15. 법률 제11048호로 개정되기 전의 것) 제10조 제1항 제1호에서 청소년의 성적 욕구를 자극하는 것 이외에 제5호에서 '기타 청소년의 정신적 건강에 명백히 해를 끼칠 우려가 있는 것'도 청소년유해매체물로 규정하고 있는 점과 함께 영화 등급분류에 관한 영화 및 비디오물의 진흥에 관한 법률 제29조 제2항, 제7항, 영화 및 비디오물의 진흥에 관한 법률 시행령 제10조의2 제1항 [별표 2의2] 제4호 (나)목, 제2항, 구 영화 및 비디오물 등급분류기준(2010. 6. 3. 개정되기 전의 영상물등급위원회규정) 제5조, 제7조 규정의 내용 및 형식, 입법 취지 등을 고려하면, 청소년 관람불가의 등급분류기준으로서 영상표현의 선정성에

는 신체 노출, 성적 접촉, 성행위 등이 지나치게 구체적이고 직접적이며 노골적이어서 청소년에게 성적 욕구를 자극하는 경우뿐만 아니라, 청소년에게 성적 불쾌감·혐오감 등을 유발하는 경우도 포함된다고 보는 것이 타당하다.

영상표현의 선정성 측면에서 청소년 관람불가의 등급분류기준을 충족하는지 여부는 해당 영화를 전체적으로 관찰하여 신체 노출 및 성적 행위의 표현 정도뿐만 아니라 그 영상의 구성 및 음향의 전달방식, 영화주제와의 관련성, 영화 전체에서 성적 표현이 차지하는 비중 및 그 영화의 예술적·교육적 가치 등을 종합적으로 고려하되, 제작자의 주관적인 의도가 아니라 사회의 일반적인 통념에 따라 객관적이고 규범적으로 평가하여야 한다.

영상물등급위원회가 20대 초반 남성들의 동성애를 다룬 "친구사이?"란 제목의 영화를 청소년에게 유해하다고 판단하고, 영화 및 비디오물의 진흥에 관한 법률 제29조 제2항 제4호 등에 따라 '청소년 관람불가'의 등급분류결정을 한 사안에서, 영화에 동성애를 직접 미화·조장하거나 성행위 장면을 구체적으로 표현한 장면은 없고, 제작사는 본 영화와 메이킹 필름을 함께 제작·상영함으로써 20대 초반 남성 동성애자들이 겪는 현실 문제를 공유하고자는 감독의 제작 의도를 분명히 밝히고 있으며, 영화의 내용과 표현 정도를 보아 동성애에 관한 정보 제공이 많은 청소년들에게 성적 상상이나 호기심을 불필요하게 부추기고 조장하는 부작용을 야기하여 인격형성에 지장을 가져온다고 보기는 어렵다는 점 등을 종합하여 보면, 위 처분이 재량권을 일탈·남용하여 위법하다.

항소심[165]에서도 1심과 같이 영상위원회의 등급분류가 잘못되었다고 원심 판결을 유지하는 결정을 내렸다.

라. 음란물

섹스로봇이 음란물에 해당되는지 여부에 대해서 의문을 가질 수 있다. 최근에 우리 사회에서 문제가 된 것 중의 하나는 성기구 등과 관련된 사안들이다. 음란한 물건의 의미와 여성용 자위기구나 돌출콘돔이 음란한 물건에 해당하는지 여부에 대해서 우리나라 대법원[166]은 비교적 관용적인 태도를 가지고 있다.

> 음란한 물건이라 함은 성욕을 자극하거나 흥분 또는 만족케 하는 물품으로서 일반인의 정상적인 성적 수치심을 해치고 선량한 성적 도의관념에 반하는 것을 가리킨다고 할 것인바, 여성용 자위기구나 돌출콘돔의 경우 그 자체로 남성의 성기를 연상케 하는 면이 있다 하여도 그 정도만으로 그 기구 자체가 성욕을 자극, 흥분 또는 만족시키게 하는 물건으로 볼 수 없을 뿐만 아니라 일반인의 정상적인 성적 수치심을 해치고 선량한 성적 도의관념에 반한다고도 볼 수 없으므로 음란한 물건에 해당한다고 볼 수 없다.

그리고 리얼돌에 대한 수입을 허용할 것인지에 대한 판단에서도 우리나라 대법원[167]은 특히 리얼돌과 같은 성기구는 단순히 성적인 만족이나 쾌락의 경우뿐만 아니라 육체적·심리적 성기능 장애를 가지는 경우 등의 특수한 경우에도 사용되므로 일반적인 음란물과 구분할 필요성이 있다는 취지로 판결하여 수입을 허용하여야 한다고 하고 있다.

이에 반하여, 16세 미만 여성의 전신을 본떠서 만든 리얼돌에 대해서는 수입을 허용하고 있지 않다.[168]

구 관세법(2019. 12. 31. 법률 제16838호로 개정되기 전의 것) 제234조 제1호가 규정하는 '풍속을 해치는'이란 특별한 사정이 없는 한 성풍속을 해치는 '음란성'을 의미하는 것으로 해석함이 상당하고, 여기서 '음란'이란 사회통념상 일반 보통인의 성욕을 자극하여 성적 흥분을 유발하고 정상적인 성적 수치심을 해하여 성적 도의관념에 반하는 것으로서, 존중·보호되어야 할 인격을 갖춘 존재인 사람의 존엄성과 가치를 심각하게 훼손·왜곡하였다고 평가할 수 있을 정도로 노골적인 방법에 의하여 성적 부위나 행위를 적나라하게 표현 또는 묘사한 것으로서, 음란 여부를 판단함에 있어서는 그 사회의 평균인의 입장에서 그 시대의 건전한 사회통념에 따라 객관적이고 규범적으로 평가하여야 한다. 우리 사회에서의 음란물에 대한 규제 필요성은 사회의 성윤리나 성도덕의 보호라는 측면을 넘어서 미성년자 보호 또는 성인의 원하지 않는 음란물에 접하지 않을 자유의 측면을 더욱 중점적으로 고려하여야 한다.

아동·청소년의 성보호에 관한 법률 제2조 제5호는 종전의 '아동·청소년이용음란물'을 '아동·청소년성착취물'로 규정함으로써 아동·청소년을 대상으로 하는 음란물은 그 자체로 아동·청소년에 대한 성착취, 성학대를 의미하는 것임을 명확히 하고 있다.

또한 실제의 아동·청소년뿐만 아니라 '아동·청소년으로 인식될 수 있는 사람이나 표현물'이 등장하는 경우도 아동·청소년성착취물에 포함되는바, 그 이유는 실제 아동·청소년인지와 상관없이 아동·청소년이 성적 행위를 하는 것으로 묘사하는 각종 매체물의 시청이 아동·청소년을 상대로 한 성범죄를 유발할 수 있다는 점을 고려하여 잠재적 성범죄로부터 아동·청소년을 보호하려는 데 있다. 가상의 표현물이라 하더라도 아동·청소년을 성적 대상으로 하는 표현물의 지속적 접촉은 아동·청소년의 성에 대한 왜곡된 인식과 비정상적 태도를 형성하게 할 수 있고, 또한 아동·청소년을 상대로 한 성범죄로 이어질 수 있다는 점을 부인하기 어렵다.

갑이 여성의 신체 외관을 본뜬 전신 인형 형태의 남성용 자위기구를 수입신고 하였으나, 관할 세관장이 구 관세법(2019. 12. 31. 법률 제16838호로 개정되기 전의 것, 이하 '구 관세법'이라 한다) 제234조 제1호 등에 해당한다는 이유로 위 물품의 수입통관을 보류하는 처분을 한 사안에서, 그 형상, 재질, 기능, 용도 등에 비추어 보면 위 물품은 16세 미만 여성의 신체 외관을 사실적으로 본떠 만들어진 성행위 도구라고 볼 수 있는 점, 위 물품의 사용을 통해 아동의 성에 대한 왜곡된 인식과 비정상적 태도가 형성될 수 있을뿐더러 아동에 대한 잠재적인 성범죄의 위험을 증대시킬 우려가 있는 점 등을 종합하면, 위 물품은 구 관세법 제234조 제1호가 규정한 '풍속을 해치는 물품'에 해당한다고 볼 여지가 있는데도, 이에 관하여 충분히 심리하지 않은 채 이와 다른 전제에서 위 처분이 위법하다고 판단한 원심판결에는 법리오해 등의 잘못이 있다.

기존의 우리나라 대법원은 성관련 판결은 비교적 보수적이었다. 보수적이라고 말하는 이유는 여성을 대상화하고 성매매의 주체가 대부분 남성인 점을 고려한 판단이 많았기 때문이다. 간통죄 폐지와 음란성에 대한 개념의 변화, 선정적인 영화등급에 대한 판단과 최근의 리얼돌의 수입과 관련된 판결 등에서 볼 수 있듯이 우리나라의 성에 대한 사법부의 판단 역시 변화하고 있다. 이러한 변화는 법원의 인식 변화가 아니라 사회 일반인의 성문화와 성풍속에 대한 경향과 인식의 변화를 반영한 것이다.

또한 기술과 과학의 발전에 따라 인간과 유사한 형태의 인공지능로봇을 성적 대상으로 하는 문제에 있어서도 유사한 태도가 지속될 것으로 보인다. 섹스로봇과 관련해서 앞으로 사회적·윤리적·법적인 측면에서 지속적으로 관심을 가지고 지켜보아야 할 것이다.

(5) 로봇윤리헌장 제정

우리나라에서도 일찍이 로봇기술과 관련된 윤리가 논의되었다. 그리고 법규에도 로봇윤리에 관심을 가지고 있었고, 로봇윤리헌장 제정을 법규에 명시한 점은 앞에서 밝혔지만 법률, 시행령, 시행규칙에서 모두 로봇윤리헌장을 언급하고 있고, 로봇윤리헌장의 제정 주체와 시행 주체를 모두 정부로 규정하고 있는 점은 특이하다. 개인적인 의견으로는 이미 법령에 로봇윤리헌장 제정과 시행과 관련된 내용을 규정하고 있는 것은 로봇윤리헌장 제정 및 로봇윤리와 관련하여 국가가 지원하고 후원하겠다는 의미로 읽힌다.

그리고 로봇윤리, 로봇윤리헌장이라는 말에서 이미 짐작할 수 있듯이 국가가 어떠한 기술윤리, 공학윤리, 과학윤리 등에 대해서 국가 권력을 가지고 간섭하는 것은 오히려 기술과 공학, 과학을 퇴보시키는 것이다. 다만 기술윤리나 공학윤리 등을 위반하여 인간에게 손해를 끼치거나 사회적 유해성이 드러난다면 법률제도를 통해서 규제하거나 손해배상 등의 청구권행사를 할 수 있도록 하거나, 행정적 규제를 가할 수 있다.

그러나 국가권력, 행정권력 등 공권력의 로봇윤리헌장 제정이나 로봇윤리제정과 관련된 영향력을 행사하는 것은 가능하면 최소한으로 하고, 학자, 기술연구자, 과학연구자, 심리학자, 윤리학자, 신학자, 법학자 등으로 구성되는 민간의 자율적인 논의와 방향설정, 합의가 중요하다. 마찬가지로 법학이나 윤리학, 공학 등

특정 분야에서 독자적으로 연구와 논의를 진행하기보다 학제간 상의와 토의가 필요하고 인식교환이 중요하다.

아직 로봇윤리헌장이 제정되어 있지 않는 것 같다.[169] 따라서 앞으로 진행될 로봇윤리헌장 제정과 관련하여서도 이러한 점은 유의하여야 한다. 이하에서는 학제 간 논의가 진행되었던 성과물을 간략히 소개하고자 한다.

학제 간 연구를 통하여 로봇윤리헌장의 필요성을 강조하고 로봇윤리의 내용을 비교적 구체적으로 제시하고 있는 연구 성과물[170]이 있다. 이 논문에서는 인간의 존엄성과 인간의 도구적 동반자로서의 로봇에 대해서 의무론적인 근거[171]와 인류 전체의 공공선 확보를 위해서 로봇의 역할과 기능에 관한 공리주의적 입장[172]에서 최대다수의 최대 행복을 위한 원리(the greatest happiness principle)의 하나로서 로봇을 이용하는 것에 있어서 로봇연구윤리의 필요성에 대한 논의를 진행하고 있다. 그러나 무엇보다도 구체적인 로봇윤리의 내용에 대해서 언급하고 있다는 점이 주목할 만하다.

우선 2007년도에 산업부가 마련한 로봇윤리헌장의 초안의 내용은 다음과 같다.[173]

로봇윤리헌장 초안(2007)

1장(목표) : 로봇 윤리 헌장의 목표는 인간과 로봇의 공존 공영을 위해 인간 중심의 윤리 규범을 확립하는 데 있다.

2장(인간, 로봇의 공동 원칙) : 인간과 로봇은 상호 간 생명의 존엄성과 정보, 공학적 윤리를 지켜야 한다.

3장(인간 윤리) : 인간은 로봇을 제조하고 사용할 때 항상 선한 방법으로 판단하고 결정해야 한다.

4장(로봇 윤리) : 로봇은 인간의 명령에 순종하는 친구·도우미·동반자로서 인간을 다치게 해서는 안 된다.

5장(제조자 윤리) : 로봇 제조자는 인간의 존엄성을 지키는 로봇을 제조하고 로봇 재활용, 정보 보호 의무를 진다.

6장(사용자 윤리) : 로봇 사용자는 로봇을 인간의 친구로 존중해야 하며, 불법 개조나 로봇 남용은 금한다.

7장(실행의 약속) : 정부와 지자체는 헌장의 정신을 구현하기 위해 유효한 조치를 시행해야 한다.

다만 이 초안은 공식적으로 공표되지 않은 내용인데 그 이유는 로봇윤리의 체계를 구축할 만한 철학적 토대를 갖추지 못했기 때문이다.

그리고 2007년도 초안의 내용[175]을 조금 더 부가적으로 설명하고 있는 것을 소개하면 다음과 같다.

로봇윤리헌장 초안의 상세 내용은 다음과 같다.

1장(목표)은 인간과 로봇이 선한 협력을 통해 공존공영을 실현한다는 헌장 제정목표를 담고 있다. 로봇으로 인간 삶의 질을 향상시키고, 풍요롭고 수준높은 희망의 미래사회를 건설하며, 특히 로봇제조자와 사용자를 중심으로 윤리규범을 제정한다는 내용을 포함하고 있다.

2장(공동원칙)은 인간과 로봇이 서로 생명의 존엄성을 인정하고, 평등·정의·자유·책임이 인간과 로봇의 기본윤리 원칙임을 확인하며, 로봇의 정확성·안전성·보안성·신뢰성·지적소유권을 보호한다는 내용이다. 또 로봇은 인간윤리에 기초한 도덕적 구속력을 갖는다는 내용도 포함되어 있다.

3장(인간의 윤리)은 인간이 로봇을 제조하거나 사용할 때는 항상 선한 방법으로 지혜롭게 판단하고 의사결정해야 한다는 내용이다.

4장(로봇의 윤리와 책무)은 로봇을 노동·치안·방범·국방·의료·교육·환경·서비스 등 다양한 영역에서 인간의 친구이자 동반자로 정의하고, 고장 시 인간에 대한 보고와 활동을 중지해야 하며, 로봇이 고의적으로 사고나 범죄를 유발해선 안 된다고 규정하고 있다.

5장(로봇 제조자의 윤리와 책무)은 인간이 로봇을 제조할 때 인간에 대한 존엄성을 인정하고, 인간에 순종해야 하며, 인류와 공생하기 적합한 공익적 로봇이어야 한다고 규정하고 있다. 또 각종 로봇제조법률을 준수하고, 불법제조와 판매 시 최종 책임을 제조자가 져야 한다는 내용도 포함한다.

6장(로봇 사용자의 윤리와 책무)은 인간이 로봇을 사용할 땐 로봇을 친구나 동반자처럼 감성적 소통의 대상자로 대해야 하고, 인간의 삶의 질과 복지를 높이는 데 사용해야 하며, 로봇 관련 법률과 규범을 준수해야 한다고 규정하고 있다. 또 로봇을 불법으로 개조하거나 악용하지 말아야 하며, 로봇의 상시사용으로 인한 로봇중독에 대한 경고 내용도 포함하고 있다.

7장(실행의 약속)에는 로봇윤리 규범을 실천하기 위해 정부와 지방자치단체가 법적, 제도적, 정책적, 재정적 조치를 취해야 한다는 내용이다.

이러한 초안에 대해서 학제 간 연구를 통하여 비판적으로 바라보고 더 구체적으로 대안을 제시한 의견[176]이 있다. 첫째, 기존 로봇윤리초안의 내용에 대한 원칙적인 수정 방향은 인공지능과 로봇기술의 발전을 반영하여야 하고, 둘째, 로봇윤리는 인간의 존엄성과 인류의 공공선을 위한 것이라는 점을 명확히 하고, 셋째, 모호한 원칙과 용어를 명확히 하고, 넷째, 모호한 원칙과 내용을 보완하여야 하고, 다섯째, 로봇을 설계, 제작, 사용하는 사람들을 위한 원칙을 체계화하고, 여섯째, 수정할 때의 고려사항을 제시하고 있다.[177]

그리고 로봇윤리 기본원칙과 로봇설계자의 윤리, 로봇제작자의 윤리, 로봇사용자의 윤리에 대해서 구체적인 안을 제시하고 있다. 표현은 로봇윤리헌장이지만, 사실 제시하고 있는 내용은 로봇을 설계하는 사람, 제작하는 사람, 사용하는 사람이 지켜야 할 또는 유념하여야 할 사항에 대해서 선언적이고 가치적인 내용을 가진 문구로 채우고 있다. 다만 설계자, 제작자, 사용자로 한정하고 있는 것은 다소 아쉬운 점이다. 하지만 의미 있는 것은 학제 간의 연구를 통해서 윤리학적 또는 철학적 기반을 마련하고자 한 것이다.

3) 자율주행자동차

인공지능과 관련하여 세계 각국에서 가장 사람들의 생활에 가까이 다가온 것 중의 하나가 자율주행자동차(Kraftfahrzeug mit autonomer Fahrfunktion, Autonomous Driving)이다. 여러 차례 언론이나 방송에 등장하면서 인간에게 인공지능시대가 다가오고 있음을 실감하게 하는 기술이 자율주행자동차이다. 자율주행자동차와 관련하여 여러 가지 기능과 운행 발달에 따라 등급을 나누고 기술의 발전에 따른 성과가 서서히 나타나고 있다. 우리나라에서도 이미 정부차원에서 많은 투자와 연구가 이루어지고 있다.

그런데 자율주행자동차의 운행과 관련된 규범적 대응 또는 적응은 아직 우리나라에서는 충분히 이루어지지 않고 있다. 이하에서는 인공지능이 탑재된 자율주행자동차와 관련하여 규범적 대응을 어떻게 하고 있는지를 살펴보고자 한다.

먼저, 자율주행자동차의 운행기술과 관련하여 등급을 먼저 소개한 후, 기술발전을 살펴보고자 한다. 그리고 이와 관련된 우리나라의 입법 현황과 독일의 자율주행자동차에 대한 입법의 내용을 소개하고자 한다.

4) 자율주행자동차 등급

자율주행자동차의 자율주행 기능[178]과 관련하여 세계에서 가장 많이 통용되고 있는 기준은 국제자동차공학회(SAE International, Society of Automotive Engineers, International)의 J3016 Standard이다.

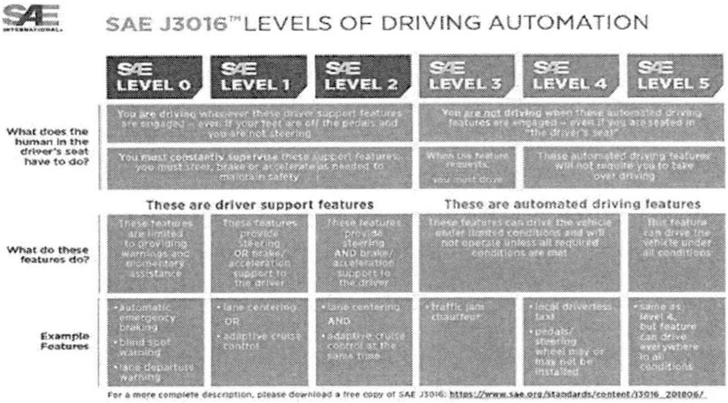

[그림 2] LEVELS OF DRIVING AUTOMATION

*출처: https://www.sae.org/news/2019/01/sae-updates-j3016-automated-driving-graphic.

이 표를 기초로 해서 간략히 정리하면 다음과 같다.

[표 2]

<table>
<tr><th>레벨0</th><th>레벨1</th><th>레벨2</th><th>레벨3</th><th>레벨4</th><th>레벨5</th></tr>
<tr><td>자율주행이 아님.
(No Driving Automation)</td><td>자율주행이 아님.
(No Driving Automation)</td><td>자율주행이 아님.
(No Driving Automation)</td><td>자율주행이 아님.
(No Driving Automation)</td><td>자율주행이 아님.
(No Driving Automation)</td><td>자율주행이 아님.
(No Driving Automation)</td></tr>
<tr><td colspan="3">운전자 조작</td><td colspan="3">자율주행</td></tr>
<tr><td colspan="3">운전자의 운행 주의 의무</td><td>시스템 요청 시 운전자는 운전조작을 하여야 함.</td><td colspan="2">시스템이 운전자의 운전 조작을 요청하지 않음.</td></tr>
</table>

최근 업데이터된 내용[179]에 따르면 DDT(Dyanamic Driving Task)를 누가 하였는가에 따라 레벨0 수동운전(No Driving Automation), 레벨1 운전자 지원(Driver Assistance), 레벨2 부분 운전 자율화(Partial Driving Automation), 레벨3 조건부 운전 자

율화(Conditional Driving Automation), 레벨4 고도 운전 자율화(High Driving Automation), 레벨5 완전 운전 자율화(Full Driving Automation)로 분류하고 있다.

최근에 화제가 되고 있는 자율주행기능의 레벨4는 운전자가 운전이라는 행위에 개입하지 않더라도 자율주행이 가능한 단계를 말한다. 다른 말로 표현하면 자율주행 레벨4에서는 긴급상황에서 운전자가 아닌 자율주행시스템에 의해서 운전을 조작하고 이에 대해서 책임을 지는 단계라고 말할 수 있다. 이에 반하여 레벨3은 운전 중에 긴급상황 내지 비상상황이 발생하였을 경우에 운전자에게 운행조작에 대한 개입을 하도록 하고 운전행위 또는 운전조작 행위를 운전자가 하여야 한다. 한편 레벨 5의 단계는 자율주행 시스템이 모든 상황에서 시스템에 따라 운행조작을 행하는 단계를 의미한다. 어떠한 장소와 상황에서도 자율적으로 판단하여 운전조작을 하는 단계인 것이다. 아직은 레벨5의 단계에 있다고 말할 수 없지만 독일이나 미국의 경우에는 부분적으로 또는 단계적으로 레벨4의 단계에 있다고 판단된다.

5) 우리나라의 자율주행자동차 법규범

(1) 자율주행자동차 상용화 촉진 및 지원에 관한 법률

우리나라에서 자율주행자동차에 대한 관심이 높아지고 이에 대한 법규범적 대응을 하기 위하여 법률 제16421호, 2019년 4월 30일에 법률 제16421호로 「자율주행자동차 상용화 촉진 및 지원에 관한 법률」을 제정하고, 1년이 지난 다음인 2020년 5월 1일부터 시행하였다.

이 법률의 제정이유는 자율주행자동차가 4차산업혁명시대에서 대표적인 기술의 하나이고, 국내외 여러 기업들이 자율주행자동차의 상용화를 위하여 연구·개발을 추진 중에 있는 점을 감안해서, 자율주행자동차와 관련하여 현행 「자동차관리법」에서는 개략적인 정의와 임시운행허가의 근거만 존재하고 있을 뿐 상용화의 전제가 되는 운행구역, 안전기준 등에 관한 법적 근거가 부족한 상황이다. 이러한 점을 타개하기 위하여 자율주행자동차의 상용화를 위한 연구·시범운행 등이 원활히 이루어질 수 있도록 관련 규제의 적용을 배제하는 특례를 부여하는 등 자율주행자동차의 상용화 촉진과 운행기반 조성을 위한 법적 근거를 마련함으로써 4차산업혁명시대에 선제적으로 대응하고 국민 생활의 개선을 도모하려는 데에 있다.

이 법률의 주요 내용은 제정이유서에 요약된 것을 인용하면 다음과 같다.

가. 국토교통부장관이 자율주행자동차의 도입·확산과 자율주행 기반 교통물류체계의 발전을 위하여 5년마다 자율주행 교통물류 기본계획을 수립하도록 하고, 자율주행 기반 교통물류체계, 자율주행협력시스템 등의 연구개발·운영 및 활용 등에 대하여 매년 현황조사를 실시하도록 하고(제4조 및 제5조),

나. 국토교통부장관이 자율주행자동차의 운행 지원을 위한 인프라 등을 고려하여 자동차전용도로 중 안전하게 자율주행 할 수 있는 구간인 자율주행 안전구간을 지정할 수 있도록 하고(제6조),

다. 국토교통부장관은 자율주행자동차 시범운행지구를 지정할 수 있고, 시범운행지구로 지정·고시된 구역을 관할하는 시·도는 시범운행지구의 운영에 필요한 사항을 조례로 정할 수 있으며(제7조 및 제8조),

라. 사업용 자동차가 아닌 자동차의 유상운송을 금지하고 있는 「여객자동차 운수사업법」의 규정에도 불구하고 사업용 자동차가 아닌 자율주행자동차를 활용하여 시범운행지구에서 유상으로 여객의 운송용으로 제공하거나 임대할 수 있도록 하는 등 여객의 유상운송에 관한 특례를 규정하고(제9조),

마. 시범운행지구에서 자율주행자동차를 활용하여 유상으로 화물을 운송하려는 자에 대해서는 「화물자동차 운수사업법」에 따른 화물자동차 운송사업의 허가 절차를 적용하지 않고 이 법에서 별도로 정한 허가 절차에 따르도록 화물자동차 운송사업에 관한 특례를 규정하고(제10조),

바. 조향장치, 제동장치, 좌석 등 구조적 특성으로 인하여 자동차 안전기준, 부품안전기준을 충족하기 어려운 자율주행자동차는 국토교통부장관의 승인을 받아 시범운행지구에서 운행할 수 있도록 하는 등 「자동차관리법」에 따른 자동차 안전기준에 관한 특례를 규정하고(제11조),

사. 시범운행지구에서 교통체계지능화사업을 하는 자가 지능형교통체계표준으로 제정·고시되지 않은 신기술을 사용할 수 있도록 「국가통합교통체계효율화법」에 따른 지능형교통체계 표준에 관한 특례를 규정하고(제12조),

아. 시범운행지구에서 자율주행에 필요한 도로공사와 도로의 유지·관리는 도로관리청이 아닌 자가 수행할 수 있도록 하는 등 「도로법」

에 관한 특례를 규정하고(제13조),

자. 시범운행지구에서 자율주행자동차를 운행하려는 자는 이를 규제하는 법령의 적용 여부 및 해석 등의 확인을 국토교통부장관에게 요청할 수 있고, 국토교통부장관은 권한의 범위에서 규제확인을 하고 다른 행정기관의 소관사항인 경우 해당 행정기관의 장에게 통보하며, 국토교통부장관 또는 행정기관의 장은 요청 또는 통보받은 날부터 30일 이내에 검토결과를 요청한 자에게 회신하도록 하고(제14조),

차. 시범운행지구에서 자율주행자동차에 관한 연구·시범운행을 하는 자는 연구·시범운행으로 인해 발생할 수 있는 인적·물적 손해를 배상하기 위하여 보험에 가입하여야 하고(제19조),

카. 자율주행자동차를 운행하는 과정에서 수집한 개인정보, 개인위치정보 등의 전부 또는 일부를 삭제하거나 대체하여 다른 정보와 결합하는 경우에도 더이상 특정 개인을 알아볼 수 없도록 익명처리하여 정보를 활용하는 경우에는 「개인정보 보호법」 등의 적용을 배제하도록 하고(제20조),

타. 자율주행자동차의 도입·확산 등을 위한 행정적·재정적 지원, 기술개발 촉진을 위한 지원시책 마련·추진, 전문인력 양성, 해외진출 및 국제협력 지원 등에 관한 사항을 규정(제23조부터 제26조까지)하고 있다.

'자율주행자동차법'으로 약칭되는 이 법률의 제정 취지는 국가기관인 국토교통부장관이 수행하여야 할 사항에 대해서 주로 규정하고 있다. 자율주행자동차 산업의 발전을 위하여 연구개발

제63조의b[183] 시행령 제정권한

[1]연방교통과 디지털사회구조기반부는 제63조의a의 이행을 위하여 데이터보호와 정보자유화에 대해서 수임인과 협조하면서 다음 각호의 내용에 관한 시행령을 제정할 권한이 있다.

1. 기술장치와 저장매체장소 및 제63조의a 제1항에 따른 저장의 양식과 방법
2. 제63조의a 제1항에 따른 저장의무자의 주소
3. 자동차를 판매할 때에 권한 없이 접근하는 것에 대한 저장데이터의 안전을 위한 조치

[2]1문에 대한 시행령은 공지하기 전에 연방하원에 알리기 위해서 전달될 수 있다.

(2) 독일 도로교통법상 레벨3의 의미

앞서 언급한 대로 도로교통에 관한 비엔나협약의 개정 이후에 독일에서 레벨3 수준의 자율주행이 가능한 자동차가 운행할 수 있도록 도로교통법이 개정되었다. 앞서 조문에서 알 수 있듯이 대체적으로는 자동차와 관련된 허가사항을 규정하고 있다. 이 법률을 통해서 레벨3 수준의 자율주행자동차의 기술수준이나 내용에 대해서 알 수 있다. 제1조의a 제2항에서 규정하고 있는 내용을 살펴보면 '고도로 또는 완전 자동화된 자동차'라고 표현하고 있다. 이러한 자동차의 운행은 자동차운행규범을 준수하여야 한다는 점을 밝히고 있다.

그리고 레벨3에서는 '운전자'라는 개념이 등장한다. 운전자는 자연인인 인간을 의미한다. 아직 레벨3에서는 운전자가 항상 '수

동으로' 자동차를 제어할 수 있는 상태에 있어야 한다. 그리고 운전자는 자신의 손으로 자동차조작의 필요성을 인식할 수 있어야 한다고 규정하고 있어서 운전자라는 개념이 등장하고 있다. 또한 운전자에게 자동차조작 이행 전에 충분한 시간적 여유를 가지고 자신의 손으로 자동차조작의 필요성을 시각적, 청각적, 촉각적 또는 그 밖으로 인식가능하게 알려줄 수 있어야 하고, 운전자가 시스템설명서의 내용과 모순되는 조작을 하거나 사용을 할 때에는 운전자에게 알려주도록 하고 있다.

더 나아가서 제1조의b에서는 운전자의 권리와 의무에 대해서 규정하고 있다. 운전자는 항상 자신의 의무를 이행할 수 있는 방법을 인식할 수 있는 상태를 유지하여야 하고, 자동차시스템이 운전인수를 요청하거나 또는 자율주행기능이 더 이상 작동하지 않는 경우에는 자동차조작을 지체 없이 인수하여야 하는 의무가 있다고 밝히고 있다.

또한 제63조의a에서는 자율주행 자동차의 활성화 여부 및 운행과 관련된 데이터를 관청에 전송하도록 하고 있고, 교통위반 행위가 발생할 경우에 데이터전송 요청이 있으면 관할 관청에 데이터를 전송하도록 하고 있다.

(3) 2021년 도로교통법

독일의 도로교통법은 2003년 3월 5일 공표되었고(BGBl. I S. 310, 919), 2021년 7월 12일 법률 제2조(BGBl. I S. 3091)에 의해 개정되었다. 일명 자율주행법[Gesetz zum autonomen Fahren(BGBl. I S. 3108)]으로 불리는 이 법률(Gesetz zur Änderung des Straßenverkehrsgesetz und des Pflichtversicherungsgesetyes)은 도

로교통법과 의무보험법의 개정을 주요 내용으로 하고 있다. 이 법률의 내용은 자율주행자동차의 레벨4에 대비한 것이다. 이 법률은 도로교통법 제1조의d부터 제1조의l까지의 조문을 새롭게 규정하고, 의무보험법 제1조 2문을 신설하는 것을 주요 내용으로 하고 있다.

2021년 도로교통법을 개정하게 된 필요성은 무엇보다도 자율주행 레벨4를 포함하는 법률안이 독일에서 필요하다고 보았기 때문이다. 이렇게 판단한 이유 중의 하나는 독일의 자동차 산업이 세계에서 수위를 다투고 있고, 자동차 산업이 독일의 주요 산업이기 때문이다. 그리고 세계적 경향이 자율주행이 자동차에서 주요한 관심사 일뿐만 아니라 교통안전 또는 환경보호라는 관점에서 필요하다고 보았기 때문이다. 또한 독일이 유럽연합에서 자율주행 중 레벨4에 관한 입법을 먼저 시도하는 것이 필요하다고 보았고, 이런 이유는 앞서 언급한 비엔나협약과 또는 유럽연합의 규정에의 구속을 피하기 위함이기도 하다.[184] 그런데 앞서 소개하였다시피 비엔나협약이 2021년도에 새롭게 개정되어 자율주행자동차에 대한 정의규정이 들어가 있어서 독일의 입장에서도 국제협약을 준수하게 된 면이 있다.

이하에서는 자율주행 기능을 갖춘 자동차와 관련된 개념들과 규범적 요소가 많이 있기 때문에 최근 개정된 독일의 도로교통법과 의무보험법의 개정안의 전문을 번역하여 자료로 삼고 앞으로 우리나라의 입법에 참고가 될 수 있는 시사점을 찾고자 한다. 그리고 이후에 자율주행 레벨4의 의미를 간략히 살펴보고자 한다.

1. 제1조의c 다음에 제1조의d부터 제1조의l까지 삽입된다.

§제1조의d 지정된 운행지역에서 자율주행 기능을 갖춘 자동차

(1) 이 법에서 의미하는 자율주행 기능이 있는 자동차는,

1. 차량을 운전하는 사람 없이 지정된 운행지역에서 독자적으로 운전하는 작업을 수행할 수 있으며,
2. 제1조의e 제2항에 따른 기술 장비를 갖춘 경우

(2) 이 법에서 의미하는 지정된 운행영역은 자율 주행 기능이 있는 자동차가 제1조의e 제1항에 따른 요건들이 존재할 때에 운행이 허용된 지역 또는 공간적으로 특정된 공공도로공간을 말한다.

(3) 이 법에서 의미하는 자율주행 기능이 있는 자동차의 기술감독관은 제1조의e 제2항 제8호에 따라 운행을 하는 동안 이 자동차를 작동하지 못하게 할 수 있고, 제1조의e 제2항 제4호 그리고 제3항에 따라 운행의 방향전환을 자유롭게 할 수 있는 자연인을 말한다.

(4) 이 법에서 의미하는 최소위험상태라는 함은 자율주행기능이 있는 자동차가 스스로 또는 기술감독관의 지시에 의하여 최대한 안전한 장소에 정지시키는 상태를 말하고, 교통상황을 적절히 고려하면서 차량탑승자, 다른 교통참여자 그리고 제3자를 위해 가능한 한 최대한의 안전을 보장하기 위하여 위험경고등이 작동하여야 한다.

§제1조의e 자율주행 기능이 있는 자동차의 운행: 이의와 취소청구소송

(1) [1]자율주행 기능을 수단으로 하는 자동차의 운행은 다음의 각호에 해당하면 허용된다.

1. 자동차가 제2항에 따라 기술요건을 충족한 경우
2. 제4항에 따라 자동차에 대하여 운행허가가 부여된 경우
3. 연방법 또는 주법에 따라 권한이 귀속된 관청 또는 연방에 행정이 귀속된 연방간선도로에서, 사회기반시설회사설립법에서 의미하는 사법상 회사로부터 승인을 받은 자동차는 지정된 운행지역에 배치될 수 있으며,
4. 자동차는 제1조 제1항에 따라 공공의 도로교통에 참여하기 위해 허락이 되어야 한다.

[2]제1조의h에 따른 자동차의 운행 및 제1조 제1항에 따른 등록은 영향을 받지 않는다.

(2) 자율자동기능을 갖춘 자동차는 다음 각호의 내용이 가능한 기술적 장치를 갖추어야 한다.

1. 자동차를 운행하는 사람의 제어를 방해하지 않고 또는 기술감독관이 자동차 운행을 영구적으로 감시하지 않고, 지정된 운행지역 내에서 운행임무가 독자적으로 행할 수 있을 것
2. 자동차 운행을 목적으로 된 교통규정을 독자적으로 준수하고, 사고회피를 위한 시스템을 처리할 수 있어야 하는 것
   a) 손해를 회피하거나 또는 손해를 경감하도록 설계되어 있을 것
   b) 다양한 법익에 대해서 피할 수 없는 대체손해가 있을 경

우 법익의 의미를 고려하고, 이 때에 인간의 생명을 최우선으로 하여야 한다. 그리고

c) 인간 생명에 대한 피할 수 없는 대체 위험이 발생한 경우에는 개인적 표지를 근거로 하여 더이상의 중요도 결정을 하지 않아야 한다.

3. 도로교통법을 위반하여야만 운행을 계속하는 것이 가능한 경우라면, 자동차를 독자적으로 위험을 최소화한 상태로 두어야 한다.
4. 제3호의 경우에 기술감독관은 독자적으로,

a) 운행을 계속할 수 있도록 가능한 조작법을 제안하는 것 및

b) 기술감독관이 제안된 운전조작을 시행하기 위하여 결정할 수 있도록 하기 위하여 상황 평가에 필요한 데이터를 제공하여야 한다.

5. 기술감독관이 제안한 운전조작이 교통에 참여하고 있는 사람 또는 참여하고 있지 않는 사람을 위험에 빠뜨릴 경우에는 운전조작을 심사하고 이것을 시행하지 않고 오히려 자동차가 독립적으로 위험을 최소화한 상태로 두어야 한다.
6. 기능에 장애가 발생하였다면 즉시 기술감독관에게 보고한다.
7. 시스템의 한계가 인식되고 시스템의 한계에 달하였을 때, 자율주행기능이 침해를 받는 기술적인 장애가 발생하였을 때, 또는 지정된 운행영역의 경계에 도달하였을 때에는 자동차는 독자적으로 위험이 최소한 상태로 있어야 한다.
8. 기술감독관 또는 자동차에 탑승자가 비활성화되거나 또는 비활성화의 경우에 자동차는 독자적으로 위험 최소상태로

있어야 한다.

9. 기술감독관은 대체운전을 할 수 있는 운전조작의 변속의 필요성, 충분한 시간적 여유를 가지고 비활성화하는 것, 고유의 기능상태를 위해서 시각적, 청각적 또는 기타의 인식 가능한 신호를 보고하여야 한다.

10. 무선접속이 고장나거나 또는 함부로 침해가 일어났다면, 충분히 안정적이고 보호받고 있는 무선접속을 자동화되지 않은 생태로 침해되는 것으로부터, 특히 기술감독을 위하여 안전하게 하여야 하고, 그리고 자동차를 위험의 최소상태가 되도록 하여야 한다.

(3)제2항 제1호부터 제4호까지의 요건을 충족시키기 위하여 기타의 침해가 있는 경우, 기술장치가 운행임무를 독자적으로 관리할 수 없도록 하여야 한다. 다음 각호의 요건이 충족되더라도 그러하다.

1. 기술장치가 대체운전조작을 기술감독관에 의하여 주어질 수 있는 상태에서 안전하게 될 수 있는 경우
2. 기술장치를 통해서 제1호에 따라 대체운전조작이 독자적으로 시행될 수 있는 경우
3. 기술장치가 기술감독관이 충분한 시간적 여유를 가지고 운전조작을 제안하기 위하여 시각적, 청각적 또는 기타 인식 가능한 것을 요구할 수 있는 상태에 있는 경우

(4) [1]제2항에 따라 기술요건과 제1조 제3항 제14호에 따른 제조자의 설명이 있다면, 연방자동차운송청은 제조자의 신청에 의하여 자율주행기능을 갖춘 자동차에 대하여 운영허가를 하여야 한다. [2]제1조의d부터 제1조의g까지 사물적으로 해당하고, 예외승

인을 포함하여 운영허가 수여에 대한 신청이 이미 이루어진 진행 중인 승인절차는 영향을 받지 아니한다.

(5) 자율주행기능을 갖춘 자동차에 대한 이의신청 그리고 철회에 대한 취소청구소송 또는 운영허가의 취소는 정지시키는 효력은 없다.

(6) 철회에 대한 이의신청 그리고 취소청구소송 또는 지정된 운행지역의 승인에 대한 철회는 정지시키는 효력은 없다.

§1f 자율주행기능을 갖춘 자동차의 운영시 참여자의 의무

(1) [1]자율주행기능을 갖춘 자동차의 관리인은 운행안전 그리고 자동차의 환경적합성 유지를 하여야 할 의무가 있고 이러한 의무에 대하여 필요한 예방조치를 하여야 한다. [2]관리인은,

1. 자율주행기능에 대해 필요한 시스템에 대한 정기적인 정비를 확보하여야 하고,
2. 자동차의 운행을 목적으로 하는 교통규범이 아니라 기타의 것을 지켜야 할 예방조치를 하여야 하고,
3. 기술감독관의 임무가 이행되도록 보증하여야 한다.

(2) 자율주행기능을 갖춘 자동차에 대한 기술감독관의 의무는 다음 각호의 내용과 같다.

1. 제1조의e 제2항 제4호와 제3항에 따라 대체운전조작을 평가하고 기술감독관에게 자동차시스템에 의해서 시각적, 음향적 그리고 기타의 인식가능한 것으로 보고가 되자마자 자동차시스템에 이미 설치된 데이터를 기술감독관에게 상황판단을 가능하게 하여야 하고, 대체운전의 이행은 교통안

전을 위태롭게 하지 않도록 하기 위하여 자동차를 활성화 하여야 한다.

2. 자율주행기능이 시각적, 음향적 그리고 기타의 인식가능한 것이 자동차시스템을 통해서 보고되는 즉시 자율주행기능은 비활성화되어야 한다.
3. 고유한 기능상태를 위하여 기술장치의 신호를 평가하고 경우에 따라서 교통안전을 위한 필요한 조치를 시작하여야 한다.
4. 자동차의 탑승자와 즉시 접촉을 하여야 하고 자동차가 위험을 최소상태로 있어야 한다면, 운행 안전을 위하여 필요한 조치를 시작하여야 한다.

(3) 자율자동기능을 갖춘 자동차의 제조자는 다음 각호의 어느 하나에 해당하는 내용을 행하여야 한다.

1. 자동차의 전자적 그리고 전기적 구성과 자동차와 결합되어 있는 전자적 그리고 전기적 구성을 공격으로부터 안전하게 할 수 있다는 것을 연방자동차운행청과 관할 관청에 자동차의 전체 생산과정시간과 운영시간에 관하여 증명하여야 한다.
2. 자동차에 대한 위험평가를 실시하고 어떻게 위험평가를 시행하고 위험에 대해서 자동차의 중요한 요소가 위험평가 영역에서 보호되는지를 연방자동차운행청과 관할 관청에 증명하여야 한다.
3. 자율주행에 대한 충분히 안전한 무선결합을 증명하여야 한다.
4. 각 자동차에 대해서 시스템설명을 실시하여야 하고, 운행핸드북을 만들어야 하며, 운행핸드북에서 자동차는 제1조

의e 제2항에 따른 요건들이 제3항과 연계하여 이행된 것을 연방자동차운행청에 구속력 있는 설명을 하여야 한다.

5. 자동차의 운행에 관여하는 사람에게 기술적 기능방법 특히 주행기능과 관련하여 그리고 기술감독관의 임무가 인식되도록 전달되는 학습을 제공하여야 한다.
6. 자동차의 운행에 관여하는 사람은 자동차의 조작 또는 전자적 또는 전기적 구성 또는 자동차와 결합되어 있는 전자적 또는 전기적 구성을 인식하는 즉시, 특히 무선결합에 함부로 접근이 이루어진 경우, 이것을 즉시 연방자동차운행청 그리고 연방법 또는 주법에 따라 권한이 귀속된 관청에게 또는 행정권이 귀속된 연방고속도로청에게, 사회기반시설회사설립법(Infrastrukturgesellschaftserrichtungsgesetzes)에서 의미하는 사법상 회사에게 통지하여야 하고 필요한 조치를 취하여야 한다.

§1g 데이터처리

(1) [1]자율주행기능을 갖춘 자동차의 관리인은 자동차를 운행할 때에 다음 각호의 내용의 데이터를 저장할 의무를 진다.

1. 자동차등록번호
2. 위치데이터
3. 자율주행기능의 사용 횟수, 시간, 활성화 및 비활성화
4. 대체운전조작의 실시의 횟수와 시간
5. 소프트웨어상태에 대한 데이터를 포함하여 시스템감시데이터

6. 환경과 기후조건

7. 예를 들면 전송지연과 처리가능한 대역대와 같은 네트워크 파라미터

8. 활성화된 그리고 비활성화된 수동 그리고 능동 안전시스템의 이름, 안전시스템의 상태에 관한 데이터 및 안전시스템을 활성화시킨 실체

9. 종방향 그리고 횡방향 차량가속도

10. 속도

11. 조명기구상태

12. 자율주행기능을 갖춘 자동차의 조명기술장치의 상태

13. 자동차의 외부로부터 전송된 명령과 정보

[2]관리자는 연방자동차운행청 그리고 연방법 또는 주법에 따라 권한이 귀속된 관청에게 또는 행정권이 귀속된 연방고속도로청에게, 사회기반시설회사설립법에서 의미하는 사법상 회사에게 제1문에 따른 데이터를 청구에 의하여 이것이 다음 각호의 내용에 따라 필요할 때에는 전달하여야 한다.

1. 제4항과 제5항에 따라 관리인의 임무이행에 대한 연방자동차운행청과 관련된 경우 그리고

2. 제6항에 따라 관리인의 임무이행에 대해서 연방법 또는 주법에 따라 권한이 귀속된 관청 또는 행정권이 귀속된 연방고속도로청, 사회기반시설회사설립법에서 의미하는 사법상 회사와 관련된 경우

(2) 다음 각호의 경우에는 제1항에 따른 데이터는 저장되어야 한다.

1. 기술감독관이 관여한 경우

2. 충돌시나리오 특히 사고와 사고유사 시나리오

3. 계획적이지 않은 차선변경 또는 차선이탈

4. 운행과정에서의 장애가 발생한 경우

(3) [1]자율운행기능을 갖춘 자동차의 제조자는 제1항 또는 제2항에 따라 관리자가 실제로 데이터의 저장을 가능하도록 자동차를 장치하여야 한다. [2]제조자는 자율주행기능을 가진 자동차가 운행을 할 때에 처리되어야 할 데이터를 처리하기 위하여 사적 영역에 대한 침해가능성에 관하여 관리자에게 정확하고, 명확하고 그리고 알기 쉬운 용어로 정보를 제공하여야 한다. [3]이것과 관련된 자동차의 소프트웨어는 자율주행기능 속에서 처리된 데이터의 저장과 전송의 종류와 방법을 선택할 수 있는 가능성을 구비하여야 하고 관리자에게 이에 상응하는 설정을 할 수 있도록 하여야 한다.

(4) [1]연방자동차운행청은 자율주행기능을 가진 자동차의 안전한 운행을 감시하기 위하여 필요하다고 판단되는 경우에는 다음 각호 내용의 데이터를 관리자로부터 수집, 저장 그리고 사용할 수 있는 권한을 가진다.

1. 제1항에 따른 데이터 그리고
2. 기술감독관으로 임명된 사람의 성명 및 기술감독관의 전문적인 자격에 관한 증명

[2]관리자가 연방정보보호법(Bundesdatenschutzgesetz) 제26조에 따라 피고용인을 두었을 경우에는, 연방정보보호법 제26조를 적용한다. 연방자동차운행청은 늦어도 해당 자동차의 운행이 시작된 후에 3년이 지난 경우, 제1문에 따른 목적이 더 이상 필요하지 않을 경우에는 즉시 데이터를 삭제하여야 한다.

(5) [1]제1조의k에서 의미하는 자동차가 아닌 경우에는, 연방자동차운행청은 제1항과 결합한 제4항 제1호에 따라 관리자로부터 수집된 개인과 관련되지 않은 데이터를 교통과 관련된 공공복지를 위해서 특히, 디지털화, 자동화 그리고 네트워크화 및 도로교통에서 발생하는 사고연구를 목적으로 하는 학문적 연구를 위하여 그리고 다음 각호의 기관에게 접근할 수 있도록 하는 권한이 있다.

1. 대학
2. 대학 이외의 연구기관
3. 연구, 개발 교통계획 또는 도시계획임무를 가진 연방, 주 그리고 지역 관청

[2]제1문에서 언급된 기관들은 데이터를 오로지 제1문에서 언급된 목적으로만 사용하여야 한다. [3]제4항 제2문은 준용된다. 일반적인 전송규정은 영향을 받지 아니한다.

(6) [1]지정된 운행지역에 대해서 승인을 하는 연방자동차운행청 그리고 연방법 또는 주법에 따라 권한이 귀속된 관청 또는 행정권이 귀속된 연방고속도로청, 사회기반시설회사설립법에서 의미하는 사법상 회사는 자율주행기능을 갖춘 자동차가 운행을 할 때에 지정된 운행지역이 적합한지 여부를 심사 그리고 감독하여야 할 필요가 있을 때, 특히 각 승인의 요건이 충족되었는지와 이와 결합된 부담을 지키는지에 대한 심사와 감독할 필요가 있을 때, 다음 각호의 데이터를 관리자로부터 수집하고, 저장하고, 사용할 수 있는 권한을 가진다.

1. 제1항에 따른 데이터 그리고
2. 기술감독관으로 임명된 사람의 성명 및 기술감독관의 전문적인 자격에 관한 증명

[2]지정된 운행지역에 대해서 승인을 하는 연방자동차운행청 그리고 연방법 또는 주법에 따라 권한이 귀속된 관청 또는 행정권이 귀속된 연방고속도로청, 사회기반시설회사설립법에서 의미하는 사법상 회사는 늦어도 해당 자동차의 운행이 시작된 후에 3년이 지난 경우 제1문에 따른 목적이 더이상 필요하지 않을 경우에는 즉시 데이터를 삭제하여야 한다.

(7) [1]제1항부터 제6항까지에도 불구하고 제3자는 제1항과 제2항에 따라 저장된 데이터를 법률상 청구를 하기 위하여 주장, 변제, 방어를 하기 위하여 제7조 제1항에 규정된 사례와 함께 이 데이터가 필요한 경우와 자율주행기능을 갖춘 해당 자동차가 이 사안에 관련된 경우에는, 위 데이터를 청구할 수 있다. [2]제3자는 데이터가 법률상 청구를 위하여 주장할 필요성이 더 이상 없는 경우에는 즉시 또는 늦어도 청구권의 주장, 변제, 방어를 위해서 데이터가 수집된 경우 청구권의 소멸시효기간까지 데이터를 즉시 삭제하여야 한다. [3]제3자에 의한 데이터 사용은 제1문에서 언급된 목적으로만 허용된다.

§1h 자동화된 그리고 자율주행기능의 사후 활성화

(1) 자동차 내에 국제적으로, 이 법률의 적용범위 내에서 적용한 가능한 규정이 규율되어 있지 않은 자동화된 또는 자율주행기능이 잘못 설계되었다면, 이 자동차의 운영에 대한 승인 여부는, 자동화된 또는 자율주행기능을 염두에 두지 않은 해당 승인규정에 따라 자동화된 또는 자율주행기능이 비활성화될 때에 이 주행기능에 영향을 받는 것이 승인된 시스템이 제외될 때에만

허용된다.

(2) [1]이 법률의 적용범위 내에서 공개된 도로교통에서 이 기능의 운영에 대한 제1항에서 의미하는 승인된 자동차 내에서 자동화된 또는 자율주행기능의 활성화는 연방자동차운행청에 의해서 특별히 부여된 승인을 기초로 하여서만 이루어질 수 있다. [2]이 승인은 오로지 이 운행기능이 제1조의a 제3항, 제1조의e 제2항 또는 해당 승인규정에 따라 승인의 적격이 있을 때에만 부여될 수 있다. [3]연방자동차운행청은 그 한도에서 고려될 수 있는 기술적 요건들을 공표한다.

§1i 자동화된 그리고 자율주행기능의 시험

(1) 자동화된 또는 자율주행기능의 개발을 위해서 개발단계를 시험하는 데 기여(사용)하고 있는 자동차는 다음 각호의 경우에 해당될 때에만 공개된 도로에서 운행될 수 있다.

1. 제2항에 따라 연방자동차운행청으로부터 자동차에 대하여 운행승인이 부여된 경우
2. 자동차가 제1항 제1호에 따라 허락을 받은 경우
3. 자동차가 오로지 시험으로 운행되는 경우 그리고
4. 운행 중에 있는 자동차가 다음과 같이 지속적으로 감시되는 경우
   a) 자동화된 주행기능인 때에는 자동차교통에 대해 기술개발과 관련하여 신뢰할 수 있는 운전자에 의해서 감시가 이루어지는 경우
   b) 자율주행 기능인 때에는 자동차 교통에 대해 기술개발과

관련하여 현장에 있는 신뢰할 수 있는 기술감독관에 의해 감시가 이루어지는 경우

(2) [1]제1항 제1호에 따른 시험승인은 제조자의 신청에 의해 연방자동차운행청으로부터 부여된다. [2]연방자동차운행청은 자동차의 안정한 운행을 보장하기 위하여 승인을 언제든지 부관과 함께 붙일 수 있다. [3]특정운행지역에서 운행을 제한하는 부관은 주법에 따라 장소와 관계되는 주의 권한이 있는 관청에 귀속된다. [4]운행지역이, 연방행정이 미치는 연방고속도로 또는 연방도로에 포함되거나 또는 이것이 규정되어 있는 경우에는 사회기반시설회사설립법에서 의미하는 사법상 회사에 귀속될 수 있다.

(3) 연방자동차운행청은 기술요건의 설계, 전환 그리고 지속적인 개발, 평가를 할 때에 정보기술의 안전문제에 관해 연방정보기술안전청을 참여시킬 수 있다.

(4) 현재의 도로교통법 규정은 제1조의j 제1항 제7호를 기초로 하여 공표된 시행령의 규정이 효력을 발생한 후 6월까지, 시험을 위해서 적용된다. 제1조의j 제1항 제7호를 기초로 하여 공표된 시행령의 규정이 이미 사용되지 않는 한도에서, 변경되지 않고 계속하여 자동화된 또는 자율주행기능의 개발 단계를 위해서도 적용된다.

§1j 시행령제정권한

(1) 연방교통과 디지털사회구조기반부는 연방상원의 승인을 받은 시행령을 통하여 허가와 공적인 도로에서 자율주행기능을 가진 자동차의 운행에 관한 구체적인 내용을 제1조의d부터 제1조

의i까지에 따라 해당되는 구체적인 내용을 제정할 권한을 가진다.

1. 기술적 요구사항과 제1조의e 제2항부터 제4항에 따라 연방자동차운행청으로부터 운행허가를 받기 위한 절차. 다음 각 호의 내용을 포함한다.
   a) 제조자가 고려하고 있는 구조에 관한 요구사항, 자동차의 기술적 장치와 성질, 제조자가 고려하고 있는 데이터저장, 장착된 정보기술의 안전성, 그리고 자동차의 지능적 안정성, 제조자가 고려하고 있는 제1조의f 제3항 제4호에 따른 설명요구사항 및 제조자가 고려하고 있는 문서작성의무
   b) 연방자동차운행청에 의한 자동차의 타당성 검증
   c) 자동차 운행에 관한 요구사항
   d) 연방자동차운행청에 의한 자동차의 감정요구사항
   e) 자동차와 자동차부분의 정보기술 안전을 평가할 때에 다른 관청들의 참여를 위한 기준을 포함한 시장감시 및 자율주행기능을 가진 자동차의 제조자와 관리자를 위한 협력의무규정 그리고
   f) 개별적으로 적용되고 있는 국가의 규정을 바탕으로 유럽연합의 다른 회원국에서 수여되는 자동화된 그리고 자율주행기능을 가진 자동차에 대한 허가와 승인에 관한 효력의 동일성에 대한 공인과 평가
2. 운행지역의 적합성과 연방 또는 주법에 따라 권한이 귀속된 관청 또는 연방에게 행정권이 귀속된 연방간선도로청, 사회기반시설회사설립법에서 의미하는 사법상 회사에 의해 지정된 운행지역에 대한 평가와 승인절차

3. 자동차와 자동차부분의 운행방법을 인식할 수 있도록 하기 위하여 그리고 교통안전을 보장하기 위하여, 자동차와 자동차부분의 특성표시를 포함한 허가절차의 특수성
4. 교통안전보장과 안전한 운행을 위한 제조자, 관리인 그리고 기술감독관에 대한 요구사항과 의무. 다음 각호의 사항을 포함한다.
   a) 운행조작을 실시하기 위한 것과 제1조의f 제2항 제1호와 제2호에 따른 자동차를 비활성화를 위한 요구사항
   b) 관리인에 대한 기술적이고 조직적인 요구사항
   c) 자율주행기능을 갖춘 자동차의 운행에 참여한 사람의 전문자격과 신뢰성에 대한 요구사항과 여기에 대해서 요구되는 증명
5. 자율주행기능을 수단으로 한 자동차를 운행할 때에 제1조의g 제1항에 따라 생성된 데이터 저장의 기술적 구체성, 특히 데이터저장의 정확한 시점, 데이터범주와 데이터포맷의 매개변수
6. 운행허가부여에 기술적 요구사항을 포함하여 제1조의h에 따른 자동화된 그리고 자율주행기능을 사후적으로 활성화한 때의 승인부여절차
7. 관리인의 기타 의무를 포함한 연방자동차운행청에 의해서 제1조의j 제2항에 따른 시험승인부여에 대한 요구사항과 절차, 이 법률에 따른 시험목적의 요구사항에 대한 예외 및 연방자동차운행청의 권한, 도로교통에서 안전판단을 위한 데이터기반과 기술진보를 만들기 위한 데이터 및 자동화된 또는 자율주행기능의 개발단계의 규정을, 증거를 바탕으로

개발에 필요한 데이터를 익명으로 수집하고, 저장하고, 사용하는 것

8. 연방군, 연방경찰, 연방범죄청, 연방뉴스청, 관세범죄청, 헌법수호를 위한 연방관청, 사회기반시설회사설립법에서 의미하는 사법상 회사, 주경찰, 주범죄청, 헌법수호, 시민보호와 재난보호를 위한 주관청, 소방관청, 구조활동대 그리고 도로건설행정청과 관련된 자동차와 관련해서는 제1조의d부터 제1조의i까지로부터 벗어난다.

(2) [1]연방 교통과 디지털사회구조기반부는 새로운 유형의 자동차조작기구를 시험하기 위하여 연방상원의 승인 없이 제1항을 기초로 하여 공표된 시행령의 예외를 시행령을 통해서 규율할 권한이 있다. [2]연방 교통과 디지털사회구조기반부는 연방상원의 승인 없이 시행령을 통하여 연방자동차운행청에 이 권한을 위임할 권한이 있다.

§1k 예외

(1) 군사, 뉴스전달, 경찰목적, 세관검사, 시민보호 또는 재난보호, 화재진압, 도로건설행정 또는 구조업무를 위하여 제1조의d 제1항에 따른 자율주행기능을 갖춘 특정된 자동차에 대하여, 연방재정부, 연방내무부, 건축과 고향을 위하여, 연방국방부, 연방교통과디지털사회구조기반부, 연방수상부 그리고 주법에 따라 권한이 귀속된 관청은 각각 그때그때 활동영역에서 사무소를, 국방부는 연방자동차운행청의 임무가 그때마다 활동영역에 대해서 대신하여 인식할 수 있도록 사무소를 특정하여야 한다.

(2) [1]주권적 임무를 수행하기 위하여 자동차가 특정되거나 이 목적을 위하여 설계되고 장치가 이루어진 경우 그리고 공적인 안전을 위하여 배치되었다면, 연방군, 연방경찰, 연방범죄청, 연방뉴스서비스청, 헌법수호를 위한 연방관청, 세관범죄관청, 사회기반시설회사설립법에서 의미하는 사법상 회사, 주경찰, 주범죄청, 헌법수호를 위한 주관청, 시민보호와 재난보호를 위한 것, 화재진압, 구조업무 또는 도로건설행정에 배치된 자율주행기능을 갖춘 자동차는 기술규정으로부터, 운행지역확정을 위한 규정과 운행규정으로부터 및 제1조의j 제1항에 따라 공표된 시행령으로부터 벗어난다. [2]기술요건, 운행지역과 운행규정의 확정을 위한 규정은 제1항에 따라 개별 목적이 허용하는 한도에서 적용될 수 있다. 벗어나는 것은 부득이하고 필요한 범위를 기초로 하여 제한될 수 있다.

§1l 평가

1. [1]연방교통과 디지털사회구조기반부는 2023년이 경과한 후에, 특히 자율주행의 개발에 관한 성과를 고려하여, 정보보호규정과의 정합성 및 제1조의i 제2항에서 의미하는 시험승인을 획득한 지식을 비개인적인 형태로 학문적 기초로 하여 2021년 7월 21일의 법률규정의 적용(BGBl. IS. 3108)을 평가하여야 하며 독일연방하원에 평가의 결과에 관하여 보고하여야 한다. [2]필요가 있는 한, 연방교통과 디지털사회구조기반부는 평가를 이 연방부처가 2030년까지 특정한 시점에 새롭게 시행하여야 한다.

2. 제8조 제1호에서 "사고가 자동차에 의해서 야기되었다면, 평평한 도로에서 시속 20킬로미터보다 더 빠른 속도로 운행할 수 없다"라는 문장 뒤에, "제1조의d 제1항과 제2항에서 의미하는 자율주행기능을 가진 자동차가 문제가 되지 않는다면"이라는 문장을 삽입한다.
3. 제12조 제1항 1문 제1호와 제2호에서, "제1조의a에 따라 고도로 그리고 완전히 자동화된 주행기능의 사용을 기초로 하여"라는 문장 뒤에 "또는 제1조의e에 따라 자율주행기능의 운행을 할 때에"라는 문장을 각각 삽입한다.
4. 제19조 제1항 3문에서 "사고가 사고시점에서 평평한 도로에서 시속 20킬로미터 이상으로 주행할 수 없는 자동차와 결합된 연결차량을 통해서 야기되었다면 1문과 2문은 적용하지 않는다."라는 문장 뒤에, "제1조의d 제1항과 제2항에서 의미하는 자율주행기능을 가지면서 자율운행에 있는 자동차가 문제가 되지 않는다면"이라는 문장을 삽입한다.
5. 제24조 제1항에서 "시행령에 따라"라는 문장 뒤에 "제1조의j 제1항 제1호, 제2호, 제4호, 제5호 또는 제6호"라는 문장을 삽입한다.

3) 의무보험법

자율주행자동차와 관련된 법률에는 의무보험법률도 개정되었다. 자율주행자동차의 운행과 관련하여 보험의무와 관련하여 기술감독관을 위하여 의무보험을 들도록 제1조의 2문의 내용을 새롭게 삽입한 것이다.

제1조 보험의무

[1]자동차가 공적인 길 또는 장소(도로교통법 제1조)에서 사용되었다면, 국내에서 보통의 소재지를 가진 자동차 또는 연결차량의 관리자는 스스로, 소유자 그리고 운전자에게 자동차의 사용을 통해서 야기된 대인손해, 대물손해 그리고 기타의 재산손해의 충당을 위한 손해배상의무보험계약을 다음의 규정들에 따라 체결하고 그리고 유지하게 할 의무가 있다. [2]도로교통법 제1조의d에서 의미하는 자율주행기능을 가진 자동차의 관리자는 기술감독관을 위해서도 제1문에 따라 손해배상의무보험계약을 체결하고 유지할 의무를 가진다.

4) 독일 도로교통법상 레벨4의 의미

규범적 입장에서 자율주행이라든지 자율주행 자동차의 개념은 존재하고 있지는 않았지만, 독일의 도로교통법에서 새로운 정의를 함으로써 법규범에 등장하게 되었다. 특히 자율주행 레벨4에 해당되는 내용에 대해서 전 세계에 어느 정도의 규범적 가이드라인이 제시된 느낌이다.

자율주행 레벨4를 구성하는 개념에 몇 가지 추가적인 요소가 있어 보인다. 우선 독일 도로교통법의 새롭게 규정된 조문을 중심으로 레벨4의 의미를 어느 정도 가늠해보고자 한다.

독일 도로교통법 제1조의d에는 자율자동차의 개념에 대해서 정의하고 있기는 하지만, 제1조의e에는 자율주행자동차의 운행과 기술과 관련된 전제를 규정하고 있는 점, 제1조의f에는 운행과 관련된 사람, 기술감독자, 제조자의 의무에 대해서 규정하고 있는 내용, 제1조의g에는 데이터처리에 관한 내용, 제1조의h에는 규정하고 있는 국제규범과의 조화를 이루기 위한 허가방법, 제1조의i에는 자율주행 기능에 관한 시험에 관한 점, 그리고 제1조의l에는 평가규정, 의무보험법 제1조에는 자동차 관리자에게 기술감독관을 위한 책임보험을 가입하고 유지하도록 하는 의무조항을 추가한 점을 모두 포괄하여 해석하고 이에 따라 자율주행 레벨4를 이해하는 것이 정확하다고 본다.

최소한 독일의 입법을 통해서 자율주행 레벨4를 구성하는 기초개념은 자율주행 자동차, 운행이 허용된 지역, 기술감독자, 최소위험이라는 개념이다. 자율주행 레벨4에서는 운전자라는 개념이 필요한 것은 아니지만, 기술감독관이라는 자연인이 다시 등장한다. 직접 운전을 조작하지는 않지만, 탑승자와 제3자, 구호와 안전 보장을 위한 조치를 취할 수 있는 자연인이 필요한 것이었다. 이는 국제규범과의 조화를 이루기 위하여 자동차의 운행과 관련하여 책임을 지는 자연인이 필요하기 때문이다.[185]

자율주행 레벨4의 의미에는 운전자라는 개념이 없다는 것이 특징이다. 여전히 자연인인 운전자가 중시되는 레벨3에서는 없던 개념이다. 운행에 책임을 부담하여야 하는 운전자를 대체하는 기술감독관을 개념이라는 도입하고 기술감독관에게 자율주행에 따른 책임을 부담시키기 위한 것이다. 그리고 최소위험과 운행지정구역이라는 개념을 자율주행과 관련된 규범의 세계에 새롭게 도입하고 있다.

기술감독관은 제1조의e 제2항 제8호에 따라 운행을 하고 있는 자동차의 운행기능을 비활성화할 수 있어야 하고, 제1조의e

제2항 제4호 그리고 제3항에 따르면 운행의 방향전환을 자유롭게 할 수 있는 자연인을 말한다. 즉 기술감독관은 운전자와 같이 자연인을 의미한다.[186] 기술감독관의 의무는 운전자를 대신하여 교통 상황에 따른 통제를 하는 것이다. 기술감독관에게 자동차에 탑승한 사람과의 연락을 취하는 것이라든지 다양한 의무를 지우고 있다. 제1조의e 제2항 제4호와 제3항에 따라 대체운전조작을 평가하고 기술감독관에게 자동차시스템에 의해서 시각적, 음향적 그리고 기타의 인식가능한 것으로 보고가 되는 즉시, 자동차시스템에 이미 설치된 데이터를 기술감독관에게 상황판단을 가능하게 하여야 하고, 대체운전의 이행은 교통안전을 위태롭게 하지 않도록 하기 위하여 자동차를 활성화하여야 하는 의무가 있다. 그리고 자율주행기능이 시각적, 음향적 그리고 기타의 인식가능한 것이 자동차시스템을 통해서 보고되는 즉시 자율주행기능은 비활성화되도록 하여야 한다. 고유한 기능상태를 위하여 기술장치의 신호를 평가하고 경우에 따라서 교통안전을 위한 필요한 조치를 시작하여야 한다. 또한 자동차의 탑승자와 즉시 접촉을 하여야 하고 자동차가 최소상태의 위험에 있어야 한다면, 운행 안전을 위하여 필요한 조치를 시작하도록 하여야 하는 의무가 있다.

최소위험이라는 개념은 제1조의d 제4항에 따르면 자율주행기능이 있는 자동차가 스스로 또는 기술감독관의 지시에 의하여 최대한 안전한 장소에 정지시키는 상태를 의미한다. 그리고 교통상황을 적절히 고려하면서 차량탑승자, 다른 교통참여자 그리고 제3자를 위해 가능한 한 최대한의 안전을 보장하기 위하여 위험경고등이 작동하여야 한다.

독일 도로교통법 제1조의d에서 규정하는 자율주행 자동차는 자연인인 운전자가 없는 상태에서 운행이 지정된 지역에서 주행을 할 수 있고, 제1조의e 제2항에서 규정하고 있는 기술적 장치를 구비하고 있는 자동차를 의미한다. 여기서 의미하는 운행이 지정된 지역이라는 의미는 지정된 운행영역은 자율 주행 기능이 있는 자동차가 제1조의e 제1항에 따른 요건들이 존재할 때에 운행이 허용된 지역 또는 공간적으로 특정된 공공도로공간을 말한다.

또한 자율주행자동차의 제조자에 관해서도 독일 도로교통법에서 규정하고 있어서 관심을 끌고 있다. 제조자는 자동차의 전자적 그리고 전기적 구성과 자동차와 결합되어 있는 전자적 그리고 전기적 구성을 공격으로부터 안전하게 할 수 있다는 것을 연방자동차운행청과 관할 관청에 자동차의 전체 생산과정시간과 운영시간에 관하여 증명하여야 한다. 제조자는 우선 자동차에 대한 위험평가를 실시하고 어떻게 위험평가를 시행하는지, 위험에 대해서 자동차의 중요한 요소가 위험평가 영역에서 보호되는지를 연방자동차운행청과 관할 관청에 증명하여야 한다. 그리고 무선으로 자율주행을 충분히 안전하게 할 수 있다는 것을 증명하여야 한다. 또한 개별 자동차에 대해서 시스템설명을 실시하여야 하고, 운행핸드북을 만들어야 하며, 운행핸드북에서 자동차는 제1조의e 제2항에 따른 요건들이 제3항과 연계하여 이행된 것을 연방자동차운행청에 구속력 있는 설명을 하여야 한다. 그리고 제조자는 자동차의 운행에 관여하는 사람에게 기술적 기능방법 특히 주행기능과 관련하여 기술감독관의 임무가 인식되도록 전달되는 학습을 제공하여야 한다.

6. 미국의 자율주행자동차 법제

세계에서 현재의 기술 수준에서 자율주행자동차에 관한 기술개발과 그 운행과 관련된 인프라는 미국이 선두에 서 있다. 미국 정부는 2016년도에 연방정부 차원에서 미국교통부에 속해 있는 고속도로교통안전청(NHTSA, National Highway Traffic Satety Administration)이 자율주행자동차 분야의 초기 규제모델로 연방자율주행자동차정책(Federal Automated Vehicle Policy)을 가이드라인으로 발표한 이래 매년 새로운 가이드라인들을 발표하였다. 최근의 3차 가이드라인(2018년)은 모든 도로환경에서 '미래의 자율주행자동차 운송을 위한 준비' 라는 명칭의 가이드라인이다. 2017년 9월 연방의회 차원으로는 처음으로 하원에서 자율주행자동차법안(SELF DRIVE ACT)이 만들어져 통과되어 현재 상원에 계류 중이며, 같은 해 10월에는 상원 상업과학교통위원회에서 별도의 자율주행자동차법안(AV START ACT- S. 1885)이 만들어져 현재 상원에서 법안 심의 중에 있다.[187] 즉 연방차원의 별도의 자율주행법안이 만들어지고 있다.

최근 2022년 3월 10일에는 미국 도로교통안전청이 완전 자율주행차가 충돌할 때에 이용자를 보호하는 방안에 관하여 규정을 마련하였다.[188] 이에 관한 규정은 미국의 연방규정집 제49편 제571장 연방자동차안전기준(49 CFR Part 571 Federal Motor Vehicle SAFETY Standards)에 규정되어 있다. 이 규정은 도로교통안전청이 자율주행차를 이용하는 사람들을 위하여 각계각층의 의견절차를 마친 후에 마련한 내용이다.

이 규정에는 자율주행자동차를 이용하는 사람들의 안전을 위하여 그림을 비롯하여 상세한 규정을 두고 있다. 예를 들어 좌석의 지정이나 안전벨트, 에어백을 비롯하여 다양한 내용에 대해서 규정하고 있다. 이 규정은 2027년도 자율주행자동차의 상용화를 목표로 하고 있는 우리나라에 기술적으로나 규범적으로 영향을 미칠 수 있고, 참고할 자료를 제공할 것으로 보인다. 앞서 언급하였다시피 최근에 우리나라도 자율주행자동차의 운행에 대비하여 도로교통법을 개정하였지만, 단순히 개념만 도입하였고, 기술적 수준이나 내용에 대해서는 규정을 아직 마련하고 있지 않다. 미국의 자율주행자동차기술은 현재의 시점에서는 우리나라의 자율주행자동차와 관련된 기술수준보다 앞서 있는 것은 분명하다. 따라서 미국 자동차 회사의 다양한 경험을 바탕으로 미국의 도로교통안전청이 자율주행자동차와 관련된 기술 규범을 제정한 것이므로 우리나라를 비롯한 자율주행자동차와 관련된 제조회사, 도로 관련 행정청 등에 시사점과 방향성을 주고 있다.

해 제

지금까지의 법규범을 비롯한 도덕규범, 윤리규범, 종교규범 등의 주체 및 수범자는 자연인인 인간을 중심으로 하여 왔다는 것은 자명한 사실이다. 규범의 발령주체가 신 또는 종교적 교리라고 하더라도 그 규범을 지켜야 할 내용은 인간의 행위를 중심으로 규정된 것도 사실이다. 사회규범은 인간 사회를 중심으로 하고 있다. 따라서 인간만이 권리의 주체가 되고, 인간을 제외한 나머지는 비록 생물체라고 하더라도 권리의 객체로 보았다. 이러한 생각이 그 동안의 법률 규정에 반영되어 왔다.

인간을 중심으로 하는 도덕규범, 윤리규범, 종교규범 등은 법규범과 관련하여 변화가 많이 이루어지고 있고, 서로 영향을 주고받아 왔다. 앞서 논의한 바와 같이, 법규범에서 점점 더 가치판단을 하여야 하거나 도덕적, 윤리적 판단을 하여야 하는 규정들은 점점 사라지고 있다. 그 반면에 법제도가 윤리의식에 영향을 미치고 있는 것도 많은 분야는 아니지만 음주운전, 채무면제 등에서 볼 수 있다. 본문에서 논의는 하지 않았지만 층간소음과 같은 것도 사실은 사회공동체 내에서의 생활의 안정성 또는 집합건물 내에서의 일정한 질서에 해당하는 것인데, 예전에는 이웃 사이의 도덕질서나 에티켓에 관한 것이었지만 지금은 법제도에 영향을 미치고 있다. 이렇게 사회규범 내에서 서로 영향을 주고 있지만, 규범의 중심은 점점 더 법규범으로 진화하고 있다.

인간 행위와 유사한 행위를 할 수 있는 존재인 인공지능에 대한 사회적·경제적 분석도 중요하다. 인공지능을 사회적·경제적으로 분석하는 입장은 주로 인공지능을 인간사회에 어떻게 활용하고자 하는 관점에서 바라보는 것이다. 그러나 규범학의 입장에서는 인공지능의 등장에 따른 새로운 규범의 형성이 가능한지, 가능하다면 어떻게 형성하여야 하는지에 관한 논의를 하여야 한다. 또 현행 규범 안에서 인공지능을 어떻게 평가하여야 할지 또는 인공지능이 현행 규범에 적응성이 있는지에 대해서 평가를 한 후에 규범의 방향성을 정하여야 한다.

이러한 생각을 바탕으로 이미 규범학의 각 분야에서 인공지능에 관한 논의가 진행되고 있다. 윤리학, 신학, 법학 등에서 전방위적으로 논의가 시작되었고 점점 더 논의의 층위도 깊어지고 있다. 윤리학적으로는 공학윤리나 공학도들이 지켜야 할 공학기술에 관한 준칙을 추상적 형태이기는 하지만 연구하고 있다.

법학 또는 법규범에서는 어떻게 인공지능을 평가하여야 할지, 즉 권리주체로서의 지위, 권리객체로서의 지위, 인공지능이 생성한 제작물 등에 관해서 어떻게 법학의 관점에서 접근하여야 할 지에 관해서 먼저 논의하여야 한다. 현행 법규범에 따른 인공지능에 대한 법률적 평가, 특히 지식재산에 관련하여 인공지능을 어떻게 법규범적 평가를 하여야 할지에 관해서는 필자의 "인공지능과 지식재산권"을 참조하기 바란다. 이 책은 현행 우리나라의 법규범에 따른 인공지능 자체, 인공지능이 법규범의 주체가 될 수 있는지 즉 권리주체가 될 수 있는지, 인공지능이 창작한 창작물인 발명품 또는 작품들은 권리객체가 될 수 있는지 등에 관해서 법률적 평가를 한 내용이다.

그런데 이 책은 필자의 앞선 저술 내용의 앞 단계에 해당하는 내용을 조금 더 구체적으로 부연하여 설명하면서 인공지능 자체가 법규범에 수용될 때에 과거의 법규범 경험은 어떠하였는지를 살펴보고자 하는 것이다. 인공지능이 등장하기 전의 법규범에서는 인공지능과 유사한 존재들이 없었는지, 인간이 아닌 다른 존재들이 어떠한 대우를 받았는지를 살펴보면 인공지능의 규범적 미래를 예측할 수 있다. 예를 들어 인간과 같은 생명체인 동물은 법규범에서 어떠한 지위를 가지고 있었는지 또는 어떻게 변화하였는지를 살펴보면 인간 인식의 변화를 느낄 수 있다.

또한 과거의 법제사 또는 법 역사를 통해서 살펴보면 자연인 이외에 법인이라는 가공적인 인간을 법규범에 주체로써 도입하였다. 인간이 창조한 인간이라고 할 수 있다. 법인을 가공적, 허구적 존재가 아니라 사회적, 실제적 존재로 본 것이다. 그런데 눈에 보이지 않고 관념적으로 존재하는 존재에 대해서 법규범은 상세하게 규정하고 있고, 독립된 법규정도 가지고 있다. 예를 들면 상법에서 규정하고 있는 주식회사를 비롯한 다양한 회사와 관련된 내용이다. 주식회사는 대표적인 사단법인, 즉 사람이 모인 단체를 의미한다.

그런데 더욱 법기술적이라고 생각되는 것은 재단법인 제도이다. 재단법인은 출연된 재산만으로 형성되는 것인데 출연된 재산에 독립된 법인격을 부여한다. 어떻게 재산에 법인격이 부여된다는 것인가라는 의문에 대한 대답은 사회적 필요성에 의해 법률이 허용하기 때문이라는 것이다.

최근뿐만 아니라 과거에도 법인제도를 이용한 범죄행위, 탈법행위가 횡행하였다. 법인제도는 권리주체뿐만 아니라 범죄행위의 주체도 될 수 있다는 점을 알 수 있다. 이와 관련된 제도가 바로 양벌규정이다.

추상적이고 관념적 존재인 법인은 인간의 순수한 행위인 창작행위를 전제로 하는 법규범인 지식재산권 제도에도 그 이념이 실현되어 있다. 인류 역사를 통한 인간의 관념에는 인간만이 창작행위를 할 수 있는 유일한 존재라고 가정하고, 또한 자연인인 인간만이 할 수 있는 행위인 사실행위로서 순수한 사실행위에 해당된다. 그럼에도 불구하고 법인이 권리를 가지도록 제도 설계가 되어 있다.

또한 실체가 있는 단체들에 대해서도 법규범은 독립적인 규정들을 가지고 있다. 예를 들면 비법인사단, 조합, 계(契, 稧) 등이다.

동물권이라고 할 수 없지만, 동물의 지위도 시간이 지남에 따라 많이 달라지고 있다. 인간에게 특정한 행위의무를 부담시킴으로써 반사적으로 동물의 법적 지위가 달라지고 있다. 아직 동물에게 특정 권리를 부여하는 것은 이르거나, 법률적으로 무리라고 생각이 든다. 하지만, 동물에 대한 사람들의 생각이 달라지고 있음을 알 수 있다.

법인제도나 동물의 지위와 관련된 제도의 역사적 변천이나 현행 규범 제도 내에서 그 의미를 살펴보면 인공지능이 법규범의 내부로 포섭되지 못할 이유는 없다고 생각된다. 오히려 인공지능이나 인공지능이 결합된 인간의 형상을 한 로봇들이 행하는 행동에는 마치 인간과 동일하다고 생각될 수 있다. 즉 관념적 존재로서가 아니라 구체적인 실제적인 생활행위 및 법률행위를 하는 눈에 보이는 존재일 수 있다. 이러한 현상에 대해서 법규범에서 평가하는 규범적 평가를 적용할 것인가가 문제의 핵심이다. 이러한 평가에 있어서 인간의 법감정(法感情, Rechtsgefühl)과 연관성을 가지고 있다.

법규범에 규정되어 있는 여러 가지 제도들이나 법규범의 내용을 살펴보면 인공지능이 법규범에 들어올 여지(餘地), 또는 틈이 존재한다. 그리고 법규범의 역사를 살펴보면 전혀 불가능한 일은 아니다. 앞서 살펴본 바와 같이 종교규범에서 법규범으로 변화하는 가운데 많은 변화가 있었고, 변화가 진행되고 있다. 법규범은 고정된 어떤 실체가 아니라 변화하는 유기체라고 말할 수 있다. 따라서 인공지능과 관련된 규범도 새롭게 형성될 가능성이 있다.

현재 세계각국에서 이미 인공지능과 관련된 규범이 형성되고 있다. 광범위하고 일반적인 내용은 아니지만 특정 분야라든지 당장 문제가 될 수 있는 부분에서는 이미 규범이 형성되고 있다. 우선 인공지능과 관련된 기술윤리적인 규범이 형성되고 있다. 또한 인공지능이 장착된 자율주행자동차와 관련된 내용이 우리나라, 미국, 독일, 일본 등의 도로교통과 관련된 법규범에서 이미 규범을 형성하고 있다. 인공지능이 비록 기계류이기는 하지만 윤리적 규범과 법규범이 함께 형성되고 있다는 점이 특징이다. 윤리적 규범은 정밀한 의미의 윤리는 아니지만 기술을 통한 제작된 물건이나 기술 자체에 대해서 공학자가 지켜야 할 직업윤리 또는 학문적 윤리에 대해서 주로 규정하고 있다. 대부분 내용이 추상적이고 어떠한 행위에 대한 방향성을 제시하는 내용이지만, 이러한 기술윤리적 규범이 어느 시점에 가서는 법규범으로도 변화될 수 있다. 법규범으로의 변화 가능성은 기술이나 과학의 발전과도 연계성을 가지고 있다.

특히 유럽연합에서는 인공지능과 로봇을 비롯한 최근의 기술발전에 따른 인간 사회와의 조화와 융합을 위하여 유럽의회와 집행위원회를 중심으로 하여 윤리적 규범과 구체적인 법규범의 창설을 위한 기준과 지침을 제시하고 있다. 최소한 유럽연합에서는 인공지능을 위한 규범의 준비를 비교적 근본적이면서 인간 사회와의 조화를 위해서 관심을 가지고 있다는 점을 알 수 있다. 이러한 입법 자료는 우리에게도 영향을 미치고 있고, 우리나라에서도 이를 참조한 입법과 윤리규범의 형성을 시도할 때에 중요한 시사점이 될 것이다.

만약 법규범으로 변화한다면 인공지능제작물에 대한 윤리적 판단과 기술적 판단에 대한 규범이 주요한 내용이 될 것이다. 아직 인공지능 자체의 행위에 대해서는 정상적인 생활관계에서 그렇게 크게 문제가 되지 않고 있다. 인공지능이나 인공지능로봇을 가지고 범죄행위에 이용하거나 전쟁에서 활용하는 것에 대해서는 또 다른 새로운 문제점과 생각할 거리를 제공하고 있다.

한 가지 재미있는 것은 현재 형성되고 있는 인공지능과 관련된 규범은 인공지능과 기계에 관한 규범이면 인공지능에 대해서 규율하여야 하지만, 윤리규범이나 법규범이나 대부분 주요한 내용은 인공지능 자체에 대한 것이 아니라 인간의 행위에 관한 것이라는 점이다. 아직은 규범에 관한 사회적 합의에 따른 것이거나 필연적으로 발생하는 것이 아니라, 인공지능과 관련된 기술과 과학의 변화에 따른 필요에 따라 형성되고 있다.

장래에 인공지능 뿐만 아니라 동물 등이 법규범에서 벗어나 있는 새로운 주체가 등장할 수 있을지에 대해서도 지속적으로 살펴볼 필요가 있다.

미주

1) 알랭 쉬피오 지음/박제성·배영란 옮김, 법률적 인간의 출현, 글항아리, 2015, 43면.
2) 아우구스티누스에 의하면 인간은 신의 형상대로 지음을 받았기 때문에 모든 인간은 본성적으로 정의의 빛을 가지고 있다고 한다. 류병화, 법철학, 박영사, 1984, 58면.
3) 알랭 쉬피오 지음/박제성·배영란 옮김, 앞의 책, 57-62면.
4) 박홍규 집필, 철학개론, 서울대학교 출판부, 1990, 391면.
5) 류병화, 앞의 책, 59면, 575면.
6) 이항녕, 법철학개론(재개정판), 박영사, 1974, 97면.
7) 류병화, 앞의 책, 64-65면.
8) 이항녕, 앞의 책, 134면.
9) 류병화, 앞의 책, 67면; 김상용, 앞의 책, 33면.
10) 구스타브 라드브루흐 저/손지열, 황우여 공역, 법에 있어서의 인간, 육법사, 1981, 22면.
11) 황산덕, 법철학강의(제4정판), 방문사, 1983, 94면.
12) 구스타브 라드브루흐 저/손지열, 황우여 공역, 앞의 책, 23면.
13) 알랭 쉬피오 지음/박제성·배영란 옮김, 앞의 책, 89면.
14) 村上陽一郎, 近代科學と聖俗革命, 新曜社, 1995, 207頁.
15) 안성조, 자유의지와 형벌의 정당성, 법철학연구 제21권 제3호, 2018, 86면.
16) 류병화, 앞의 책, 89면.
17) 피터왓슨 지음/남경태 옮김, 생각의 역사I, 들녘, 2017, 212면.
18) 류병화, 앞의 책, 54면.
19) 한동일, 법으로 읽는 유럽사, 글항아리, 2020, 43면.
20) 로마시대이 동성애와 관련해서는 한동일, 로마법수업, 문학동네, 2019;

한동일, 라틴어수업, 흐름출판, 2017, 192-193면. 로마에서는 동성애에 대해서 벌금형을 부과하였는데 동성애가 인구를 생산하지 않는다는 국가전략적인 차원에서 이루어졌다.

21) 헌법재판소 2002. 6. 27. 선고 2001헌바70 결정; 헌법재판소 2011. 3. 31. 선고 2008헌가21 결정; 헌법재판소 2016. 7. 28. 선고 2012헌바258 결정.

22) 대법원 2008. 5. 29. 선고 2008도2222 판결; 대법원 2012. 6. 14. 선고 2012도3980 판결.

23) H.L.A. Hart, The Concept of Law, Clarendon Law Series, 1961, p. 181.

24) 구스타브 라드부르흐 저/에릭 볼프·한스 페터 슈나이더 편/최종고 역, 법철학, 삼영사, 1981. 70-75면 참조.

25) 한스 켈젠 저/심헌섭 편역, 켈젠 법이론 선집, 법문사, 1990, 174면.

26) 임웅, "낙태죄의 비범죄화에 대한 연구", 成均館法學 第17巻 第2號 2005年 12월, 371면.

27) 로마시대의 간통에 관해서는 한동일, 로마법수업, 문학동네, 2019, 154면.

28) 헌법재판소 2015. 2. 26. 2009헌바17 전원재판부.

29) 헌재 2009. 11. 26. 2008헌바58 전원재판부.

30) 한스 켈젠 저/심헌섭 편역, 켈젠 법이론 선집, 법문사, 1990, 175-176면.

31) 최옥환, 현행 개인회생제도의 운용상 문제 및 개선방안, 중앙법학 제14집 제4호, 2013년 12월, 176면.

32) 井上薫, 裁判所が道徳を破壞刷る、文藝春秋, 2007, 37頁.

33) 헌재 2021. 11. 25. 2019헌바446, 2020헌가17, 2021헌바77(병합).

34) 헌재 2022. 5. 26. 2021헌가30, 31, 2022헌가9(병합).

35) 알랭 쉬피오 지음/박제성·배영란 옮김, 법률적 인간의 출현, 글항아리, 2015, 55면.

36) '인격자'라는 의미를 도덕적이고 훌륭한 인품을 갖추어 다른 사람들부터 존경을 받는 인품을 가지고 있는 사람이라는 사회적·윤리적 개념이 아니라는 점은 유의할 필요가 있다.

37) J. 마리텡 저/G. 델 베키오 저/장광수 역, 인권과 자연법, 정의의 문제, 양영각, 1983, 67면.

38) 전병서, 강의 민사소송법(제3판), 박영사, 2021, 216면.

39) 김상용, 민법총칙(전정판), 법문사, 2003, 133면.

40) 전병서, 앞의 책, 222면.

41) 전원열, 민사소송법 강의, 박영사, 2021, 176면.

42) 최재희 집필, 철학개론, 서울대학교 출판부, 1990, 104면.

43) 김상용, 앞의 책, 209면.

44) 김상용, 앞의 책, 209면.

45) 대법원 2021. 4. 15. 선고 2019다293449 판결.

46) 김완석·황남석, 법인세법론, 삼일인포마인, 2019, 27면; 오윤, 세법각론, 한국학술정보, 2009, 176면.

47) 오유, 앞의 책, 176-177면.

48) 입법의 경위에 관하여는 한국특허법학회편/정차호, 직무발명제도 해설, 박영사, 2015, 5면, 각주3) 참조.

49) 특허청 지식재산통계서비스. http://ipstat.kipi.or.kr/sta/selectStatisticContentsList.do?statID=20001&type=1&sumYN=N#(2022. 2. 2. 방문)

50) https://kipo.go.kr/ko/kpoBultnDetail.do?menuCd=SCD0200640&parntMenuCd2=SCD0200281&aprchId=BUT0000048&pgmSeq=16396&ntatcSeq=16396. '4차산업혁명시대명 관련기술특허 통계집'에 구체적으로 유형과연도별로 출원에 대한 통계를 소개하고 있다.

51) 특허청, 직무발명제도, 2012, 34면.

52) 윤선희, 특허법(제5판), 법문사, 2012, 280면.

53) 한국특허법학회편/이규홍, 직무발명제도 해설, 박영사, 2015, 125면.

54) 윤선희, 앞의 책, 283면.

55) 윤선희, 특허법(제5판) 법문사, 2012, 294면.

56) 대법원 1992. 5. 8. 선고 91후1656 판결; 대법원 2008. 12. 11. 선고 2007후494 판결.

57) 대법원 1994. 12. 27. 선고 93후1810 판결; 대법원 1993.9.10. 선고 92후1806판결; 특허법원 2010. 10. 29. 선고 2010허3622 판결 (확정)

58) 윤선희, 앞의 책, 294면.

59) 대법원 1991. 12. 27. 선고 91후1113 판결.

60) 발명진흥법 제2조는 '직무발명'이란 종업원, 법인의 임원 또는 공무원(이하 '종업원 등'이라 한다)이 직무에 관하여 발명한 것이 성질상 사용자·법인 또는 국가나 지방자치단체(이하 '사용자 등'이라 한다)의 업무 범위에 속하고 발명을 하게 된 행위가 종업원 등의 현재 또는 과거의 직무에 속하는 발명을 말한다고 규정하면서, 제10조 제3항에서 "직

무발명 외의 종업원 등의 발명에 대하여 미리 사용자 등에게 특허 등을 받을 수 있는 권리나 특허권 등을 승계시키거나 사용자 등을 위하여 전용실시권을 설정하도록 하는 계약이나 근무규정의 조항은 무효로 한다."라고 규정하고 있고, 위 조항은 직무발명을 제외하고 그 외의 종업원 등의 발명에 대하여는 발명 전에 미리 특허를 받을 수 있는 권리나 장차 취득할 특허권 등을 사용자 등에게 승계(양도)시키는 계약 또는 근무규정을 체결하여 두더라도 위 계약이나 근무규정은 무효라고 함으로써 사용자 등에 대하여 약한 입장에 있는 종업원 등의 이익을 보호하는 동시에 발명을 장려하고자 하는 점에 입법 취지가 있다. 대법원 2012. 11. 15. 선고 2012도6676 판결.

61) 한국특허법학회편/성창익, 직무발명제도 해설, 박영사, 2015, 146면.

62) 대법원 2012. 11. 15. 선고 2012도6676 판결.

63) 윤선희, 앞의 책, 296면.

64) 대법원 1997. 6. 27. 선고 97도516 판결.

65) 윤선희, 앞의 책, 296면; 정상조/박성수 편, 특허법주해(I), 박영사, 2010, 462면; 조영선, 앞의 책, 249면.

66) 한국특허법학회편/성창익, 직무발명제도 해설, 153면.

67) 정상조/박성수 편, 앞의 책, 462면.

68) 윤선희, 앞의 책, 296면.

69) 한국특허법학회편/성창익, 직무발명제도 해설, 152-153면.

70) 송영식외 6인, 앞의 책, 426면.

71) 오승종, 저작권법강의, 박영사, 2016, 207면.

72) 대법원 1992. 12. 24. 선고 92다31309 판결.

73) 국가 또는 지방자치단체의 경우에는 공공저작물에 해당될 가능성이 높아서 저작권법 제24조의2에 따라 자유이용의 대상이 된다. 그리고 제7조의 보호받지 못하는 저작물에 해당될 수 있는 저작물도 있다. 박성호, 앞의책, 211면.

74) 오승종, 앞의 책, 208면.

75) 오승종, 앞의 책, 209면; 이해완, 앞의 책, 356면; 박성호, 앞의 책, 212면.

76) 박성호, 앞의 책, 211면.

77) 이해완, 앞의 책, 357면.

78) 박성호, 앞의 책, 213면.

79) 田村善之, 著作權法概說(第2版), 有斐閣, 2006, 380頁.

80) 대법원 2010. 1. 14. 선고 2007다61168 판결.

81) 박성호, 앞의 책, 214면.

82) 이해완, 앞의 책, 358면.

83) 이해완, 앞의 책, 361면.

84) 대법원 1992. 12. 24. 선고 92다31309 판결.

85) 대법원 2000. 11. 10. 선고 98다60590 판결.

86) 대법원 2013. 5. 9. 선고 2011다69725 판결.

87) 대법원 2000. 11. 10. 선고 98다60590 판결.

88) 이해완, 앞의 책, 361면.

89) 이해완, 앞의 책, 364면.

90) 서울중앙지방법원 2006. 10. 18. 선고 2005가합73377 판결(항소).

91) 田村善之, 앞의 책, 382頁.

92) 이해완, 앞의 책, 365면.

93) 이해완, 앞의 책, 366면; 田村善之, 앞의 책, 382면.

94) 문화체육관광부·한국저작권위원회, 개정 저작권법 해설, 2009, 22면.

95) 이해완, 앞의 책, 368면.

96) 이해완, 앞의 책, 368-369면.

97) 임원선, 실무가를 위한 저작권법(제6판), 2014, 90면.

98) 이해완, 앞의 책, 893-984면.

99) 박성호, 앞의 책, 415면.

100) 한국저작권위원회, 데이터베이스의 법적 보호에 관한 1996년 3월 11일의 유럽의회 및 이사회 지침96/9/EC 번역본, 2019.

101) 이해완, 앞의 책, 899면; 최경수, 저작권의 새로운 지평, 계간 저작권, 제64호, 2004, 67면.

102) 박성호, 앞의 책, 417면.

103) 박성호, 앞의 책, 418면; 한지영, 저작권법상 데이터베이스 관련 규정의 해석에 관한 고찰, 인권과정의 대한변호사협회, 2006, 206-207면.

104) 박성호, 앞의 책, 419면.

105) https://www.kpi.or.kr/www/cs/notice.asp?offset=255&mode=view&BBS_NO=4787(2022. 3. 7. 방문)

106) 대법원 2022. 5. 12. 선고 2021도1533 판결.

107) 서울지방법원 2003. 9. 30.자 2003카합2114 결정: 확정.

108) 서울지방법원 2003. 9. 30.자 2003카합2114 결정: 확정.

109) 이해완, 전게서, 481면.

110) 대법원 1996. 3. 22. 선고 95도1288 판결.

111) 이해완, 전게서, 483면.

112) 이해완, 앞의 책, 902면.

113) 이러한 점은 우리나라 저작권법 제25조의 규정에 비추어 보아서도 허용되지 않는다.

114) 최경수, 앞의 논문, 71-72면.

115) 마크 베코프 지음/ 윤성호 옮김, 동물권리선언, 미래의 창, 2011, 49면.

116) 양재모, 동물의 법적 지위에 관한 고찰, 한양법학 제31권 제3호, 2020, 104면.

117) https://m.post.naver.com/viewer/postView.nhn?volumeNo=30890436&memberNo=15627980(2021.7.)

118) 동물도 그 유형과 종류에 따라 다양한 형태와 이용 대상 등을 고려하여야 하기 때문에 일률적으로 모든 동물이 동일한 지위를 가진다고 말할 수 없다고 본다.

119) 양재모, 앞의 논문, 106면.

120) 양재모, 앞의 논문, 106-107면.

121) 동물 학대의 의미는 동물을 죽음에 이르게 하는 행위, 상해를 입히는 행위, 유기행위, 도박에 이용하는 행위 등이다. 서울시복지재단, 알기 쉬운 복지법률시리즈 제8편 동물의 권리, 2019, 64-66면.

122) 피터 싱어·엘리자베스 드 퐁트네외 2인, 동물의 권리, 이숲, 2014, 286면.

123) https://en.dict.naver.com/#/search?range=all&query=speciesism (2021. 7. 18. 방문).

124) https://en.dict.naver.com/#/search?range=english&query=speciesism (2021. 7. 18. 방문).

125) 마크 베코프 지음/ 윤성호 옮김, 앞의 책, 45면.

126) 김진석, 동물의 권리와 복지, 건국대학교출판부, 2005, 11면.

127) 김진석, 앞의 책, 12면.

128) 피터 싱어·엘리자베스 드 퐁트네외 2인, 앞의 책, 42면.

129) 서울시복지재단, 앞의 책, 8면.

130) 마크 베코프 지음/ 윤성호 옮김, 앞의 책, 21면.

131) 마크 베코프 지음/ 윤성호 옮김, 앞의 책, 22면.

132) 피터 싱어·엘리자베스 드 퐁트네외 2인, 앞의 책, 42면.

133) 계승균, 인공지능과 지식재산권, 한국지식재산연구원, 2020, 88-89면.

134) 한스 요나스 지음/이유택 옮김, 기술 의학 윤리, 솔, 2005, 45면.

135) 계승균, 앞의 책 참조.

136) https://ko.dict.naver.com/#/search?query=%ED%95%99%EB%8C%80.

137) https://www.chosun.com/international/international_general/2021/11/01/LQ5QECB4XFAGBP5NV32ZTONBOQ/(2022. 6. 26. 방문).

138) 로봇윤리라는 용어는 2002년 로봇공학자 지안마르코 베루지오(Gianmarco Veruggio)가 '로봇윤리'라는 용어를 최초로 사용하였다. 베루지오는 로봇윤리란 "로봇공학이 인간의 삶에 적용될 때 나타날 수 있는 윤리적 문제를 다루는 것이며, 로봇기술의 긍정적 확산을 위해 우리가 지금 무엇을 해야하는지 논의하는 것"이라고 정의하였다. 유은순/조미라, 포스트휴먼 시대의 로봇과 인간의 윤리, 한국콘텐츠학회논문지 제18권 제3호, 2018, 594면.

139) 백수원, 전자인간 및 전자인격 인정에 따른 법적 논의와 시사점 고찰, 외법논집 제43권 제4호, 2019, 96면.

140) 이보연, 유럽연합의 인공지능 관련 입법 동향을 통해 본 시사점, 법학논문집 제43집 제2호(중앙대학교 법학연구원), 2019, 10면.

141) 계승균, 앞의 책, 90면.

142) 김자회/주성구/장신, 지능형 자율로봇에 대한 전자적 인격 부여, 법조 제724호, 2017, 127면.

143) 아이작 아시모프(Isaac Asimov) 지음/이원수 옮김, 로봇머신 X, 쿠키북스, 2016, http://projectgutenberg.kr/gutenberg/dev/reader_01.html?epub=..%2Fepub_content%2F0000100007&btitle=%EB%A1%9C%EB%B4%87%20%EB%A8%B8%EC%8B%A0%20X%20-%20%EC%95%84%EC%9D%B4%EC%9E%91%20%EC%95%84%EC%8B%9C%EB%AA%A8%ED%94%84&dptj에서 찾아볼 수 있음(2022. 3. 27. 방문)

144) https://webarchive.nationalarchives.gov.uk/ukgwa/20210701125353/https://epsrc.ukri.org/research/ourportfolio/themes/engineering/activities/principlesofrobotics/(2022. 3. 30. 방문).

145) Joanna J Bryson, The meaning of the EPSRC principles of robotics,

Connection Science 29(2), January 2012, p. 3.

146) Bryson, Id.

147) Bryson, Id.

148) Bryson, Id.

149) Bryson, Id. p. 4.

150) 김수정, 섹스로봇의 현황과 그 규제에 관한 세 가지 입장, 한국의료윤리학회지 제23권 제3호, 2020, 210-211면.

151) 김수정, 앞의 논문, 211면; 김태경, 섹스로봇의 상용화가 갖는 윤리적 문제와 윤리적 정당성 확보에 대하여, 철학논총 제95집, 제1권 2019, 70면; 김성용/정관영, 성적자기결정권의 보완 수단으로서 인공지능에 대한소고, 법학논총(숭실대학교) 제47집, 2020, 613-615면.

152) 김수정, 앞의 논문, 215면.

153) 김수정, 앞의 논문, 215면; 김태경, 앞의 논문, 71-72면.

154) 김수정, 앞의 논문, 217면.

155) 김태경, 앞의 논문, 75면.

156) 헌재 2015. 2. 26. 2009헌바17 등, 판례집 27-1상, 20 [전원재판부].

157) 서울형사지법 1992. 12. 28. 선고 92고단10092 판결 : 항소.

158) 대법원 1991. 9. 10. 선고 91도1550 판결.

159) 대법원 1996. 6. 11. 선고 96도980 판결.

160) 대법원 2017. 10. 26. 선고 2012도13352 판결.

161) 대법원 1995. 2. 10. 선고 94도2266 판결; 대법원 2008. 3. 13. 선고 2006도3558 판결.

162) 대법원 2020. 1. 16. 선고 2019도14056 판결.

163) 서울행정법원 2008. 1. 17. 선고 2007구합21259 판결.

164) 서울행정법원 2010. 9. 9. 선고 2010구합5974 판결.

165) 서울고등법원 2011. 4. 20. 선고 2010누32237 판결.

166) 대법원 2000. 10. 13. 선고 2000도3346 판결.

167) 대법원 2019. 6. 31. 선고 2019두35503 판결.

168) 대법원 2021. 11. 25. 선고 2021두46421 판결.

169) 2018년도에 지능형 로봇법의 시행령을 개정하면서 로봇윤리에 대한 헌장을 제정하려고 정부에서 서두런다고 하는 기사가 보인다.

170) 변순용외 3인, 로봇윤리헌장의 필요성과 내용에 대한 연구, 윤리연구 제112호, 2017, 296면.

171) 변순용외 3인, 앞의 논문, 298면.

172) 변순용외 3일, 앞의 논문, 301면.

173) 김윤명, 제4차산업혁명시대명의 선구적 법률, '지능형 로봇 개발 및 보급 촉진법', 월간SW중심사회, 2017년 1월호, SPRi, 2017.

174) 변순용외 3인이 앞의 논문 305면에서 소개하고 있는 2007년도 로봇윤리헌장 초안은 온라인상에서 확인할수 없어서 온라인에서 확인할 수 있는 내용만으로 소개하였다.

175) 김승룡, 로봇윤리헌장 초안 상세 내용은, 디지털타임스 2007. 8. 30.자 기사. http://www.dt.co.kr/contents.html?article_no=2007083002019932614002(2020. 4. 1. 방문).

176) 변순용외 3인, 앞의 논문, 307면 이하 참조.

177) 변순용외 3인, 앞의 논문, 307면.

178) 박소영 외, 인공지능 시대에서의 필연적 법적 분쟁 사례 분석을 통한 인공지능 발전혁신 토대 마련 연구, KISTEP, 2018, 66면.

179) https://www.sae.org/news/2019/01/sae-updates-j3016-automated-driving-graphic. (2022. 4. 17. 방문)

180) 정다은/임현, "독일 도로교통법상 자동주행자의 규율에 관한 검토", 공법학연구, 제20권 제1호, 2019, 309-310면.

181) Amendment of Article 1: Two new definitions "ab" and "ac" are added, to read: ARTICLE 1 Definitions (ab) "Automated driving system" refers to a vehicle system that uses both hardware and software to exercise dynamic control of a vehicle on a sustained basis. (ac) "Dynamic control" refers to carrying out all the real-time operational and tactical functions required to move the vehicle. This includes controlling the vehicle's lateral and longitudinal motion, monitoring the road, responding to events in the road traffic, and planning and signalling for manoeuvres

182) 제2항 2문은 2019년 11월 20일 법률을 통해서 개정되고 2019년 11월 26일부터 효력이 발생하였다(BGBl. I S. 1626).

183) 이 조문은 위에서 설명한 바와 같이 2017년 6월 16일 법률에 의해서 새롭게 삽입되고, 2017년 6월 21일부터 효력이 발생하였다. 조문의 표제는 2021년 7월 21일 법률에 의해서 개정되었고, 2021년 7월 28일부터효력이 발생하였다(BGBl. I S. 3091).

184) BT-Drucks, 19/27439, S. 1.

185) BT-Drucks, 19/27439, S. 20.

186) BT-Drucks, 19/27439, S. 20.

187) https://www.congress.gov/bill/115th-congress/house-bill/3388/all-info(2022. 6. 26. 최종 방문), SAFELY ENSURING LIVES FUTURE DEPLOYMENT AND RESEARCH IN VEHICLE EVOLUTION ACT.

188) 조동관, 완전자율주행차 충돌시 이용자보호에 관한 미국의 입법례, 최신 외국입법정보 2022-8호, 2022. 3. 29.

참고문헌

계승균, 인공지능과 지식재산권, 한국지식재산연구원, 2020.

구스타브 라드부르흐 저/에릭 볼프·한스 페터 슈나이더 편/최종고 역, 법철학, 삼영사, 1981.

구스타브 라드브루흐 저/손지열·황우여 공역, 법에 있어서의 인간, 육법사, 1981.

김상용, 민법총칙(전정판), 법문사, 2003.

김성용/정관영, 성적자기결정권의 보완 수단으로서 인공지능에 대한 소고, 법학논총(숭실대학교) 제47집, 2020.

김수정, 섹스로봇의 현황과 그 규제에 관한 세 가지 입장, 한국의료윤리학회지 제23권 제3호, 2020.

김윤명, 제4차산업혁명시대명의 선구적 법률, '지능형 로봇 개발 및 보급 촉진법', 월간SW중심사회, 2017년 1월호, SPRi, 2017.

김완석·황남석, 법인세법론, 삼일인포마인, 2019.

김자회/주성구/장신, 지능형 자율로봇에 대한 전자적 인격 부여, 법조 제724호, 2017.

김진석, 동물의 권리와 복지, 건국대학교출판부, 2005.

김태경, 섹스로봇의 상용화가 갖는 윤리적 문제와 윤리적 정당성 확보에 대하여, 철학논총 제95집, 제1권 2019.

루돌프 폰 예링 저/윤홍철 옮김, 권리를 위한 투쟁, 책세상, 2016.

류병화, 법철학, 박영사, 1984.

마크 베코프 지음/ 윤성호 옮김, 동물권리선언, 미래의 창, 2011.

문화체육관광부·한국저작권위원회, 개정 저작권법 해설, 2009.

박소영 외, 인공지능 시대에서의 필연적 법적 분쟁 사례 분석을 통한 인공지능 발전혁신 토대 마련 연구, KISTEP, 2018.

박홍규 집필, 철학개론, 서울대학교 출판부, 1990.

백수원, 전자인간 및 전자인격 인정에 따른 법적 논의와 시사점 고찰, 외법논집 제43권 제4호, 2019.
변순용외 3인, 로봇윤리헌장의 필요성과 내용에 대한 연구, 윤리연구 제112호, 2017.
서울시복지재단, 알기 쉬운 복지법률시리즈 제8편 동물의 권리, 2019.
신현학 편찬책임, 아가페 큰글성경, 아가페, 1996.
알랭 쉬피오 지음/박제성·배영란 옮김, 법률적 인간의 출현, 글항아리, 2015.
아이작 아시모프(Isaac Asimov) 지음/이원수 옮김, 로봇머신 X, 쿠키북스, 2016.
안성조, 자유의지와 형벌의 정당성, 법철학연구 제21권 제3호, 2018.
양재모, 동물의 법적 지위에 관한 고찰, 한양법학 제31권 제3호, 2020.
오 윤, 세법각론, 한국학술정보, 2009.
유은순/조미라, 포스트휴먼 시대의 로봇과 인간의 윤리, 한국콘텐츠학회논문지 제18권 제3호, 2018.
윤선희, 특허법(제5판), 법문사, 2012.
이보연, 유럽연합의 인공지능 관련 입법 동향을 통해 본 시사점, 법학논문집 제43집 제2호(중앙대학교 법학연구원), 2019.
이항녕, 법철학개론(재개정판), 박영사, 1974.
임 웅, “낙태죄의 비범죄화에 대한 연구”, 成均館法學 第17卷 第2號 2005年 12月.
전병서, 강의 민사소송법(제3판), 박영사, 2021.
전원열, 민사소송법 강의, 박영사, 2021.
정다은/임현, “독일 도로교통법상 자동주행자의 규율에 관한 검토”, 공법학연구, 제20권 제1호, 2019.
조동관, 완전자율주행차 충돌시 이용자보호에 관한 미국의 입법례, 최신 외국입법정보 2022-8호, 2022. 3. 29.
특허청, 직무발명제도, 2012.
피터 싱어·엘리자베스 드 퐁트네외 2인, 동물의 권리, 이숲, 2014.
피터왓슨 지음/남경태 옮김, 생각의 역사 I, 들녘, 2017.
최경수, 저작권의 새로운 지평, 계간 저작권, 제64호, 2004.
최옥환, 현행 “개인회생제도의 운용상 문제 및 개선방안”, 중앙법학 제14집 제4호, 2013년 12월.
최재희 집필, 철학개론, 서울대학교 출판부, 1990.

한국특허법학회 편, 직무발명제도 해설, 박영사, 2015.
한스 요나스 지음/이유택 옮김, 기술 의학 윤리, 솔, 2005.
한동일, 라틴어수업, 흐름출판, 2017.
한동일, 로마법수업, 문학동네, 2019.
한동일, 법으로 읽는 유럽사, 글항아리, 2020.
한스 켈젠 저/심헌섭 편역, 켈젠 법이론 선집, 법문사, 1990.
한지영, 저작권법상 데이터베이스 관련 규정의 해석에 관한 고찰, 인권과정의 대한변호사협회, 2006.
황산덕, 법철학강의(제4정판), 방문사, 1983.

村上陽一郎, 近代科學と聖俗革命, 新曜社, 1995
井上薫, 裁判所が道德を破壞刷る, 文藝春秋, 2007.
田村善之, 著作權法概說(第2版), 有斐閣, 2006.

BT-Drucks, 19/27439.
H.L.A. Hart, The Concept of Law, Clarendon Law Series, 1961.
Joanna J Bryson, The meaning of the EPSRC principles of robotics, Connection Science 29(2), January 2012.
J. 마리텡 저/G. 델 베키오 저/장광수 역, 인권과 자연법, 정의의 문제, 양영각, 1983.

김승룡, 로봇윤리헌장 초안 상세 내용은, 디지털타임스 2007. 8. 30.자 기사. http://www.dt.co.kr/contents.html?article_no=2007083002019932614002(2020. 4. 1. 방문).

색인

ㅇ

우리시대 질문총서 14

인간과 인공지능
그리고 규범

초판 인쇄 2022년 9월 15일

초판 발행 2022년 9월 22일

저자 계승균

기획 우리시대 질문총서 제작위원회

간사 장윤서 · 한주연

교정·교열 정연숙

디자인·편집 배영미

발행인 차정인

펴낸곳 부산대학교출판문화원

출판등록 제1983-000001호 1983.11.10.

부산광역시 금정구 부산대학로 63번길 2 (우편번호46241)

대표전화 051-510-1932 팩시밀리 051-512-7812

https://press.pusan.ac.kr

ISBN 978 - 89 - 7316 - 755 - 5 (04360)

978 - 89 - 7316 - 650 - 3 (세트)

※ 이 총서는 부산대학교 국립대학육성사업(REN)의 지원으로 제작되었습니다.